U0839473

应用语言学译丛

语言研究中的统计学

——R软件应用入门

〔德〕斯蒂芬·托马斯·格莱斯 著

韦爱云 译

李德高 审校

2018年·北京

Stefan Th. Gries
STATISTICS FOR LINGUISTICS WITH R
A PRACTICAL INTRODUCTION
2nd revised edition

《应用语言学译丛》

To Pat, the most supportive Department Chair I could have ever wished for.

——献给 Pat，最支持我的系主任

中文版序言

在过去 15 年左右的时间里，语言学这门学科似乎比以往任何时候都更多地采用定量统计方法。除了像心理语言学、计算语言学，可能还可以算上社会语言学等这些一直比较倾向使用定量统计方法的语言学分支学科外，越来越多的分支学科以及理论框架在进行问题研究和数据处理时也都开始使用统计方法了。但是，尽管有了上述发展，目前这方面的入门书籍仍显短缺，多数语言学研究者在研究生阶段都未能接受定量研究方法的相关训练，从而难以跟上学科的发展。正是在这种状况下，Baayen (2008)、Johnson (2009)、Gries(2009,2013)和 Levshina (2015)面世了。

感谢您使用这本书。德古意特出版社联系我，打算出版此书第二版，我欣然着手准备了。与此同时，这本书也被翻译成其他语言出版——目前朝鲜语译本已经出版，巴西葡萄牙语译版也即将完成。当刘海涛教授提出希望由商务印书馆出版韦爱云女士翻译的汉语译版时，我兴奋万分。现在汉译本也面世了。

我很自豪地告诉大家，在过去几年中我收到过此书的诸多好评，其中有些评价来自包括中国内地和香港在内的全球各地举办的工作坊培训班的学者们，有些是通过电子邮件形式传递的。因此，我希望您也能像其他版本的读者一样从中受益。

在此我要重申一些内容——虽然书中已经提及，但其重要性再怎么强调也不过分：这是一本实用操作的入门书，从第二章开始，您需要自己动手操作而不仅仅是阅读。如果想要从中受益，则需要从头到尾熟练操作，运行从随附网页上下载的示例代码，好好使用书中包含的数据集，同时结合您自己的样本数据，尝试操练应用每一段代码。

总而言之,学习统计学和通过使用 R 做统计分析,从某种程度上就像学习一门语言——一些语言学家或语言学教师目前可能还不太能接受这个不太完美的类比:(1)R 函数有点儿像生词:需要您在实际的数据环境和情境中使用、操练并学习;(2)R 函数又有些像动词:首先,这类函数需要参数,这些参数像词序一样按一定的顺序排列;其次,它们根据情境发生变化,就像动词根据不同情境使用不同的屈折/派生语素一样。因此,要熟练掌握使用这些函数,您需要花时间动手操作。不能指望通过简单阅读相关资料就精通一门新语言,就像我们不能期望只在几个星期里不定期地操练一下就能轻易熟练掌握一种新技能一样,所以,我们也不要期望仅用几个星期就能把自己培养成统计分析专家。但是,如果认真考虑我前面关于动手操作的提议,相信经过一段时间,您将培养起使用数据的能力,做许多意想不到的事情,比如,当你打开数据,能发现那些肉眼无法看到的模型(这些模型即便有再好的直觉也不可能察觉到)。这时您就会发现这一切都是值得的。学习 R 的知识可以帮助您领会和理解语言数据,甚至还能从一些新的视角体味科学和科学论断的旨趣,因此,给自己一个机会坚持下去,充分利用这本书。在此祝您一切安好,研究进展顺利。

斯蒂芬·托马斯·格莱斯(Stefan Th. Gries)

2017 年 7 月

前　　言

本书是 Gries (2009b)第一版的修订和扩展。和第一版相比,本书主要有四个方面的变化。一是对第 5 章的全面调整。几十期用 R 进行语言学统计的培训班之后,我意识到,对初学者来说,回归建模部分最难的内容是对建模过程逻辑的理解、对数据结果的诠释以及如何使建模形象化且富有启迪性。因此,所有关于回归建模的内容都是重新编写的。为了便于理解,还增加了许多新的内容。

二是更新了第 1 章和第 4 章的相关内容。新版本第 1 章中的单侧和双侧检验概念采用了更好的讨论方式;第 4 章围绕一组问题,介绍了在具体研究中借助视觉化工具选择统计检验的方法。

三是针对如何编程和如何编写函数的问题,增加了一些自己和读者都能使用的超小函数。

四是新版本不仅修正了读者反馈的一些错误,还进行了许多微调。我非常感谢他们花了许多时间找出这些错误,同时也希望这一版没有添加新的错误。有些微调是显性的,有些则"隐藏"在代码中,因此,只有在使用这本书和书中的代码时才能感觉到这些变化。同时,本书的所有代码都放在一个文件里。这样一来,处理代码和查阅函数就非常方便了。

我希望读者会受益于这本书,受益于这一版本中的诸多变化和改进。我一如既往地衷心感谢德古意特出版社的团队,他们很早就支持我出版第二版的想法,所以现在第二版和大家见面了。另外,我还要感谢 R 的核心开发团队以及对 R 的缺陷进行修补和配置服务包的许多贡献者,同时感谢 R. Harald Baayen,是他让我们第一次接触到 R;如果不是他,我真不敢想象我的研究会是怎样的……

目　录

第 1 章　实证研究中的一些基本原则

如果能评价自己所说的事情，并且能用数字把你的评价表述出来，则说明你对这些事情已略知一二；但如果你不能对它进行评价，或不能用数字进行表述，则说明你对它的理解还是模糊的。这样的理解也许只是初步涉猎知识，几乎还没有进入科学的阶段。

——威廉·托马斯，洛德·凯尔文

（<http://hum.uchicago.edu/~jagoldsm/Webpage/index.html>）

1. 引言

这是一本统计学的入门书。类似的书籍已经很多，为什么我们还要再写一本呢？正如第一版所述，这本书与其他相关书籍有很大差异，主要表现在以下几个方面：

——本书是专门为语言学家写的。已经有很多关于心理学、经济学、生物学等统计学入门书，但是，像本书一样解释与语言学问题相关的统计学概念和方法，并且是专门为语言学家编写的入门书却很少；

——本书介绍了如何运用大多数统计学方法，其中有"手动"操作的，也有用统计软件操作的。这既不需要数学专业知识，也不需要花费很多时间去理解复杂的方程，而很多其他的入门书要求读者把大量时间花在数学基础上，这对刚入门的人来说是很困难的；还有些书没有解释数学基础而直接引入一些设计完善的软件，忽略了一个设计精湛的图形界面背后的统计检验逻辑；

——本书不仅解释了统计学的概念、检验、图形，还解释了储存和分析数据的表格设计，以及实验设计中一些非常基础的内容；

——本书只运用开源的软件，主要运用 R，许多入门书使用 SAS，更多人使用 SPSS。这些软件有许多局限性，比如，用户必须购买昂贵的使用权，在函数的种类、数据处理能力和使用时间方面都受权限限制，师生们也许只能在校内使用这些软件，函数更新等方面完全受制于软件公司；

——本书所做的研究易于操作，操作方式也不是特别正式，本书尽量避免使用术语，软件的使用也配有非常详细的解释，配有思考题、警示语和练习，在随附的网页上还配有参考答案，并为进一步阅读提供建议。

因此，本书的目的是帮助读者进行科学的定量研究，其内容框架如下：

第 1 章介绍定量研究的基础：什么是变量，什么是假设，定量研究的结构是什么，结构蕴含什么类型的推理，如何获取实验数据以及用什么格式的文件储存数据？

第 2 章概述了编程语言和 R 的运行环境。这章的内容将应用于后面其他章节的统计图和分析，诸如如何创建、下载和使用数据来为分析做准备。

第 3 章解释了描述性统计分析的基本方法：如何描述数据，如何从这些数据中发现模型，又如何用图来描述这些发现。

第 4 章解释了推断性统计分析的基本方法：如何检验所获得的结果是否确实有意义或只是偶然发生。

第 5 章介绍了几种多因子程序，这是对几种潜在因果关系同时进行研究的程序。这一章有很多内容，但我只能介绍几个经过选择的方法，更多的是把你导向附加的参考资料。

除了章节所配备的思考题和练习之外，该书在 < http://tinyurl. com/StatForLingWithR > 上的附属网站也是个重要的资源。你必须到这些网站上下载练习、数据、参考答案及勘误表等。在 < http://groups. google. com/group/statforling-with-r > 上，你可以找到一个名为“StatForLing with R”的信息群。我建议你加入这个信息群，然后就可以做下面这些事：

——询问关于语言学统计的问题，也有希望从某个热心的群友那里获得答案；

——为附加练习的扩展和/或改善提供建议或数据；

——告诉我和其他读者你在本书中发现的缺陷，当然也从其他读者那里接收类似的信息。这意味着，如果 R 在该书中的指令或者编码与网页上的不一样，那么网页上的信息可能更可靠。

最后，必须明白你不可能通过阅读一本关于统计分析的书籍就学会统计分析。每晚关灯睡觉前 15 分钟在床上读一下这本书或者阅读任何其他关于这方面的书籍，就学会做统计分析是不可能的。确实有些书籍为了诸如市场利益之类的原因在封面上或标题中注明你可以这样学会统计分析，但实际上这是不可能的。我强烈建议，从第 2 章开始，在阅读本书的同时动手运行 R 系统，在 RStudio 里就更理想了，这样才能立刻进入所读到的 R 编码，并能试着使用从随附网站上获得编码文件的所有相关功能；通常编码文件可以提供许多重要的信息、附加的编码片段和更多使用图形解释的建议等。这在第 5 章尤其明显。有时，练习文件甚至能提供更多的建议和图示。即使你不能立刻理解具体每个编码的每个方面，但这也能为你学习本书提供帮助。

2. 语言学中的定量研究方法

如上所述，本书将讲述如何进行科学的定量研究。这类研究的目标有哪些呢？总体上有三个目标。它们是所有实证学科研究者都具备的知识体系的一部分，它们与本书的构架密切相关。

第一个目标是对某种现象的数据化*描述*。这意味着，研究结果必须以准确并富有启迪性的方式表述出来。以下所有统计方法将有助于实现这个目标，其中第 3 章所描述的方法尤为重要。第二个目标是对数据的*解释*。通常，对数据的解释离不开研究假设。多数情况下，这已经足够了。然而，有时你也许对第三个目标感兴趣，这就是*预测*将来会发生什么或者你什么时候会研究不同的数据。第 4 章和第 5 章将介绍这些解释和预测的方法。

看着这些目标，你也许会惊讶。这些统计学方法没有在语言学中广泛应用已经长达数十年了。但更令人惊奇的是，这些方法在诸如心理学、社会学和经济学等几乎同样复杂的学科中都得到了广泛应用。从某种程度上说，这一现状解释了过去几十年语言学演变的原因。但幸运的是，最近十年来的情况已有很大改观。在所有语言学的子学科中，运用定量方法进行的研究越来越多，这一领域正在向更有实证性的方法模型转变。另外，虽然在其他学科中这些方法已经运用得相当普遍，但在语言学界还是遇到很多阻力：诸如"我们过去从来不需要这样的方法"，或者"真正有意义的研究怎么说其本身都是定性的，不需要任何定量评价"，或者"我是做田野调查的语言学家，不需要任何这样的方法"，类似这样的论调并不少见。

更坦白地说，这些说法并不是很合理。就第一种说法而言，目前并非不需要这种定量研究方法。为了证明这一点，我们必须说明：所谓的"定量研究方法对以前的研究没有任何贡献"，是一种相当荒谬的观点，甚至连"这些方法*现在*在语言学领域没有用武之地"的说法都不一定是对的。对于第二种说法，定量和定性方法实际上是并驾齐驱的：定性方法先行，但无论如何都必须遵循定量研究方法所得出的结果。采用定量方法进行研究并不意味着只是报告数值计算的结果，而是必须对其含义进行定性的讨论。正如下文所示，定量的研究首先应该确定值得定性讨论的对象是什么。对于最后一种说法，任何正在记录一种濒临灭绝语言的描述性或田野式的语言学家都能从定量研究方法中受益。如果讨论一种时态的选择是否与间接引语有关，那么定量研究方法就能指出是否存在这样的关联性。在阿撒巴斯堪语的中态研究中，Dena'ina 尝试鉴定句法和语义如何与中态标记相关联，定量研究方法就揭示了一些有趣的内容(Berez and Gries，2010)。

最后两点引出一个上文提到过的更笼统的观点：往往只有定量的方法才能甄别好坏。我们假定一位语言学家想要根据现在时态和过去时态中应选择未完成体还是完成体，来检验所谓的体假设(参照 Shirai and Andersen，1995)。严格地说，该语言学家必须检验所有语言中所有动词，也就是所谓的总体。这当然是不可能的，因此，他通过研究一些句子样本来研究它们的动词形态。我们再假定他抽取并研究某种语言中包含 38 个句子的小样本，得出如表 1 的结果：

表 1　某一小语料库中时态和体的虚拟分布

	非完成体	完成体	总计
现在时	12	6	18
过去时	7	13	20
总计	19	19	38

这些数据看起来极像研究者想要证实的关于体的假设：现在时用非完成体的情况更多，而过去时用完成体的情况更多。但是，也许所谓的卡方检验适用于解释这些数据，可以显示这种时态-体的分布也可能是偶然发生的，其发生的概率 p 超过定量研究所能接受的 5% 的普通阈值。因此，基于这个样本，该语言学家尚不能总结这个体假设就是该语言总体的体假设现象。问题的关键在于，单凭对这个列表的直觉目测是不够的，因为语言学家必须依靠一种统计检验，以避免得出无效的结论。

Crawley(2007:314f.)讨论的例子更令人眼界开阔。我们假定一项研究显示 x 和 y 两个变量之间有相关性，当 x 的值越大时，y 值也越大，如图 1 所示：

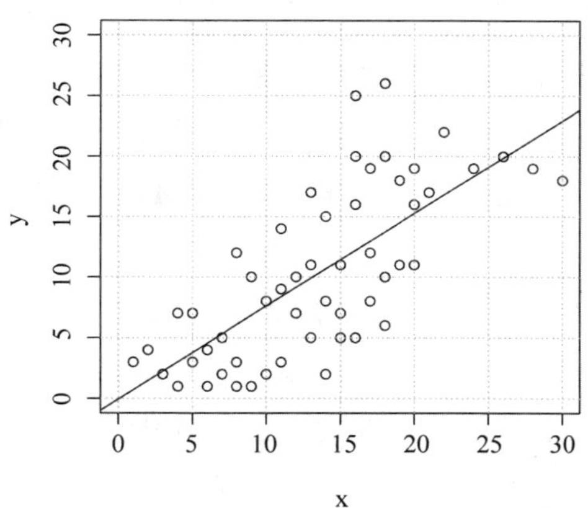

图 1　两个虚拟变量 x 和 y 之间的关系

但是,我们必须注意,这个数据实际上也包含了关于第三个决定 x 和 y 值的变量信息,从 a 到 g 有 7 个水平。有趣的是,如果你现在单独研究第三个变量在 7 个水平中每一个水平上 x 和 y 的关系,就会发现这种关系立刻变成“x 越大,y 越小”;图 2 中 7 个水平用字母显示。数据中的这种模型很容易被忽略,因为它们只能通过细微的定量研究才能鉴别出来,这就是我们必须要了解统计方法的原因。

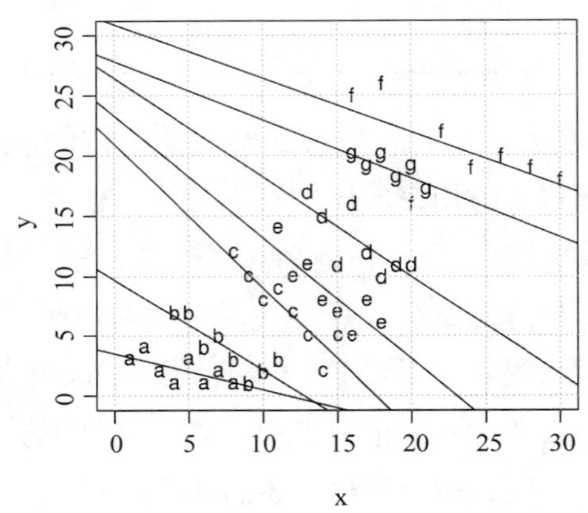

图 2　受第三个虚拟变量控制的两个虚拟变量 x 和 y 之间的关系

与经验丰富的研究人员不同,语言学专业的学生必须考虑的一个非常实际的问题就是可以很快写出一篇小论文或者毕业论文。定量研究方法非常有用也很权威,也许它只是帮助你避免了如表 1 或图 1 中的数据所构成的陷阱,或者帮助你避免了像我平时在课堂上经常讨论的那些已经发表的研究里的数据陷阱,那也是有用的。很显然,定量研究方法能提供诸多帮助,我希望这本书可以提供一些又好又实用的背景知识。

另一方面,与文学评论相反,语言学是实证科学。因此,不论要概括理解科学论证还是详细理解语言学论证,了解实证研究的基本方法和假设都是非常有必要的,对于学生尤其如此。这个方法广泛应用在进行定量研究的语料库语言学和心理语言学中就是一个典型的例子。这些学科常常需要对数据进行较为周密的评估,因此了解相关术语的基本知识也是很有必要的。在没有受过训练的情况下,如何理解“物体的大小和参照点的大小之间的相互影响未达到显著性水平：$F_{1,12}=2.18$；$p=0.166$；$\eta_p^2=0.154$”这一表述。谁能马上知道实验中的十名女性二语学习者的平均句长比10名男性学习者的平均句长多两个词，这有什么特殊意义呢？同样，这些数据需要进行细致的统计分析。

3. 定量研究的设计和逻辑

我们在这一节将对定量研究的设计和逻辑进行非常具体的分析，将会区分定量研究的几个阶段，考虑这些阶段的结构并讨论其所运用的论证方法。要描述的定量研究通常包含四个部分：*引言*、*方法*、*结果*和*讨论*。如果在文章中讨论的案例不只一个，那么通常在一般性讨论之后，就该探究每个案例特有的方法、结果和讨论。

除极少数情况外，这一部分的讨论都将在一个语言学的例子上展开：英语小品词的位置，也就是如(1)中所列的及物短语动词的成分的位置变化。

(1) a. He picked up [NP the book].

结构：*VPO*(动词—小品词—宾语)

b. He picked [NP the book] up.

构成：*VOP*(动词—宾语—小品词)

这种位置变化的有趣性在于，大多数情况下，这两种结构的意义似乎非常相近，英语母语者通常也无法解释为什么他们在某种场合使用(1a)而在另外的场合使用(1b)。在过去的几十年里，语言学家们一直尝试描述、解释和预测这种变化(Gries,2003a)。在这一部分，我们将用这个例子来解释定量研究的结构。

3.1　探寻

在这一阶段的初始，要对自己感兴趣的语言现象的相关研究进行概述，这能让你找出还可以或者还需要做些什么。你尝试了解现有的理论。这些理论能用实证研究加以证明。更重要的是，你不仅将进入一个未知领域，而

且你自己正是在这一领域中发展某种新理论的第一人。下面是这一探寻阶段通常要进行的一系列活动:

——对该现象的首次描述,这种描述也许是非正式的;

——研究相关的文献;

——在自然情境中对该现象进行观察,辅助第一次给出的归纳概括;

——收集附加的信息,如从同事、学生、艺人那里获得信息等;

——自己进行演绎论证。

如果只是粗略地研究小品词的位置问题,你很快就会发现,有许多相关的影响因素,即*变量*。变量是标识一系列状态的标志,它具有与常量相反的特征,可以存在于至少两个不同的状态或者水平上(Bortz & Doring,1995:6;Bortz,2005:6),或者更直观地说,它可以作为"描述属性"(Johnson,2008:4)或者作为数值及范畴项目的量度(Evert,p. c.)。

下列变量有可能影响小品词的位置:

——**复杂性**:直接宾语是*简单的直接宾语*(如,the book)、*短语修饰的直接宾语*(如,*the brown book or the book on the table*)或者*分句修饰的直接宾语*(如,*the book I had bought in Europe*)(Fraser,1966);

——**长度**:直接宾语的长度(Chen,1986;Hawkins,1994),这可以用音节、词等度量;

——**方向性宾语**:方向性介词短语(PP)出现在及物短语动词后(如,*He picked the book up from the table*)还是方向性介词短语缺失(Chen,1986);

——**生命性**:直接宾语所指的事物是*无生命性*的(如,*He picked up the book* 中的直接宾语),还是*有生命的*(如,*He picked his dad up* 中的直接宾语)(Gries,2003a:Ch. 2);

——**具体性**:直接宾语所指的事物是*抽象的*(如,*He brought back peace to the region* 中的直接宾语),还是*具体的*(如,*He brought his dad back to the station* 中的直接宾语)(Gries,2003a:Ch. 2);

——**类型**:直接宾语的中心词是*代词*(如,*He picked him up this*

morning)、不定代词(如,*He picked something up from the floor*)、名词(如,*He picked people up this morning*),还是专有名词(如,*He picked Peter up this morning*)(参照 Van Dongen,1919)。

一开始,用表格的形式来概括我们的发现通常很方便。可以用一个表格在列和行中分别概括显示进行哪些研究和讨论哪些变量。上述内容可以创建列表2,可以立刻确定,哪些变量很多研究已经讨论过了,哪些是讨论变量最多的研究。用表3概括其中一种结构的变量水平和这两种结构在哪种水平上使用更多,可以立刻看到对于某些变量来说,只有一个水平与一个特定结构的使用多少有关。

表2 小品词位置研究文献信息汇总 I

	Fraser (1966)	Chen (1986)	Hawkins (1994)	Gries (2003a)	Van Dongen (1919)
复杂性	X				
长度		X	X		
方向性介词短语(PP)		X			
生命性				X	
具体性				X	
类型					X

表3 小品词位置研究文献信息汇总 II

	结构 VPO 的变量水平	结构 VOP 的变量水平
复杂性	短语修饰,分句修饰型	
长度	长	
方向性介词短语(PP)	没有	有
生命性	无生命性	有生命性
具体性	抽象的	具体的
类型		代词性

表3显示,结构VPO常与认知上更复杂的直接宾语连用:表示抽象事物的名词构成又长又复杂的名词短语(NPs)。另一方面,结构 VOP 常与相反结构倾向性的情况连用。在实际研究中,第一印象需要表述得更准确。此

外,还应该编写一个清单来列举其他因素,这个清单也许会直接影响小品词的位置或者影响句子样本或实验项目等。通常在实证研究的第一部分即引言部分会对这样的信息进行解释和讨论。

3.2 假设及其可操作性

一旦你对自己感兴趣的现象进行了概述,并决定去做一项实证研究,那通常要提出一些假设。这决定着你将要做什么以及如何去做。要解决这个问题,我们先来看看假设是什么,假设有哪些类型。

3.2.1 文本形式的科学假设

遵循 Bortz and Doring(1995:7)的思想,我们将讨论一个能满足下列三个标准的陈述性假设:

——不只与单个事件相关的笼统陈述;

——至少明确有条件句如 if...,then...或者 the...,the...结构或者能够用条件句意释的陈述;

——可证伪的,即这个假设必须能够让人想起一些与该陈述相矛盾的事件或情境。多数情况下,这意味着条件句中描述的场景必须是能够验证的。但是,有些陈述是可以被证伪却不能被验证的,比如说,“如果孩子在没有任何语言输入的环境中成长,那么他们长大时将能说拉丁语。”这个结论是可以被证伪的,但明显出于道德原因是不能被验证的。欲了解关于这种假设的更多其他观点,请参照 Steinberg 1993:Section 3.1。

下面是这些标准的科学假设:“在欧洲国家把最小获得驾照的年龄从 18 岁降低到 17 岁,那么两年内这些国家的交通事故数量将翻倍”。这是一个一般陈述,不只受单一事件或单一国家限制。同样的,这个句子也可以意释成一个条件句:“如果人们降低最小领驾照年龄……,那么交通事故的数量会翻倍……”。显然,这个陈述是可以被证伪的,因为实际上,如果人们降低最小领驾照年龄,交通事故很可能并不会翻倍。下面这个陈述就不是科学假设:“在欧洲把领驾照的最小年龄从 18 岁降低到 17 岁,那么两年内交通事故的数量有*可能*翻倍”。这是一个一般陈述,可以被意释成条件句,可以被实验验证,因为最小领驾照年龄可以减小,但根据上文的定义,它不是一个假设,因为 *may*(可能)这个词的基本词义是“可能或不可能”,也就是说交通事故翻倍这个表述是正确的,而如果没有翻倍,这个表述也是正确的。换个说法,在减小最低领驾照年龄后,不管观察到什么情况,都与该表述的观点吻合。

关于小品词位置,下列表述就是科学假设:

——如果一个及物短语动词的直接宾语句法结构复杂,那么母语者会比在其直接宾语句法结构简单的情况下更多使用 VPO 顺序的结构;

——如果一个及物短语动词的直接宾语比较长,那么母语者会比在其直接宾语短的情况下更多使用 VPO 顺序的结构;

——如果一个小品词结构之后接的是一个方向性介词短语(PP),那么母语者会比在其后没有方向性介词短语(PP)的情况更多使用 VOP 的结构,类似表 3 中所提及的所有其他变量。

当提出一个假设时,用于提出假设的想法应该是精确的,这一点很重要。比如,如果一个语言学理论用诸如认*知复杂性*或*话语中可能性*,或甚至是一些如*成分长度*这样看起来显而易见的表述,那么该理论必须能定义这到底指的是什么。我们将会在 1.3.2.2 这一节详细讨论。

我们能区分两种类型的假设。第一种是我们目前一直在谈论的,包含两个部分:如果……(IV)和那么……(DV)。IV 代表的是自变量(independent variable),DV 代表的是因变量(dependent variable)。自变量通常但不一定是 DV 变化或结果的原因,这就需要对 DV 的值、变化和分布进行解释。这一点在后面讨论混杂变量和调节变量时也是有用的。前者可以定义为那些与独立的因变量相关的变量;后者可以定义为影响/调节自变量与因变量之间关系的变量。通常这与一项研究的初始设计无关。

有了这个术语,我们现在就可以意释上文所说的假设。在第一个假设中,IV 是句法复杂的直接宾语。包括三种形式,即简单的、短语修饰的和分

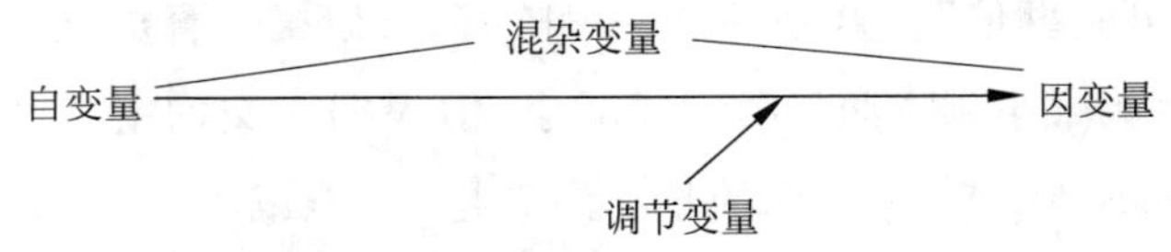

图 3 不同类型的变量

句修饰的。而 DV 是结构的选择,即在 VPO 和 VOP 两个水平结构之间的选择。在第二个假设中,IV 是直接宾语从 1 到 X 值不同的长度,而 DV 同样是指结构在 VPO 和 VOP 之间的选择。

第二种假设只包含一个因变量,而不包含对因变量的变化进行解释时需要的自变量。在这种情况下,这个假设"只是"关于因变量的值、变化和分布情况的一种描述。许多例子如频率要求同等分布,或者诸如钟形正态曲线某种特别形式的分布:

——这两种结构,或者说得更专业一点,VPO 和 VOP 两种水平结构出现的频率不一样;请再次注意它为什么没有提及自变量。

——直接宾语的长度并不呈正态分布。

接下来,我们将讨论两种类型的假设,但更倾向于前一种假设。

因此,我们也可以把科学假设定义为关于两种情况的陈述,即关于两个或更多变量之间的关系,要么是第二种类型,关于在特定抽样情境下的一个变量,这也希望在类似的情境中和/或在总体中的类似宾语中能站得住脚。因此,一旦确定了将要研究的潜在相关的变量,你就可以用条件句把相关变量陈述出来,形成科学假设。

以文本形式提出假设之后,还得在收集数据之前确定什么情境或事件状态会驳斥你的假设。因此,除了你自己的假设即所谓的备选假设 H_1,还应提出另外一个假设即所谓的与 H_1 相反的无效假设 H_0。通常,H_0 是通过在 H_1 中插入不(not)得到的。对于上述包含一个因变量和一个自变量的三个假设中的第一个假设,H_0 的文本形式是这样的:

H_{0type1}:如果一个及物短语动词的直接宾语在句法上是复杂的,那么母语者将不会比在该直接宾语句法简单时,更多使用类似于 VPO 的结构顺序。

在上述只包含一个因变量的两个假设中，第一个假设 H_0 的表述如下：

H_{0type2}：这两种结构说得更专业一点，这个结构在 VPO 和 VOP 两个水平上出现的频率并非不一样，也就是说，出现的频率是一样的。

如上文所述，实际上通过插入不（not）来提出 H_0 是很重要的。这主要是因为 H_1 和 H_0 两个假设包含整个结果范围，也就是说，每种结果在理论上都是可能的。因此，如果 H_1 是"复杂的宾语导致的 VPO 结构比 VOP 结构多"，那么 H_0 就不可能是"复杂的宾语导致的 VPO 结构比 VOP 结构少"，因为这两个假设没有包含所有可能的结果，即它们没有包含当两个结构出现频率同样多的情况。

在绝大多数情况下，第一种类型的 H_0 表示两个或更多的组别之间没有区别，或者自变量和因变量之间没有关系，以及不管得到的是什么差异或者影响都只是偶然的变化。第二种 H_0 通常表示因变量是随机分布的，或者是与一些熟悉的数学上可以定义的分布如正态分布一致的。但更复杂的情况是，必须区分两种类型的 H_1：方向性的 H_1 不仅预测某种影响、差异或者关系，还表示影响的方向。请注意上述与结构和复杂性相关的第一种类型 H_1 中的"更多（more than）"表述。另一方面，非方向性的 H_1 只是预测存在某种类型的影响、差异或关系，没有确定影响的方向。因此，上述第一种类型例子的非方向性 H_1 可以表述如下：

$H_{1\ type\ 1\ non\text{-}dir.}$：如果一个及物短语动词的直接宾语句法结构复杂，那么母语者往往使用与直接宾语句法结构简单的情况下不同的 VPO 结构顺序。

因此，H_0 表示直接宾语的句法复杂与总体中结构的选择没有相关性，同时还表示如果你在样本中发现一种相关，那这就不只是偶然的效应。两个 H_1 都表示存在一种相关性。这样一来，你也应该在样本中发现某种相关性。这两种假设都必须在数据收集前提出，这样人们就不能把所获得的任何结果作为一个"预测性"的结果。当然，所有这一切都必须在论文的引言部分或者介绍方法部分的开始阶段进行讨论。

3.2.2　操纵变量

提出文本形式的假设之后，需要弄清楚如何研究假设中包含的变量。

上文也提到过,诸如认知的复杂性的想法,可以通过很多不同的形式或者用途各异的方式来定义,而即使像成分长度一样直观的东西,也并不总是像看起来那么明显,我们是选择用字母、音素、音节、词素、词还是句法节点等来说明直接宾语的长度呢?因此,你必须找到合适的方法来对假设中的变量进行*操作*。这意味着研究变量时,你需要决定观察、计算和量度等内容。

比如,如果想要使一个人所拥有的某一外语知识具有操作性,那可以用以下方法来研究:

——个体能在测试中使用该语言造出的*句子复杂度*,测试他造的句子是单句、并列句还是复合句,还要测出每种类型的数量;

——在会话中以秒数计算两次错误之间的*时间间隔长短*;

——个体在 90 分钟内每写 100 个词的文本时出现的*错误数量*。

以下两种关于操纵变量的提议存在什么错误?

——*主动词汇的数量*;

——*被动词汇的数量*。

THINK BREAK

这些提议并不是特别有用,因为虽然知道这些变量的数量对评估某个人掌握某一外语的知识很有用,但它们并不能直接被观察到。也就是说,你能计算和测量的内容并不明确,因为要让一个学习者写下所有他知道的词是不实际的。如果反过来,你希望通过从不同的词汇频率中抽取词语的词汇测试或通过同义词查找的测试来确定一个人的词汇量,从而使被动词汇具有可操作性,那么你就知道计算什么了,但这个方法太模糊了。

从上文可知,操纵变量的过程包含使用数字水平来表示变量的状态。数字也许只是诸如 402 毫秒的反应时、同义词查找测试中的 12 个词、直接宾语有 4 个音节长度等这样的量度,但是像离散的非数值状态这样的水平也可以在理论上用数字进行编码。因此,变量不仅是根据它们在假设中是自变

量还是因变量的角色来区分,也根据它们量度的水平来区别:

——称名变量或者定类变量是包含信息值最低的变量。这些变量不同的取值揭示了包含这些不同取值的宾语存在不同的特点。只有两个不同取值水平的变量称为*称名变量*;有三种或以上的不同取值水平的变量称为*定类变量*。在关于小品词位置的例子中,方向性介词短语(PP)的变量可以用编码1代表缺失,用2代表存在,但必须注意,"存在"的值比"缺失"的值大两倍在理论上并不具有任何意义,除非这些值是不同的。你可以用编码34.2代表缺失,用编码7代表存在[①]。以下是关于称名或定类变量的其他典型例子:有无生命性的*生命度*,*体现具体或抽象的具体程度*,*体现重音还是非重音的重音度*,*体现活动或完成及成就或状态的行为方式*等。

——*定序变量*像定类变量所做的区分一样,把宾语作为不同范畴的成分加以区分,它们也允许把宾语按意义的方式进行排序。但等级之间的差异不能进行有意义地比较。分数是个典型的例子:一个拿4个学分绩点A等级的学生比一个拿2个学分绩点的C等级学生考分更高,但是仅因为4是2的两倍,并不一定能说明A等学生的答题情况正好比C等的学生好两倍,因为这取决于评分系统,A等学生答出的正确答案也许是C等的学生的三倍。在小品词位置的例子中,如果你像上文一样操作:是*简单的NP(1)*还是*短语修饰(2)*抑或是*分句修饰(3)*所体现的*复杂度*则是个定序变量。使变量等级具有可比性是很有用的:如果变量被称为句法复杂性,那么等级数目大代表程度的复杂性大,即复杂的直接宾语。另一方面,如果变量被称为*句法简单性*,那么水平数据大代表简单性的程度大,

① 通常,称名变量用0和1编码,有两个原因。(i)概念性原因:通常,这些称名变量可以理解为某些东西存在(=1)或缺失(=0)或甚至可以作为定距变量(参照下文);也就是说,在小品词位置的例子中,称名变量的具体程度可以理解成一个定距变量具体度参照的数字。(ii)有些原因在此不作讨论,从计算的角度看用0和1比较有用,虽然似乎有些悖于直觉,而有些R之外的统计软件要求的正是这种类型的编码。

即简单的直接宾语。其他典型的例子是*社会——经济状况*或者*习语性程度*或*被感知词汇*的如低(1) VS. 中等(2) VS. 高(3)三个程度的难度。

——*定比变量*不仅可以区分作为不同范畴成员的宾语,而且允许在变量值之间对差异和比率进行有意义的比较。比如,音节长度这一定比变量:当一个宾语有6个音节,而另外一个宾语有3个音节时,那么第一个宾语比第二个更长,而且正好是第二个长度的两倍。其他典型的例子还有年薪、以毫秒计算的反应时间等。

以上差异可以用虚拟数据图非常清楚地表述出来,数据表是关于主语和宾语的长度及复杂度的,下面介绍一下表4中的变量。

表4 主语和宾语虚拟数据集

数据点	复杂度	数据源	音节长度	语法关系
1	高	D8Y	6	宾语
2	高	HHV	8	主语
3	低	KB0	3	主语
4	中等	KB2	4	宾语

数据点实质上是定类变量:每个数据点都有自己的数字,因此可以对它进行唯一性辨别,但是数字也有可能代表数据点的输入顺序。***复杂度***是定序变量,变量水平分三个层次。***数据源***也是定类变量:数据源的变量水平是英国国家语料库(BNC)中的文件名称。***音节长度***是定比变量,因为第三个宾语的长度被认为只有第一个宾语长度的一半长。***语法关系***是称名定类变量。以上区别非常重要,因为这些量度水平决定哪些统计检验可以被应用到某一特定的问题和数据集上,就如我们将在下文中看到的一样。根据我们的经验,使用最高水平的量度是最好的,很快就会讨论这个问题。

可操纵性的问题是所有问题中最重要的。如果不能适当地操纵变量,那么整个研究将没有任何意义,因为实际上最后可能没有测到你想要测量的东西。没有适当的操纵性,研究的效度就有危险。如果我们研究英语中的主语是否比直接宾语长这个问题,以语料库中的句子为对象,我们将碰到如(2)中的句子：

(2) [$_{\text{SUBJECT}}$ The younger bachelors] ate [$_{\text{OBJECT}}$ the nice little parrot].
[$_{\text{主语}}$年轻的单身汉]吃[$_{\text{宾语}}$好的小鹦鹉]。

这个句子的结果取决于研究者如何操作。如果把长度用词素的数量来操纵，那么主语比直接宾语长：5(The, young, 比较级的-er, bachelor, 复数 s) vs. 4(the, nice, little, parrot)。但是，如果长度是按词的数量来操纵，3 个词的主语要比 4 个词的直接宾语短。而如果长度是作为没有空格的字符数来操纵，那么主语和直接宾语一样长，都是 19 个字母。因此，在这个人为杜撰的例子中，操纵性本身就决定了结果。

3.2.3　数学形式的科学假设

一旦以文本形式提出了 H_1 和逻辑上互补的 H_0，也明确如何操纵变量，你就提出了关于这些假设的两个统计学版本。也就是说，首先提出两个文本假设，接着将在统计假设中表达在文本假设的基础上所期待的数值结果。这些数值结果通常表述为以下五种数学形式中的一种。

——频数；

——平均数；

——离散性；

——相关性；

——分布。

我们从研究一个与小品词位置相关的 H_1 的简单例子开始：如果一个动词小品词的结构后面接一个方向性介词短语(PP)，那么母语者将会比没有这个方向性介词短语(PP)的情况更多地使用 VOP 顺序结构。要提出与这个文本对应的统计假设，你得回答这个问题，如果我研究 200 个包含动词—小品词的句子，怎样才能知道 H_1 正确的可能性是否更大？实际上，你得继续进行稍微不同的操作，我们后面会讨论。当然也有这种可能，即要计算 VPO 结构和 VOP 结构后接方向性介词短语(PP)的频率有多大，如果在 VOP 结构后有更多的方向性介词短语(PP)，那么这个结果支持 H_1 的假设。因此，这种可能性包括频率，这个统计假设是：

$H_{1directional}$:VPO 结构后的 $n_{dir.\ PPs}$ < VOP 结构后的 $n_{dir.\ PPs}$

$H_{1non\text{-}directional}$:VPO 结构后的 $n_{dir.\ PPs} \neq$ VOP 结构后的 $n_{dir.\ PPs}$

H_0:VPO 结构后的 $n_{dir.\ PPs}$ = VOP 结构后的 $n_{dir.\ PPs}$①

过渡问题:这些统计假设预设了什么?

这些统计假设预设了你对两个结构的许多例子进行了同样的研究,因为如果不这么做,所做的 VOP 结构后的方向性介词短语(PP)观察频率就小,只是因为 VOP 结构的总体频率很小,而我们期望更大的频率。对于复杂度变量而言,你将提出类似的基于频率的假设,例如,按上文所说的在三个水平基础上操作复杂度。

现在我们看一个基于平均数的统计假设例子:如果一个及物短语动词的直接宾语很长,那么母语者将会比宾语短的情况更多地使用 VPO 顺序结构。处理的方式之一就是测量 VPO 结构和 VOP 结构中直接宾语的平均长度,然后将这两个平均长度进行比较。因此可以提出下列假设:

$H_{1\ directional}$:VPO 结构的直接宾语平均长度 > VOP 结构的直接宾语平均长度

$H_{1\ non\text{-}directional}$:VPO 结构的直接宾语平均长度 ≠ VOP 结构的直接宾语平均长度

H_0:VPO 结构的直接宾语平均长度 = VOP 结构的直接宾语平均长度

有了类似明显的操纵性过程,上文中的其他文本假设可以转变成类似的统计假设。现在而且也只有现在,我们最终知道要避免出现 H_0 需要观察

① 注意:我在上文所说的你常通过把 not 插入 H_1 得到 H_0。因此,当 H_1 的统计版本包含"<"时,你可能期待 H_0 的统计版本包含"≥"。但我们将遵循上文也提及的通常约定即 H_0 表示不存在差异/结果/相关性等,这是为什么我们写"="。你将会在下文看到包含"≥"的情况将会被引用到基于这些统计假设基础上的计算中。

什么。我们将在后面部分讨论相关性、离散性和分布的问题。

目前讨论的所有假设都与一个简单的案例有关。这个案例中，动词—小品词结构的样本是研究与一个自变量（如，方向性介词短语 PP）有关的两种结构是否相同。第 4 章主要处理这类案例的推断统计方法。但事情远没有那么简单：很多现象本身就是多因子的，这意味着因变量通常受到不只一个自变量的影响，或至少不只与一个自变量相关。虽然总体逻辑与上文所讲的一样，但产生了一些复杂性，因此我们将把它们放到第 5 章再讨论。

3.3　数据收集和储存

只有在所有变量已经实现可操作化并且所有假设都已经提出后，你才能真正开始收集数据。例如，你在做一项实验或进行一个语料库研究，等等。但你将很难研究事件的总体，而只能研究样本，因此选择有代表性并与想要概括的总体相平衡的样本就非常重要。在这种情况下，当样本代表总体的不同部分时，我认为这个样本是具有代表性的；当样本反映总体各部分的相对大小时，我认为这个样本是*平衡的*。例如，试想要研究加利福尼亚青年话语中以 *like* 标记的语篇的频率及其使用情况。做这项研究之前，需要录制一些加利福尼亚青年的会话以构建一个话语的语料库。为了得到一个对所有加利福尼亚青年对话总体的具有代表性和平衡性特征的样本，受试主体/被试参加的各种不同类型会话的比率将在样本中适当地表现出来。比如，好的样本不应该只包含被试与他们同龄人的会话，而是应该包括他们和自己的父母、老师等的对话，如果有可能，所有这些不同类型的会话在样本中组成的比率应该与他们在真实生活中的比率即总体保持一致。

尽可能坚持这些规则是很重要的，但为什么它们通常更多只是理论上的理想状态呢？

这通常只是理论上的理想状态,因为我们不知道这个总体中的所有组成部分和所占的人口比率是多少。谁知道一个普通加利福尼亚青年与同龄人、与父母、与老师等的会话量到底是多少呢?平均数又是多少?而我们又如何量度这些比率,是用词?用句子?还是用分钟?即使这些考虑通常只能估算,但样本构成必须考虑。如果不这么做,整个研究将可能失败,因为也许不能对来自总体的样本中发现的任何东西进行概括。这个联系中一条重要的规则就是选择那些随机进入样本的元素,即随机化。比如,参加研究的年轻人会收到一个台灯和一个小型的录音仪器,并被告知在台灯亮起时会一直录制他们的会话,那么就可以在随机的时间间隔向这个台灯发送亮灯信号,过程由电脑控制。这样一来,有可能得到更多类型的会话交流和更全面的样本,而这个样本将更好地反映总体的情况。

我们简要看看母语习得领域的一个类似的例子。研究发现,在看管孩子交流的录音中,提问的次数出奇地高。一些研究者怀疑这其中的原因是父母们有意或无意地期望表现出他们的孩子是非常聪明的,因此他们总是问小孩类似于"那是什么?"的问题,让孩子展现他所知道的很多不同的词汇。然后有些研究者改变了他们取样的方法,把录音设备一直放在屋里,但父母们不知道录制看管孩子交流过程的时间。结果显示,提问的比率大幅度下降。

在基于语料库的研究中,经常会发现不同类型的随机化。比如,有的研究者首先收集他感兴趣的世界上的所有例子,然后将这些例子根据随机数字进行分类。当研究者继续研究清单上前 20% 的例子时,他就可以利用这个随机样本了。无论怎么做,随机化是数据收集最重要的原则之一。

一旦收集了数据,就得把它们以易于标注、使用和评估的格式来保存。我经常看到人们打印出一个个冗长清单的数据点,这些数据点是手工标记或者是从可进行文本操作的语料库中的检索行进行标注的。不论是学生还是经验丰富的研究者都有可能这么做。对于小的数据集来说这样做似乎很合理，但对于更大的数据集来说就不奏效或者极其不便了，而通常比较好的处理数据的方法是在如 LibreOffice Calc 这样的计算机表格软件或数据库中进行，或在 R 中进行操作。但所谓逐个变量格式受一系列基本原则的限制，这需要牢记。

i. 第一行包含所有变量的名称；

ii. 用一个数据点来指代某个因变量的单个测量结果；

iii. 第一栏只把 n 个案例从 1 到 n 进行编号，这样可以对每一行的数据点都进行唯一性标识，同时又能保存一个独特的排序；

iv. 余下的每栏都代表且仅代表一个变量相应的数据集。例如，在一个语料库研究的电子表格中，一个附加列也许包含讨论中的词所在语料库的文件名称；另一列也许能提供可以在这个文件中找到该词的具体行数。在一个用于实验研究的电子表格中，一列应该包含一些独特的每个被试的标识符；另外的列或许包含被试的年龄、性别，一些确切的刺激条件或一些被试带有的代表该刺激条件的一些指数，刺激条件呈现给被试的顺序指数。这样一来，就可以检验在实验过程中被试的表现是否发生系统性变化；

v. 为了保存数据集的正式完整性，让所有行和列都包含相同数量的元素，缺失的数据以 NA 的形式输入且不能带着空单元输入，即其他任何变量都不能缩略成 NA。这样有利于对缺失数据进行跟踪研究，比如，检查一下在缺失数据中是否存在一个需要解释的范式。

专门应用于 R 软件运行的一些附加的却非常有用的建议应在第一行里以大写形式显示列明，永远不要把定类变量水平作为数字进行编码而是以小写的词/字符串的形式进行编码，也不要用“怪异的”符号，诸如空格、句点、逗号、制表符、#、单/双引号或其他各种名称或水平的符号。

为确保把这些观点表达清楚，我们来看两个例子。假定在对小品词位置的研究中，你已经研究了一些句子并计算了直接宾语的音节数量。首先，我们提出一个问题:在这个设计中,因变量和自变量是什么?

THINK BREAK

自变量就是以音节计算的定距变量长度,它可以是任何类型的正整数值。因变量是定类型变量结构,可以是 VPO 或者 VOP。当提出所有假设后,就该收集数据和编码了,有时会看到如表 5 所示的那种格式,这个表格不太理想。

表 5　一个不完美的表 I

	长度:2	长度:3	长度:5	长度:6
结构:VPO	||	||	|||	||
结构:VOP	||||	|||	||	|

第二个例子,我们来看以词为量度的主语和直接宾语长度不一样的假设。还是同样的问题:因变量和自变量各是什么?

THINK BREAK

自变量是*相关性*这一定类变量,可以是*主语*或*宾语*。因变量是*长度*,可以是任何正整数值。如果你提出了如"H_1:文本和统计形式;H_0:文本和统计形式"这样的所有四个假设,然后看(3)中的小语料库,那么你的电子表格不要做成表 6 的样子。这个表格和表 5 一样不太理想。

(3) a. **The younger bachelors ate the nice little cat.** 年轻的单身汉吃美味的小猫。

b. **He was locking the door.** 他正在锁门。

c. **The quick brown fox hit the lazy dog.** 那只敏捷的褐色狐狸袭击那条懒洋洋的狗。

表6　一个不完美的表Ⅱ

句子	SUBJ(主语)	OBJ(宾语)
The younger bachelors ate the nice little cat.	3	4
He was locking the door.	1	2
The quick brown fox hit the lazy dog.	4	3

表5和表6违背了以上所有规则。例如在表6中,每一行代表两个数据点,不是一个,即一个数据点代表主语长度而另外一个代表同个句子中宾语的长度。同样的,不是每一个变量都由唯一的列来代表,更确切地说,表6有两列带有数据点,而每个数据点表示一个自变量的水平而不是变量本身。

在继续阅读前,思考一下如何重新调整表6,使其与以上的规则兼容。

THINK BREAK

相对于表6而言,表7储存数据的方式更好些:每个数据点有各自的行,并根据它们各自列中的两个变量进行描述。现在,一个更综合的版本可以包括一个只包含主语和宾语的列,很容易找到这样特别的例子。在这列的第一行,你将会发现 *The younger bachelor*,而在同一列的第二行,会发现 *the nice little cat* 等。同种逻辑也应用于表5的改善版本,使它看起来像表8一样。

表7　比表6更好的表

例子	句子序号	句子	关系	长度
1	1	The younger bachelors ate the nice little cat.	主语	3
2	1	The younger bachelors ate the nice little cat.	宾语	4
3	2	He was locking the door.	主语	1
4	2	He was locking the door.	宾语	2
5	3	The quick brown fox hit the lazy dog.	主语	4
6	3	The quick brown fox hit the lazy dog.	宾语	3

除少数情况外，都应该以这种格式[①]保存数据。理想的情况是，把这种格式的数据输入到一个电子表格软件中，为了保存颜色和其他已经添加的格式化内容，把数据储存成那个应用的原始文件格式，在制表符分割的文本文件中，这更容易带入 R 软件运行。

表 8　比表 5 更好的表

例子	结构	长度
1	VPO	2
2	VPO	2
3	VOP	2
4	VOP	2
5	VOP	2
6	VOP	2
7	VPO	3
8	VPO	3
9	VOP	3
10	VOP	3
11	VOP	3
…	…	…

与数据收集有关的所有步骤必须在一篇论文的方法部分进行描述，诸如想要概括的总体是什么；如何理想地抽取具有代表性和平衡性的样品；哪些变量需要收集数据，等等。

3.4　做出判断

当数据以一种与表 7/8 相对应的形式储存时，你就可以做任何想做的统计：用统计检验评价数据。第 4 章的开始部分我会讨论如何选择统计检验。数据评价后，会获得频率、平均数、离散性、相关系数或分布方面的统计量。但这个评价的中心问题与你的期待是相反的：我们不只是想要说明 H_1

① 还有一些更复杂的、需要各种不同格式的统计技术，但大多数情况下，上述所讨论的标准的格式（有时也叫长格式）是你需要的格式，容易转换成其他的格式。

是正确的,而是想证明 H_0 的统计版本是错误的,因为 H_0 是 H_1 的逻辑对应,这样地就是支持 H_1 了。现在最明显的问题是,为什么会有“迂回的”现象?我们可以参照主语和宾语的例子,假定你提出了如下假设:

H_1:及物分句中的主语和直接宾语长度不同。

H_0:及物分句中的主语和直接宾语长度一样。

现在考虑下面两个问题:

——为了证明上述 H_1 是正确的,最多需要研究多少个主语和直接宾语?

——为了证明上述 H_0 是不正确的,最少需要研究多少个主语和直接宾语?

THINK BREAK

也许你很快就能弄清楚第一个问题的答案是“无限多个”。严格意义上说,只有已经研究了所有的主语和直接宾语,而且一个反例都没发现,你才能确定 H_1 是正确的。第二个问题的答案是“每一个”,因为如果第一个主语比第一个宾语长或短,我们知道,从严格意义上说,H_0 是不正确的。尤其在人文和社会科学上,通常不会因为只有一个反例而拒绝一个假设。相反,你会运用下面的四个步骤程序,有时也叫*零假设显著性检验*(NHST)范式。

i. 定义一个所谓的*显著性水平* $p_{critical}$,通常设定的值为0.05,即5%,表示拒绝或坚持 H_0 的阈值;

ii. 通过运用统计假设的统计数据来计算某一效应 e 来分析的数据;

iii. 计算所谓的*错误概率* p,找到 e 或者从 H_0 偏离的其他东西的可能性有多大,或当 H_0 在总体中正确时,样本从 H_0 偏离甚至更多的可能性又有多大;

iv. 比较 $p_{critical}$ 和 p,然后决定:如果 $p < p_{critical}$,那么能拒绝 H_0 而接受 H_1,否则,必须坚持 H_0。

举个例子。如果样本中主语和直接宾语的平均长度差别是1.4个音节，但当你计算这错误概率 p 时发现存在1.4个音节差异或甚至更大差异，而实际上我们不期望任何这种差异，因为那正是 H_0 所预测的。那么，会有两种可能：

——如果这个1.4个音节差异的概率 p 比 $p_{critical}$ 的0.05要小，那么可以拒绝 H_0 假设的情况，即在总体中主语和直接宾语的长度一样。在论文的结果部分，你可以写下在自己的样本中发现平均数之间存在显著差异，而在文章的讨论部分，可以讨论有什么类型的启示等。

——如果这个概率 p 等于或大于 $p_{critical}$ 的0.05，那么你将不能拒绝 H_0 所假设的情况，即在总体中主语和直接宾语的长度一样。那么在论文的结果部分，可以说明在自己的样本中没有发现平均数之间存在显著差异，而在文章的讨论部分，可以讨论这个发现的启示同时预测或论证为什么不存在显著差异。语料库数据中或实验中也许有离群值（*离群值*指的是与样本中别的值相比，不具典型性的那些数值。），因为主体对特定的刺激、编码错误等的反应很奇怪。

这个逻辑有两点非常重要：一，结果是显著差异的事实并不一定意味着它是个重要的结果，尽管显著（*significant*）差异的平常含义可能带有这样的暗示。显著差异这个词在这里作为技术的含义使用，表示差异的结果足够大，足以让我们在考虑样本的大小时假定这个差异也许不是随机的。二，由于获得显著差异的结果你接受了 H_1，但这并不意味着你已经*证明了* H_1。这是因为存在观察的结果导致错误概率 p 的可能性，即便 H_0 是正确的，只是错误的概率 p 足够小而*可以接受* H_1，但并不是*证明*它。

这个推论或许看起来有些令人迷惑，尤其当我们突然讨论两个不同的概率时。第一个概率是5%，这是其他概率的参照点。其他概率是当 H_0 正确时观察到的结果的概率。对于前者，显著水平 $p_{critical}$，是*在获得数据前定义的*，然而后者，错误的概率，就是所谓的 p 值是在数据基础上计算的。为什么这个概率被称为错误的概率？回顾上文的内容，这正是因为在观察获得的数据时你接受 H_1，这是犯错误的概率。有时，会发现人们运用不同的措辞来表示不同的 p 值：

——$p<0.001$ 有时被认为是高度显著的，用 *** 表示；

——$0.001\leqslant p<0.01$ 有时被认为是很显著的，用 ** 表示；

——$0.01\leqslant p<0.05$ 有时被认为是显著的，用 * 表示；

——$0.05\leqslant p<0.1$ 有时被认为是边缘显著的，用 *ms* 或句点表示。但是，因为这样的 p 值比通常的标准 5% 大，从把这些结果称为有边缘显著量的角度至少可以争辩性地说"看吧，我没有获得我想要的显著差异的结果，但它们也非常不错，不是吗？"这就是为什么我特别不提倡使用这类表述的原因。

> **警告/建议**
>
> 获得结果之后，必须坚持原假设从而使研究成功地支持"新"的 H_1。同时，当发现一些显著差异的内容时，必须永远不要探究数据集，或者说得更好听些，去"寻求一些可用的东西"，把这个结果当作"先前提出的" H_1 的成功检验。当然可以运用数据集来寻求模型和假设，但如果数据集能生成假设，就必须用不同的数据去检验那个假设了。

但是，从上文我们已经可以看出，两个概率之间的比较对证明 H_1 有多大影响，但如何计算这个 p 值仍然不清楚。

3.4.1　离散概率分布的单侧 *p* 值

假定我们玩个抛掷硬币的游戏。如果正面朝上，我可以从你那里获得 1 美元，而如果反面朝上，你可以从我这里得到 1 美元。在游戏之前，你提出了下列假设：

H_0：正面和反面朝上的概率是 50% 对 50%。

H_1：正面朝上的概率大于 50%。

这种情况很容易用频率进行操作：

H_0：你赢的概率和我一样，即各 50 次。

H_1：你赢的概率比我大，即多于 50 次。

我的问题是当我们玩这个游戏并抛掷那个硬币 100 次，下面哪种结果会让你怀疑我作弊了？

THINK BREAK

——当你输了 51 次，这时也许没有作弊；

——当你输了 55 次或 60 次，这时也许也没有作弊；

——当你输了 80 次或更多，这时很可能作弊。

也许因为没有意识到这一点，你通常顺着显著检验的思路思考。说得更具体一些，假定你输了 60 次，也用上述四个零假设显著检验范式来解释：

i. 假定你把 $p_{critical}$ 的显著水平值设为它的平常值 0.05；

ii. 你观察效应 e，即你输了 60 次；

iii. 当 H_0 正确时，而且在你一定输了 50 次的情况下，尝试计算所谓的错误概率 p，即在样本中，输 60 次或更多次的概率有多大。为什么是“60 次或更多”？我们在上文中说过，当假定 H_0 正确时，计算所谓的错误概率 p，也就是找到 e 或者在样本中找到偏离其他 H_0 更多的情况的可能性有多大；

iv. 如果你能计算 p，你将比较 p_{critical} 和 p，然后判断应该相信什么：如果 $p < p_{\text{critical}}$，那么你能拒绝 H_0 而接受 H_1，从而可以指责我作弊，否则你必须坚持 H_0 并接受失败。

因此，你必须弄清自己观察到的结果与预期从 H_0 中获得的结果有什么偏差，有多大偏差。显然，你输掉的数字更大：60 > 50。因此，与 H_0 偏差的，以及与 H_0 有更大偏差的是那些你输掉的 60 次或更多次：60 次，61 次，62 次……99 次和 100 次。更专业地说，你把显著性水平设为 0.05 并问你自己“Stefan 没有作弊但仍然赢 60 次的概率有多大？尽管他原本应该只赢 50 次”，这正是显著性检验的逻辑所在。

偶然输 60 次的概率 p 是 0.02844397，即 2.8%，这时没有作弊的可能性。因为 p 值仍然比 0.05 或 5% 小，你现在可以指责我作弊了。但如果我们是好朋友，你就不会拿友谊冒险。如果你把显著性水平值设为 1%，那么你就不会指责我作弊，因为 0.02844397 >0.01。

这个例子进一步证实了总的逻辑或更多的东西，但如何计算这个 p 值仍然不是很清楚。要解释这一点，我们把例子中抛掷硬币 100 次的量减少到 3 次，这样更容易理解一些。在表 9 中，你可以看到 3 次抛掷硬币的所有可能结果，也可以看到所有的概率。如果 H_0 是正确的话，每次抛掷时正面/反面的概率都是 50%。说得更具体些，左边三列代表所有可能的结果，第 4 列和第 5 列显示 8 个可能的结果中得到正反面的次数，最右边一列列出每次可能结果的概率。我将在后半部分解释 4 个加粗的方框。这又是为什么呢？

要解释这种现象，有两种可以想象到的简易方法。这两种方法都要求你理解一个最重要的概念——独立。

表 9　当 H_0 正确时三次抛掷硬币的所有结果及它们的概率

第一次掷	第二次掷	第三次掷	#正面	#反面	$P_{结果}$
正面	正面	正面	3	0	0.125
正面	正面	反面	2	1	0.125
正面	反面	正面	2	1	0.125
正面	反面	反面	1	2	0.125
反面	正面	正面	2		0.125
反面	正面	反面	1	2	0.125
反面	反面	正面	1	2	0.125
反面	反面	反面	0	3	0.125

第一，根据 H_0，每次尝试正面和反面的概率一样，且每次抛掷都与其他抛掷独立开来。独立这个概念很重要：各次尝试之间是独立的，即第一次的结果不影响另一次。在此，第一次指的是只抛一次硬币，而另一次指的是另外一次抛硬币。同样，如果你不能把从一个样本获得的值与从另外一个样本获得的值通过有意义的方式进行匹配，说明样本也是各自独立的。比如，如果你从一个语料库中随机抽出 100 个及物分句并用音节计算它们主语的长度，然后你再从同一个语料库中随机抽出 100 个不同的及物分句并用音节

计算它们直接宾语的长度,这 100 个主语长度和 100 个宾语长度两个样本是独立的。另一方面,如果你从一个语料库中随机抽取 100 个及物分句并用音节计算它们的主语和宾语长度,那么这 100 个主语长度和 100 个宾语长度两个样本就是非独立的,因为通过把同一分句的每个主语和宾语整合的方式,就可以把那 100 个主语长度与 100 个宾语长度完美地匹配起来。如果你用同样的主语做一个实验两次,那么第一次和第二次实验结果构成的两个样本也是非独立的,因为你可以将第一个实验的每一个主语数据点和第二个实验的同个主语数据点匹配起来。这个观点对于后面的讨论非常重要。

回到三次抛掷硬币的例子:既然三次独立抛掷硬币的实验有 8 个不同的结果即同等概率,那么 8 个结果的任何一个的平均概率就是 1/8 =0.125。

第二,表 9 最右边那列的方法包含单独计算 8 次实验中每一次的概率。第一行的意思是:在第一次、第二次和第三次抛掷硬币中,正面朝上的概率都是 0.5。因为每次抛掷硬币都是独立的,你把每一次抛掷的概率相乘就可以得到抛了三次之后的概率,在每一行正面朝上的概率:0.5 * 0.5 * 0.5 = 0.125,这是概率理论的乘法规则。每一行的类似计算显示每个结果的概率是 0.125。因此,我们可以说,H_0 预测每个人平均应该赢 1.5 次,如果我们玩 100 轮抛掷硬币 3 次的游戏的话。

现在,想象三次游戏中你输了两次。如果你再一次仍然把显著性水平值设在 5%,你会指责我作弊吗?

THINK
BREAK

你当然不会指责了。首先,我再问一次,哪些事件需要考虑。比如观察到的结果是你输了两次,或者得到的是在预测方向中与 H_0 有所偏离甚至有更大偏离的结果。这里讲的例子还是简单的:这样的唯一结果是你 3 次都输了。我们来计算这些事件概率的总数。

如同你在第四列看到的一样,在三次抛掷硬币中你输了 3 次的活动有三个结果:第二行的 HHT,第三行的 HTH 和第五行的 THH。因此,正好输两次的概率是 0.125 +0.125 +0.125 =0.375,而这已经远远超出 0.05 显著性水平的值了。然而,要得到这个结果,你仍然增加了结果与 H_0 有所偏离甚至有更大偏离事件的概率,即再增加一个在第一行显示的 0.125;所有这些事件和它们的概率都与那四个加粗的方框一起变得很突出了。如果你把这一切都加起来,当 H_0 正确时,抛掷三次硬币输掉 2 或 3 次的概率 p 是 0.5。这是所设显著性水平值的 10 倍,所以你没有办法指责我作弊了。注意,即便你 3 次全输,你仍然不能指责我作弊,因为当 H_0 正确时,发生那种结果的概率仍然是 0.125。

我们也可以用图表示这种逻辑,也可以同时回到更多次的抛掷硬币的活动。图 4 有六个直方图,每个直方图表示抛 3 次硬币,或 6 次,或 12 次,或 25 次,或 50 次,或 100 次的结果。在每个图中,所有抛硬币的活动中所有正面朝上的可能次数的总概率用条杆表示,而我总是赢的最极端结果用一个灰色条杆表示,还有个箭头指向它。在抛 3 次和 6 次的情况下,我也把这些事件概率标在条杆的最上端。

因此,如果你输的次数比 H_0 假设你应该输的次数还多,而且你又想确定输掉的次数像 H_0 假设的一样多或更多的话,你通常要从在图中间即沿着 x 轴的地方的 H_0 的期望值转移到观察结果,如观察到 x =3 时,同时把那条杆的长度加到你所遇到的所有其他条杆的长度,如果你一直保持向同一个方向移动,而这里只有一条杆在 x =3 的位置,你立刻就做到了。

图 4 也解释了另外非常重要的一点。首先,回想一下隐含在这个数据下面的基本分布是一个离散的非正态概率分布,即 0.5 次正面 VS. 0.5 次反面。其次,随着我们游戏中抛掷的次数增加,可能结果的概率看起来越来越像我们从正态分布所了解的钟形曲线。因此,即便隐含的分布不是正态的,一旦同样的大小变得足够大,我们仍然得到一个钟形曲线。这也意味着,如果研究中的数据以一种足够接近正态分布的方式分布,或者以几个广泛使用的概率函数的类型分布,比如 F,t 或者 χ^2-分布,我们无须计算,也无须像我们在上文中说的那样汇总确切的概率,就可以获得接近从隐含在上述分

布下的方程参数获得的 p 值,这通常被称为使用参数检验。至关重要的是,基于方程上 p 值的这个近似值只能在数据与相关函数拟合的情况下才有效。我们将在下文再讨论这个问题。

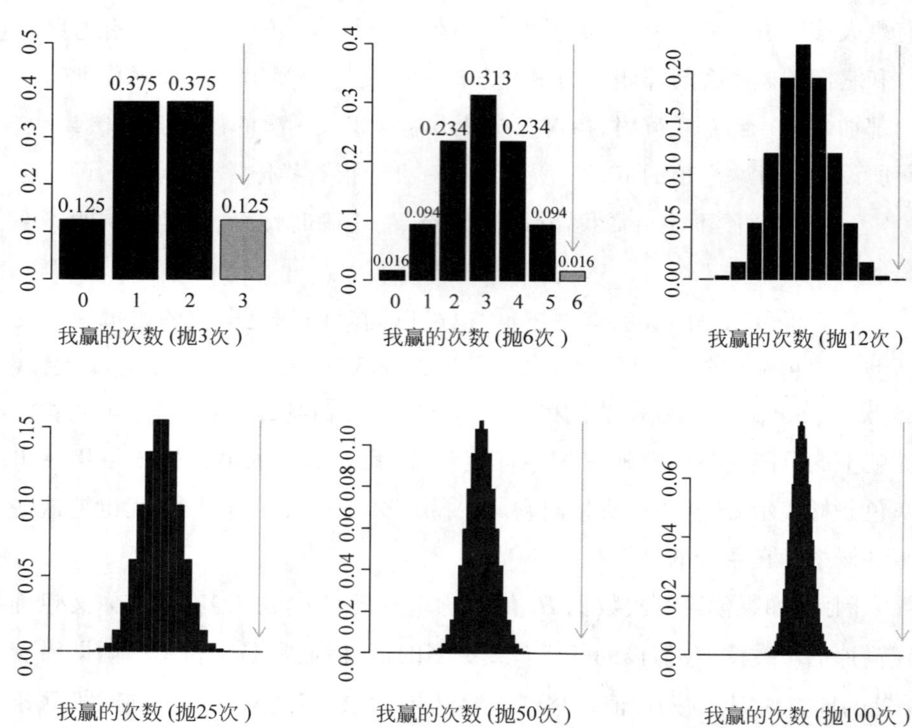

图4 3、6、12、25、50、100次抛掷硬币可能结果的所有概率以及它们在 H_0 正确时,单侧检验情况下的概率

3.4.2 离散概率分布的双侧 p 值

现在,我们必须考虑另外一个方面。在上一部分,我们关注方向性的 H_{1s}:H_1 是"Stefan 作弊:硬币正面朝上的概率比50%大,而不只是与50%不同。"我们先前讨论的显著性检验的类型被相应地称为*单侧检验*,因为你不只对一个方向感兴趣。假设因为你非常清楚自己没有作弊,观察结果与预期结果的偏离与这个想法一致。因此,当总结图4的条杆长度时,你出于对 H_0 的期望只是朝一个方向移动。

然而,通常情况下,只有非方向性 H_1。在这种情况下,必须研究实测结果与预期结果可能产生的偏离的两个方向。回到抛掷3次硬币的场景,但这次我们还有一位中立的观察者,并且他没有任何理由怀疑只有我会作弊。因此,基于0.05的显著性水平,他提出下列假设:

H_0:Stefan 赢的频率与其他玩家一样,即50次,或者说“两个玩家赢的概率一样大”。

H_1:Stefan 比其他玩家赢的概率大一些或小一些,或者说“两个玩家赢的概率不一样”。

想象一下,现在你输了3次。观察者现在自问是否我们中的一个人应该被指责作弊。像前面一样,他需要确定要考虑什么事件,他也要用一个包含所有可能结果的图表如表10帮助自己把事情弄清楚。

表10 当 H_0 正确时,3次抛掷硬币的所有结果及它们的概率

第一次掷	第二次掷	第三次掷	#正面	#反面	$P_{结果}$
正面	正面	正面	3	0	0.125
正面	正面	反面	2	1	0.125
正面	反面	正面	2	1	0.125
正面	反面	反面	1	2	0.125
反面	正面	正面	2		0.125
反面	正面	反面	1	2	0.125
反面	反面	正面	1	2	0.125
反面	反面	反面	0	3	0.125

首先,观察者考虑你输了3次的观察结果,列在第一行,产生概率为0.125。但这时,他也得考虑从 H_0 这里获得的事件概率是正好一样多还是更多。有个方向性 H_1,你只是朝一个方向偏离 H_0,但这次没有方向性假设,因此观察者也寻找从 H_0 期望值的另外一个方向偏离同等大小或偏离更大的可能性。如同你在表10所看到的一样,从 H_0 处还有一种同样极端的变异,即我输了3次。因为观察者只有一个非方向性假设,他也包含了那个事件概率,达到累计的0.25概率。这一逻辑也像上文如图5所示。

请注意,当检验方向性 H_1 时,你考虑“你输了3次”这个结果,而中立观察者检验他的方向性 H_1 时,他考虑“某人输了3次”这个结果。这会导致一

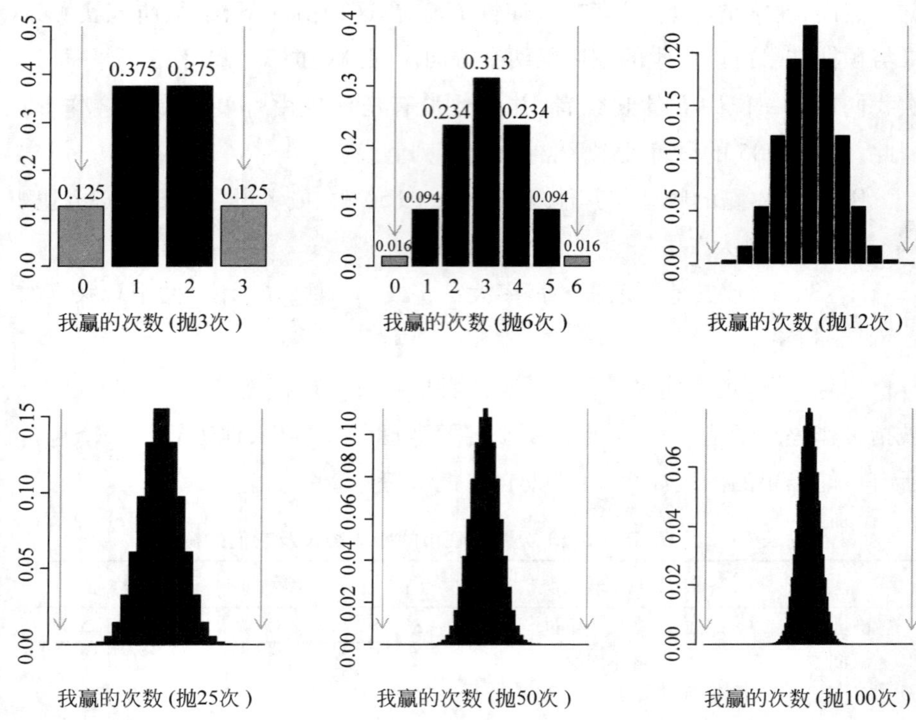

图 5　3、6、12、25、50、100 次抛掷硬币可能结果的所有概率以及它们在 H_0 正确时，双侧检验情况下的概率

个非常重要的结果：当对某个允许你提出一个方向性而不只是非方向性的 H_1 的现象有先验知识时，那么对一个有显著差异的发现而言你所需要的结果，与只有非方向性 H_1 的结果相比，显得并没有那么极端。多数情况下，结果是这样的：你从带有方向性 H_1 的结果获得的 p 值，是从非方向性的 H_1 的结果得到的 p 值的一半。先验知识是会产生影响的，现在再次解释这个问题。

我们回到包含抛掷硬币 100 次的示例游戏。首先通过你的眼睛即方向性 H_1 来研究这个情景。其次，通过那些中立的研究者即非方向性 H_1 来研究，但是这一次你和这个观察者尝试*在*游戏*前*决定哪些结果是极端的，让人们可以接受 H_1。从你的角度开始：在图 6，你发现现在包含 50 次正面预期频率的 100 次抛掷硬币呈现的熟悉图。下面会解释黑色线条部分的含义。

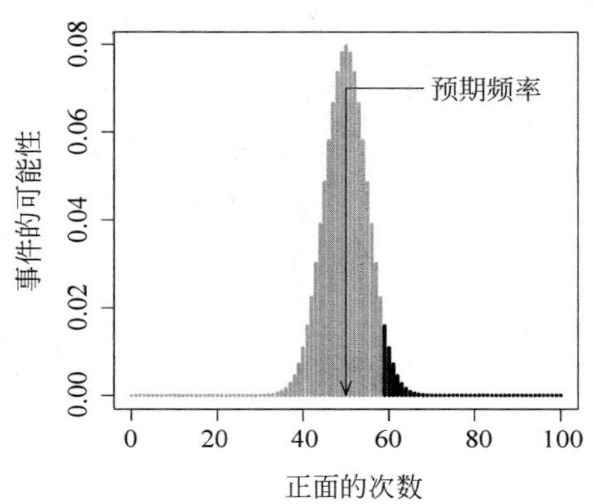

图 6　抛掷硬币 100 次，在 H_0 正确单侧 H_1 检验情况下所有可能的结果及其概率

在上文，我们讨论了一个实证结果，其 p 值是我们感兴趣的。为了获得那个 p 值，我们从预期的 H_0 结果移动到极值。现在，我们想确定一个 p 值，但在获得结果前不超过它，接着我们不得不朝相反的方向继续：从极点到对 H_0 的期望值。比如，要确定在没有获得一个超过 0.05 的累计概率的情况下你输的次数，你从右边的最极端的结果开始即你输了 100 次，并开始把那些条杆的长度加长。当然，你可能会计算这一点，但不会真正地（literally）测量长度。你输掉所有 100 次抛硬币的概率是 $7.8886 \cdot 10^{-31}$。在这基础上，添加 100 次中你输掉 99 次的概率，100 次中输掉 98 次的概率等。当你增加所有概率到 59 次出现正面，那么所有这些概率就能达到 0.0443；所有这些都在图 6 中用黑色表示出来。因为抛 100 次得到 58 次正面的概率是 0.0223，在没有超过 0.05 显著值的水平时，你再也不能把这种情况的概率添加到别人那里去。换个角度说，如果你不想缩短超过 5% 的条杆总长度，那么必须停止添加在 x = 59 时的概率。你得出这样的结论：如果 Stefan 赢了 59 次或更多，那么我将指责他作弊，因为那种情况发生的概率仍然是低于 0.05 的最大数字的次数。

现在考虑如图 7 所示的观察者的角度。图 7 与图 6 类似，但不完全相同。这个观察者仍然从最极端的结果开始考虑问题，认为我每次都能得到正面：$P_{100\ \mathrm{heads}} \approx 7,8886 \cdot 10^{-31}$。但是因为这个观察者只有一个非方向性 H_1，他也必须包含反面的概率，同等极端的结果即我们得到正面的概率为 0 次。对于任何一次得到正面的额外机会比如 99，98 等，观察者现在也必须添加相应的反面结果如 1，2 等。一旦这个观察者把概率加到 61 次正面/39 次反面或者 39 次正面/61 次反面，那么累积的概率总数达到 0.0352。请参照图 7 中的黑色条杆。

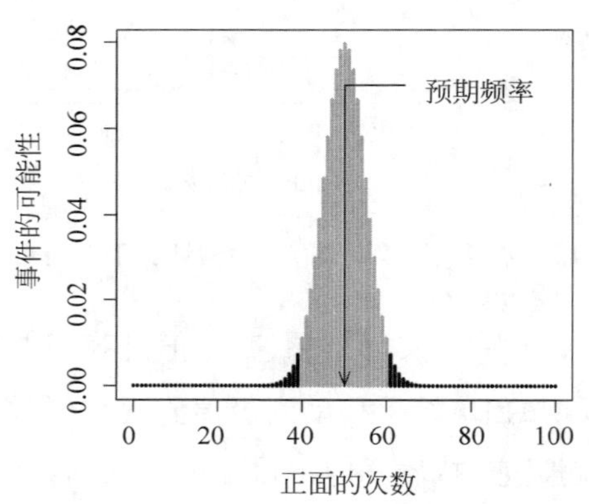

图 7　抛掷硬币 100 次，在 H_0 正确时，双侧 H_1 检验情况下所有可能的结果及其概率

因为接下来两种情况联合的概率，即 60 次正面/40 次反面和 40 次正面/60 次反面的概率是 0.0217，观察者在没有超过 0.05 的显著值时不能添加任何进一步的结果。换句话说，如果观察者不想把两边加起来的条杆长度降低超过 5%，那么他必须停止通过从右到左在 x = 61 这个点时以及通过从左到右在 x = 39 时添加任何概率。他可以下这样的结论：如果 Stefan 或者他的对手赢了 61 次或更多，那么其中一个人可能存在作弊，且往往是赢次数多的那个人。

我们可以看到在相同情况下，为能够接受这样的结果，带方向性 H_1 的那个人比带非方向性 H_1 的人需要更少的极端结果：在同样的显著水平，当你输掉 59 次，只超过预期值 9 次，你已经能指责我作弊了，中立的观察者在开始指责某人前需要看到有人输了 61 次，超过预期值 11 次。换句话说，如果你输了60次,你可以指责我作弊,但这个观察者还不行。这种差别非常有意义,我们常常需要用到它。

读最后几页时,你也许有时想知道事件概率从哪里来:我们如何知道在抛掷100次硬币中100次正面朝上的概率是 $7.8886 \cdot 10^{-31}$ 呢? 实质上,那些与我们处理表9和表10的计算方式一样,只是我们不再写出结果,因为样本的空间太大了。因此,这些值可以用R软件在所谓的二项分布基础上计算。当事件概率是R带着函数dbinom①的 p 值时,你可能很容易计算出两件事情中有一件的概率会在s次中发生x次。我们这里讨论的函数的参数是:

——x:事件的频率,即三次正面;

——s:这事件会发生尝试的次数如抛掷3次;

——p:每次尝试的事件概率如50%。

当正面的概率是50%时,你知道在抛3次硬币中得到3次正面的概率是12.5%。在R中可以计算如下:

```
>dbinom(3,3,0.5)¶
 [1]  0.125
```

实际上,你可以在一行中计算所有四个可能的正面次数的概率即0,1,2,3,因为,就像下文我们看到的一样,整数顺序用冒号界定:

```
>dbinom(0:3,3,0.5)¶
 [1]  0.125  0.375  0.375  0.125
```

用相似的方式,通过把相关概率加起来,你也能计算出正面发生的概率为2或3次:

```
>sum(dbinom(2:3,3,0.5))¶
 [1]  0.5
```

① 我将在下一章介绍如何安装R等。如果你没有安装R且/或尚不能进入或理解上文的输入。我们将在后面部分再讨论这个……

现在你用同样的方式计算抛 100 次得到 100 次正面的概率,

```
> dbinom(100,100,0.5)¶
  [1]  7.888609e-31
```

在抛 100 次中得到 58 或更多次的概率。这个概率大于 5%,所以不允许你接受单侧/方向性 H_1:

```
> sum(dbinom(58:100,100,0.5))¶
  [1]  0.06660531
```

在抛 100 次中得到 59 或更多次的概率。这个概率小于 5%,所以允许你接受单侧/方向性 H_1:

```
> sum(dbinom(59:100,100,0.5))¶
  [1]  0.04431304
```

实际上,你不一定要通过像上文建议的那样尝试或通过犯错来操作。你可以使用函数 qbinom 获得最大的正面数量,这个数量与每一个甚至更极端的结果累积起来的概率不超过 0.05,可以看到这与上文的发现相吻合。

```
> dbinom(0.05,100,0.5,lower.tail = FALSE)¶
  [1]  58
```

对于双侧检验,你也可以做同样的事情,比如,计算得到 40 次或更少或 60 以及更多正面的概率。这个概率常常大于 0.05,且不允许你接受一个双侧/非方向性 H_1:

```
> sum(dbinom(c(0:40,60:100),100,0.5))¶
  [1]  0.05688793
```

这就是得到 39 次或更少正面,或 61 次或更多的概率。这个概率常常小于 0.05,因而允许你接受双侧/非方向性 H_1:

```
> sum(dbinom(c(0:39,61:100),100,0.5))¶
  [1]  0.0352002
```

同样,没必要用手动尝试和犯错的方式去进行这个操作。你还是可以用 qbinom 获得最多的正面次数,每个甚至更极端的结果累积起来的概率都不超过0.05,唯一复杂的是因为你想在两边“添加杆长度”,且两边杆长度是一样的,因为图6和图7的曲线是对称的。当你添加两边时,你会得到每一边都不超过0.05的结果,即每边长度不超过0.025。那么,你会再次看到这与我们上文手动实验的发现相匹配。

```
> dbinom(0.05/2,100,0.5,lower.tail 1 = FALSE)¶
  [1]  60
```

3.4.3　扩展:连续概率分布

在上文的例子中,我们一直都只研究有两个水平的一个变量——抛掷:正面 VS. 反面。不幸的是,生活通常都不会那么简单。一方面,我们在上文也看到我们的定类型变量常常不只是两个水平。另一方面,如果讨论中的变量是定比型的,那么所有状态或水平概率的计算是不可能的。例如,你不能计算对一个刺激的所有可能反应。因此,如上文所述,许多统计技巧并不像我们计算确切的 *p* 值一样,而是基于随着样本增大,事件概率分布开始与那些数学分布近似这样的事实,而这些数学分布的方程/等式和属性是广为人知的。在第4章和第5章中,以下四种分布将非常重要。

——带有Z分数的标准正态分布;

——t分布(t);

——*F* 分布(f);

——χ^2-分布(chisq)。

对于每个这样的分布,就像上文的 binom,都有一个以 *q* 开始而以上文函数名结束的函数(即 qnorm,qt,qf,qchisq),以及一个以 *p* 开始和以上文函数名结束的函数(即 pnorm,pt,pf,pchisq)。前者计算这些概率分布的分位数函数,后者计算这些函数的反面,即所谓的*累积分布函数*。我们可以在图8

的基础上更简单地介绍这种情况,图 8 中两个图都绘制了标准正态分布的密度函数。

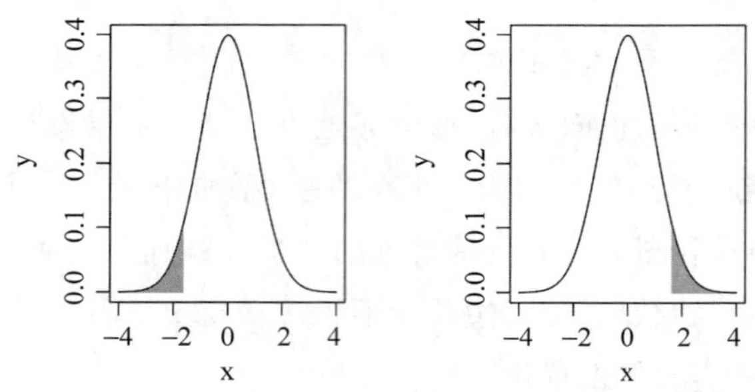

图 8 $P_{单侧检验}=0.05$ 的标准正态分布密度函数

在图 6 中,我们关注确定有多少结果会偏离那里预期的结果即 50 正面和 50 反面。这时候没有显著差异,因为在这点上"显著"意味着产生的累积概率少于整个结果空间的 0.05。在那种情况下,我们用 dbinom 增加条杆长度构成二项变量分布的曲线或者直接用 qbinom 确定带有最极端结果的累积概率不超过 0.05 的最多正面数量。

```
> sum( dbinom(58:100,100,0.5))¶
  [1] 0.06660531
> qbinom(0.05,100,0.5,lower.tail = FALSE)¶
  [1] 58
```

对于图 8 中所描述的这类连续分布,没有可以添加的条杆长度,但是对应的想法在曲线的区域中,被定义为 1,这个曲线在 x 轴上的任何一个值都可以从左到右把一些东西切开。对于这样的计算,我们又能够使用带有 *q* 和 *p* 的函数。比如,如果我们想知道哪个 x 值划分曲线左下边的5%,即0.05,我们可以用含有 qnorm 的如下方式计算出来:

```
> qnorm(0.05,    lower.tail = TRUE)¶
  [1] -1.644854
> qnorm(1 -0.95,    lower.tail = TRUE)¶
  [1] -1.644854
```

```
> qnorm(0.95,   lower. tail = FALSE)¶
  [1] -1.644854
> qnorm(1 -0.05,   lower. tail = FALSE)¶
  [1] -1.644854
```

因此,在 $-\infty \leqslant x \leqslant -1.644854$ 范围内的图 8 左边图曲线下的灰色区域与曲线下区域的 5% 相对应。因为标准正态分布是对称的,在 $1.644854 \leqslant x \leqslant \infty$ 范围内的右边图曲线下的灰色区域的情况也和左边的一样。

```
> qnorm(0.95,   lower. tail = TRUE)¶
  [1] 1.644854
> qnorm(1 -0.05,   lower. tail = TRUE)¶
  [1] 1.644854
> qnorm(0.05,   lower. tail = FALSE)¶
  [1] 1.644854
> qnorm(1 -0.95,   lower. tail = FALSE)¶
  [1] 1.644854
```

这些都是单侧检验,因为只考虑曲线的一边,当左边图的 lower. tail = TRUE 时只考虑左边或者当右边的 lower. tail = FALSE 时只考虑右边。对于在 0.05 的相同显著水平对应的双侧检验而言,你得按 binom 继续并考虑如图 9 里的曲线下的两个区域,即每边 2.5%,两边加起来 5%。因此,要得到共同划分曲线下的 5% 的 x 轴上的值,这正是可以带进 R 运算的内容:

```
> qnorm(0.025,   lower. tail = TRUE)¶
  [1] -1.959964
> qnorm(1 -0.675,   lower. tail = TRUE)¶
  [1] -1.959964
> qnorm(0.975,   lower. tail = FALSE)¶
  [1] -1.959964
> qnorm(1 -0.025,   lower. tail = FALSE)¶
  [1] -1.959964
```

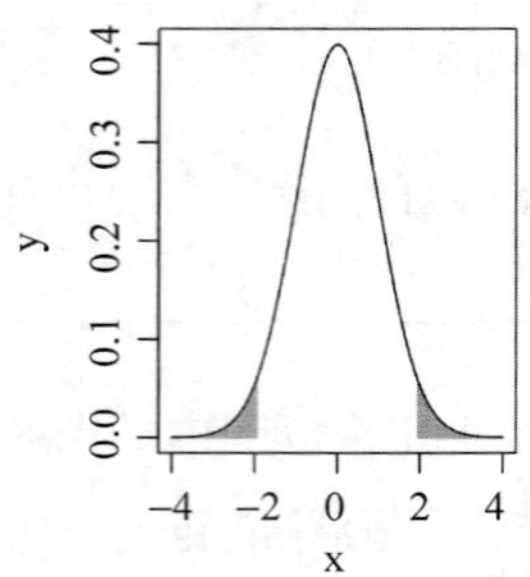

图 9 $P_{双侧检验}=0.05$ 的标准正态分布密度函数

```
> qnorm(0.975,   lower.tail = TRUE)¶
  [1] 1.959964
> qnorm(1 -0.025,   lower.tail = TRUE)¶
  [1] 1.959964
> qnorm(0.025,   lower.tail = FALSE)¶
  [1] 1.959964
> qnorm(1 -0.975,   lower.tail = FALSE)¶
  [1] 1.959964
```

同样,做非方向性双侧检验,要获得一个显著结果,需要一个更极端的结果:-1.7 的值少于 -1.644854,如果曾预测是相反的方向,在单侧检验是显著的,但 -1.7 大于 -1.95996,对于要得到显著结果的双向检验还不够小。总的来说,要用函数 q 确定最小的单侧或双侧统计数据,我们需要获得一个特别的 p 值。在单侧检验中,通常用 $p=0.05$;在双侧检验中,用每边 $p=0.05/2=0.025$。以 p 开头命名的函数与以 q 开头命名的函数相反:有了它们,你可以确定哪个 p 值与我们的统计相匹配。下面两行可以得到单侧检验的 p 值,我们可以再次参照图 8:

```
> pnorm( -1.644854,   lower.tail = TRUE)¶
  [1] 0.04999996
> pnorm(1.644854,   lower.tail = FALSE)¶
  [1] 0.04999996
```

在双侧检验中,你当然得把概率乘以 2,因为不管在曲线下得到什么区

域,都必须在曲线的两侧考虑它。这时可以参考图 9:

```
>2 * pnorm( -1.959964,   lower.tail = TRUE)¶
  [1] 0.05
>2 * pnorm(1.959964,   lower.tail = FALSE)¶
  [1] 0.05
```

另外一些 *p/q* 函数以同样的方式运作,但需要一些附加信息,即所谓的自由度。在此,我不对这个观点做任何详细解释,相反,我会引用 Crawley (2002:94) 的拇指理论:"自由度 *df* 是样本的大小 n 减去参数的数量。"例如,如果计算四个值的平均数,那么 $df=3$,因为如果想要确定从四个值中获得一个特定的平均数,可以自由选择三个值,第四个值就固定了。如果想得到其值为 8 的平均数,那么前三个值可以是 1,2 和 3 的随意变化,但接着最后一个必须是 26。自由度指的是一种样本大小和从一个样本中提取的信息量被组合到显著性检验中的方式。

现今台式电脑的计算能力比较强大,上述分布的参数检验通常较容易计算,但它们普遍存在上文所指出的潜在问题。因为它们只是基于界定 *z-/t-/F-/*χ^2-值的方程的真实 *p*-值估算,它们的正确性取决于这些函数反映数据的分布的程度。在上述例子中,图 4 和图 5 的二项式分布以及图 8 和图 9 的正态分布极其相似,但这也许在其他情况下会有很大不同。因此,参数检验做出分布假设,只有在拥有的数据与这些参数匹配时,才可以用这样的检验,不过最普通的分布实际上是正态的。如果它们不匹配,那么必须用一种所谓的非参数检验,或者精确检验(就像我们在上文中所做的抛掷硬币一样),或者置换检验等其他重复取样方法。下面第 4 章和第 5 章要介绍几乎所有的检验,我将列出在应用检验前不得不检验的假设,用 *p*-值的计算来解释检验本身,并举例说明如何总结书面语研究中第三部分的结果。我已经可以告诉你,你应该一直提供样本的大小、所获得的结果(如平均数、百分比、平均数之间的不同等)、所用的检验的名称、统计参数、*p* 值以及你赞成还是反对 H_1。关于这些发现的解释将在你研究的第 4 部分和最后一部分讨论。

进一步学习的建议

参阅 Good 和 Hardin(2012:Ch. 1,2,和 3),了解很多有趣和实用的建议,参阅 Good 和 Hardin(2012:Ch. 8),了解关于在研究方法和结论部分应该提供的信息。

警告/建议

当检验的假设与参数不匹配时,不要受使用一个参数检验的诱惑。如果你做了错误的检验会受到审阅者抨击,更糟糕的是那些因为引用错误方法而导致的错误结果带来的惩罚(published),除此之外你能得到什么呢?

4. 因果关系实验设计:简介

在这部分,我们将讨论实验设计的一些基本规则[①]。也许本部分最重要的理念是处理水平集合,简称处理集(参照 Cowart,1997)。我们要区分两种处理集:图式处理集和具体处理集。*图式处理集*通常以表格的形式呈现各种实验条件。为了更清楚地解释这一点,我们回到上文小品词位置的例子。

假定你想要研究小品词位置,这个研究不仅基于语料库数据,而且基于实验数据。例如,想确定英语母语者对句子可接受性(ACCEPTABILITY),即因变量的评价受句子的结构即第一个自变量结构:VPO vs. VOP 和直接宾语中心词词性即第二个自变量 OBJPOS:代词 vs. 名词结构[②]的不同而产生的影响。既然两个自变量都有两个水平,那么就有 2 * 2 = 4 个实验条件。这些实验条件构成的图式处理集可以表示为表 11 和表 12 这样两种形式。被试当然从来没有见过这个图式处理集。对于具体的实验而言,必须设定详细的

① 我将只考虑因果关系实验设计,该类实验设计中每个变量水平与每个其他的变量水平是结合的,但大部分讨论的规则也应用于其他设计。

② 为了更好地加以解释,假定 OBJPOS 只有两个水平。

刺激,例如一个在所有变量水平组合上实现图式处理集的具体处理集。

表11 结构 * 词性的图式处理集

	OBJPOS:代词	OBJPOS:名词
结构:VPO	V Part pron. $NP_{dir.\ obj}$	V Part lexical $NP_{dir.\ obj}$
结构:VOP	V pron. $NP_{dir.\ obj}$. Part	V lexical $NP_{dir.\ obj}$. Part

表12 结构 * 词性的图式处理集

实验条件	结构	OBJPOS
1	VPO	代词
2	VPO	名词
3	VOP	代词
4	VOP	名词

然而,这样的具体处理集和实际的具体刺激的呈现都受一系列规则的制约,这些规则是为了把数据中不想要的干扰因素减到最小。以下三种干扰来源是最主要的:

——*与实验目的相关的知识*:你必须确定参加实验的被试在实验前或实验过程中不了解要检验的内容。当然,实验后可以告诉他们。这很重要,因为如果不这么做,被试也许会出于社交目的而使他们的反应在更易于接受或者改变反应以"帮助"实验者。

——*不期望的实验效果*:你必须确定被试的反应不受诸如对某种变量水平组合习惯的影响。这很重要,因为 Nagata(1987,1989)曾指出,可接受性的判断会随着刺激的重复接触而改变,而这也许不是你所感兴趣的。

——*对结果的评价*:必须确保能清楚地解释被试的反应。如果你的设计不能恰当评价实验所得的数据,那么即便拥有大量被试也是没有意义的。

要处理所有这样的问题,必须在充分考虑的前提下采用(4)到(12)中的规则。第一条是(4)中的规则:

(4) 每一个具体词例集的刺激会随着在调查中的变量水平组合的不

同而不同，且比较理想的是只与这些而不跟其他任何事情有关。

以表13为例。在表13中，刺激只因两个自变量而不同。如果不是这样或者你发现它们之间可接受性的差异，比如因为左列包含 *John picked up it* 和 *John brought it back* 的刺激，那么你就不会知道引起这个差异的原因，也许是不同的结构引起的。这个到底是关于什么的实验？也有可能是不同的短语动词引起的（不过我们在此不讨论这个问题）又或者是两者的交互。(4)与"对结果的评价"的因素有关。

表13　结构 * 词性的具体处理集

	OBJPOS：代词性的	OBJPOS：词汇性的
VPO结构	John picked up it.	John picked up the keys.
VOP结构	John picked it up.	John picked the keys up.

我们创设具体处理集时，考虑你所感兴趣的变量很重要，但考虑要解释这些变量或解释与这些变量相关的结果而需要更难的那些变量也是很重要的。例如，在现在的例子中，动词和直接宾语的选择也许是重要的。众所周知，小品词的位置也与直接宾语的所指事物的具体性有关。考虑这些变量或者变化的根源有不同的方式。一个是确保在一个图式处理集的每个实验条件中，50%的宾语是抽象的而另外的50%是具体的，仿佛你引进了一个附加的自变量。另外一个是仅使用抽象或仅使用具体宾语，这当然包含这样的情况，即不管在实验中发现什么，严格意义上说你都只能概括那种类型的宾语。

进一步学习的建议

Good 和 Hardin(2012:31ff.)和 Good (2005:Ch.5)

(5) 必须使用不只一个具体处理集，一般来说最理想的情况是有多少个变量水平组合就有多少个具体处理集，甚至是组合的翻倍。

如果只使用表13中的具体处理集，从保守的观点来说，将只能概括带有及物短语动词 *pick up* 和宾语 *it* 及 *the book* 这样的句子，这也许永远也不是最有趣的研究。因此,遵守(5)的第一个原因又一次与“结果评估”的元素有关,解决的办法是用如表 14 和表 15 中所显示的不同动词和不同宾语创建不同的具体处理集,这些也必须与(4)一致。

表 14　结构 * 词性的具体处理集

OBJPOS:代词	OBJPOS:名词
VPO 结构 Mary brought back him.	Mary brought back his dad.
VOP 结构 Mary brought him back.	Mary brought his dad back.

表 15　结构 * 词性的具体处理集

OBJPOS:代词	OBJPOS:名词
VPO 结构 Ieked out it.	I eked out my living.
VOP 结构 Ieked it out.	I eked my living out.

如果仅使用表 13 中的具体处理集,那么被试也许立刻能够猜出实验的目的:因为我们的具体处理集必须与(4)一致,被试能快速确定相关的变量水平组合,因为那些是句子存在差异的唯一根据。这立刻把我们带入下一条规则:

(6) 每个被试最多能接触一个具体处理集中的一个项目。

就像我刚才所说的,如果你不遵守(6),被试也许可以从一个具体处理集里的最小变化猜到整个实验是关于什么内容的:*John picked up it* 和 *John picked it up* 的唯一区别是结构的选择。因此,当被试 X 能够看到 *John picked up it* 形式中变量水平组合(VPO X OBJPOS 结构:代词性的)那么表 13 中的另一个实验项目会被指派给其他被试。在那种情况下,(5)和(6)也都与“实验与什么有关的知识”这个元素相关。

(7) 每个被试都能接触每一变量水平的组合。

(7) 是为了避免出现“不期望的实验结果”和“结果评价”这样的因素。首先,如果给一个被试接触的几个实验项目只是将一个实验条件组合实例化,那么习惯性影响会歪曲结果;当然,可以考虑在分析中添加一个变量,即每次给主体接触实验条件时,说明这已经第几次看到相关内容了。其次,如果非常频繁地给被试接触一个变量水平组合，而很少让其他被试接触，那么在这些变量水平组合之间所发现的任何差异，理论上也许都是因为接触的频率不同引起的，而不是受研究中的变量水平组合的影响。

（8）每个被试不只一次接触每个变量水平组合但接触的次数一样。

（9）让不只一个被试接触每个实验项目且接触该项目的被试人数必须一样多。

这些规则受"结果评价"因素的驱动。你可以想想当你试图解释被试对某个刺激很反常的反应时，你可以看到它们的目的是什么。一方面，这个反应可以意味着项目本身在某个方面就不平常而每个被试都会对其有不同寻常的反应，但如果没有给其他被试测试这个项目的话，你就不能测出这个结果，这就是需要遵守(9)这一规则的原因。另一方面，这个不同寻常的反应也许意味着某个特定被试只对该变量水平组合做出不同寻常的反应，而同一个被试对实例化的同一个变量水平组合做出更"平常"的反应，但如果那个被试没有看到同一个变量水平组合的其他项目，就没法测出这个结果，这就是需要遵守(8)的原因。

（10）实验项目有干扰项/填充项之分；每个被试的补充项目数量应该至少与真实的实验项目一样多，但每个被试的补充项是真实实验项目的两倍或者三倍是比较理想的。

遵守(10)的原因很明显是"实验是关于什么的知识"：让被试没法猜到实验的目的，或让他们认为他们知道实验的目的，这样他们就不会歪曲实验的结果。①

另一种众所周知而又可能歪曲结果的因素是被试接触实验中的项目和干扰的顺序。为了尽可能减少这种影响，必须考虑最后两条规则：

① 在很多心理研究中，甚至连实际执行实验的人，即从管理处理和分发问卷的意义上的操作者，也不知道实验的目的。这是为了确保实验者不能提供无意识的暗示给想要或不想要的反应。另外一种方式是执行这种所谓的双盲实验就是以录像带的形式使用标准化的指令或者让电脑程序提供指令。

(11) 实验项和填充项的顺序是伪随机的。

(12) 实验项和填充项的顺序对每一个被试的伪随机方式不同。

(11) 中的规则要求实验项目和填充项目的顺序是通过随机数字发生器随机呈现的,但它也不是完全随机的,而是伪随机的,因为来自随机化的排序通常必须是"纠正的",所以

——第一个刺激如一份问卷的第一个问题,不是一个实验项目而是一个干扰因素;

——实验项目不是直接一个接着一个的;

——理想的情况是,展示同样变量水平组合的实验项目不要按顺序出现。这意味着,在 *John picked it up* 之后,接下来的实验项目不能是 *Mary brought him back*,即便两个之间有干扰因素打断。

(12) 中的规则指的是刺激的顺序在被试间必须伪随机性地有所不同,这样发现的任何东西都不能归因于系统的顺序影响:每个被试接触不同顺序的实验项目和干扰因素。因此,(11)和(12)都与"不想要的实验效果"和"结果的评价"有关。这种刺激的再排序可能非常烦琐,尤其当实验包含很多检验项目和被试时,这就是为什么一旦你更熟练使用 R,写一个有刺激随机排序功能函数(stimulus. randomizer)等来进行再排序是非常有用的,这也正是我想做的。

只有在所有这些步骤都适当地完成之后,才能开始打印问卷让被试参与一项实验。在研究的方法部分,必须仔细描述如何建立实验设计,这也许是不言而喻的。因为这是一个相当复杂的程序,我们将在接下来的章节再次讨论这个问题。

在看另外一个例子前,我们先来看看关于这个内容的最后一个说法。凭经验知道,前面的这部分可能有点令人灰心。尤其是初学者阅读时会想"如果要进行所有这些操作,我该怎样做才能够为我的项目创建一个实验呢？我甚至连我的电子表格软件都还没完全弄懂……"要使实验所用的电子表格看起来像我预期的样子,仍然需要很长时间。但如果不想经历第一眼看上去就可怕的煎熬的东西,你的结果也许更有可能会变成一团糟！好

吧,我们得面对它。问问自己还有什么更让人灰心的:也许花费几天把这个电子表格弄好,或者花费几个星期做一个更简单的实验然后得到没法使用的结果……

警告/建议

你必须做好准备接受这样的事实,通常被试者并没有回答所有的问题,也没有给出你要求的所有可接受性判断,也没有全部参加第一次和第二次的测试等。这样一来,你首先必须保守计划并尽可能得到比原先预期需要的更多的被试。如上文所述,你仍然应该把这些数据包含在图表中并用 NA 来标记它们。同样,仔细检查缺失数据以确保它们的图是否能显示一些有趣的内容通常也是非常有用的。如果一个变量水平组合构成缺失数据的 90% 或者如果缺失数据的 90% 是由 60 个被试中仅有的两个被试引起的,这也是非常有用的。

5. 因果关系实验设计:再举例

假定想研究哪些变量决定诸如 some 这样的量词具体包含多少元素,请看(13):

(13) a. [$_{NP}$ **some balls** [$_{PP}$ **in front of** [$_{NP}$ **the cat**]]

b. [$_{NP}$ **some balls** [$_{PP}$ **in front of** [$_{NP}$ **the table**]]

c. [$_{NP}$ **some cars** [$_{PP}$ **in front of** [$_{NP}$ **the building**]]

这样一来,问题是:*some balls in front of the cat* 与 *some balls in front of the table* 所指的球的数量一样多吗?或者 *some balls in front of the table* 中球的数量和 *some cars in front of the building* 中汽车的数量一样多吗?*some* 是什么意思,或者更确切地说,指的是多少数量?你对文献的研究也许已经显示至少以下两个变量影响 *some* 所指的数量:

——宾语:宾语的大小指的是靠近的第一个名词:如 ball 的小宾语

(SMALL)相对于如汽车的大宾语(LARGE);

——参照点:宾语的大小作为参考在介词短语 pp 中引进:如 cat 的小宾语(SMALL)相对于如楼房的大宾语(LARGE)[①]。

显然,用这两个变量研究 *some* 会产生一个有四个变量水平组合的图式处理集,就如表 16 所示。

表 16　宾语 × 参照点的(图解式和具体)处理集

	R 参照点:小	参照点:大
宾语 小	小 + 小: Some dogs next to a cat	小 + 大: Some dogs next to a car
宾语 大	大 + 小: Some cars next to a cat	大 + 大: Some cars next to a fence

这个研究的非方向性假设是:

H_0:关于 *some* 指代多少数量的平均估计,不受话语中宾语大小及参照点大小的影响,在这类话语中受主语的影响:$mean_{SMALL+SMALL} = mean_{SMALL+LARGE} = mean_{LARGE+SMALL} = mean_{LARGE+LARGE}$。

H_1:关于 *some* 指代多少数量的平均估计,取决于话语中宾语大小和/或参照点的大小及/或它们两个合起来的影响:上述各等式中至少有一个是不成立的。

我们现在也假定用一个问卷调查检验这些假设:要给被试接触如表 16 中的短语,然后要他们提供使用这个短语的说话者有可能想要表达多少元素的估计,如猫的旁边有多少条狗等。因为你有四个变量水平组合,至少需要四个具体如(5)中规则的处理集,这是根据(4)中的规则创建的。根据(6)和(7)中的规则,这也意味着至少需要四个被试:不能使用更少的被试,因为这时候一些被试能从一个具体的图式词例集中看到不止一个刺激。接着也能把实验刺激逐一分配给这些被试。这个结果已经在 <_inputfiles/01-5_ExperimentalDesign. ods > 的文件的 < Phase1 > 中显示,就像所有文件一样,这

① 在此不打算讨论如何决定"small"是什么,"large"是什么。在提取这个例子的研究中,宾语的大小在真正实验前的实地研究基础上确定。

个也能够在随附的网页上找到(参看第二章开头部分)。真正的实验刺激只是笼统地以独特鉴定的具体处理集和两个自变量的水平在 E 栏中表示。

就像你很容易在右边的表中看到的一样,确保每个被试都只能看到一个变量水平组合一次,而每一个组合都来自不同的具体处理集。但我们知道得做更多的工作,因为在 <Phase 1> 每个被试只能接触每个变量水平组合一次,这个违背了(8),而只有一个被试接触每个实验项目,这违背了(9)。因此,你首先再用一次 <Phase 1> 的实验项目,把它们按别的顺序排列。这样一来这些实验项目不会随着非常相同的实验项目产生,调换不同主体就可以这么做了。这个的可能结果如表 <Phase 2> 所示。

然而 <Phase 2> 里的结构与(8)并不一致。因为这个,你还得多做一点儿。必须给被试 1 接触更多的实验项目,但在没有违背(6)的情况下,你再也不能使用现有的实验项目。因此,你需要四个更具体的刺激集,这些刺激集需要像以前一样创建并分配给不同的被试。结果如 <Phase 3> 所示。如在右边表中看到的一样,现在每个实验项目都让两个被试看到,且在这些列中你可以看到,每个被试能在两个不同的刺激中接触每个变量水平组合。

既然每个被试接收到 8 个实验项目,就必须创设足够的干扰项。在这个例子中,我们使用的实验项目与干扰项的比率为 1:2。当然,16 个不同的干扰因素就足够了,会给所有的被试接触,因此没有理由去创设 8 * 16 = 128 个干扰项。想想在 <Phase 4> 里,在表的底部添加填充项。

现在,必须为每个被试对所有的刺激即实验项目*和*干扰项目进行排序。要做排序,可以添加一列叫"RAND",包含从 0 到 1 之间的随机数字,可以从 R 或者通过写入" = RAND"获得这些,当然写入时没有双引号。也可以从 R 写入 LibreOffice Calc 的一个单元格,然后双击那个单元格时可以看到右下角那块小的黑色正方形,这将用随机数字把以下所有的单元格都补充了。

下一步,要先后依据"SUBJ"列和"RAND"列对整个电子表格进行分类。首先有个很重要的细节:选定那整列,把所有内容复制到剪贴板,点开*编辑:选择性粘贴*……,选择只把文本和数字粘贴回来。这将确保随机数字在你对电子表格进行任何操作后都不会重新计算。接着,如上文所述进行分类,这样,一个被试的所有项目都归类到一起,且在每个被试中,项目的顺序是随机的。这是(12)要求的,如 < Phase 5 > 所示。

在 < Phase 5 > 中,可以看到你必须改变一些项目的顺序:H 列的红色箭头表示实验项目的问题序列;蓝色箭头表示相同图式词符的潜在问题序列。要关注这些情况,你可以任意移动实验项目。可能的结果如 < Phase 6 > 所示,这里绿色箭头指向修正。如果我们已经用了实际的刺激,现在可以为被试创建一个带有指令首页以及一些例子,把实验刺激粘贴到下列页码,并分发调查问卷。

接着,把得到的反馈输入 < Phase7 > ,开始系统地分析它们。比如,要评估这个实验,将不得不计算很多平均数:

——宾语(OBJECT)两个水平的平均数,即 E $mean_{\text{OBJECT}}$: *SMALL* and $mean_{\text{OBJECT}}$: *LARGE* ;

——参照点(REFPOINT)两个水平的平均数,即 E $mean_{\text{REFPOINT}}$: *SMALL* and $mean_{\text{REFPOINT}}$: *LARGE* ;

——宾语(OBJECT)和参照点(REFPOINT)交互的四个平均数。

我们将在 5.2 部分讨论如何获得显著差异的平均数,即一个线性模型。

现在应该做这一章的练习了,可以在网页上找到。

第 2 章　R 的基础知识

当我们说历史学家或语言学家“不懂数学”时，我们的意思是他们甚至不能理解科学家和数学家所讨论的事情。

——牛津英语词典，1989 年第二版（Keen 2010：4）

1. 简介与安装

在这一章，你将学习关于 R 的基本知识，学习 R 软件的安装和数据储存，学习一些简单的数据处理操作。这一章是为后续章节的学习做准备。我们从第一步即 R 的安装开始：

1. R 的网页是 < http://www.r-project.org/ >。在这个网页上点击 CRAN 这个链接，可以进入 CRAN 镜像网页。

2. 如果要在 Windows、Mac OSX 或 Linux 上安装 R，则需要下载相关的安装程序。

3. 运行安装程序。

4. 双击桌面上开始菜单或快速启动工具栏中的图标，运行 R。

现在可以运行和使用 R 了。R 能做的事情很多。因为 R 是一个开源软件，很多人为 R 写过所谓的软件包。这些软件包是对 R 的小小补充，可以把它们装在 R 上，获得命令或函数，我们后面部分将这样称呼它们，但这些命令不是默认配置的。

5. 在 R 的主界面 R Console 里，输入 install.packages() 并按回车键，然后选择一个镜像，我建议使用 *Austria*。

6. 选择所有你认为有需要的软件包，理论上，如果能用宽带连接，可以选择所有的软件包，但也不一定非要这么做。我建议至少选择 amap、aod、car、cluster、effects、Hmisc、lattice、qcc、plotrix、rms、rpart 和 vcd。也可以输入 install. packages("car")，按回车键来安装软件包 car 等，在理想情况下用管理员权限来操作。比如，在 Ubuntu 环境下，用 sudo R 启动 R。在 Linux 系统中，有时也需要诸如 gfortran 这样的需要独立安装的附加软件。

接着，可以把带有例子、编码、练习和答案的文件下载到硬盘中。最好在硬盘上创建一个名字为_sflwr 的文件夹，然后从本书这个版本的随附网页（<http://tinyurl. com/StatForLingWithR>）上，下载所有文件，并把它们储存/解压到下列文件中：

——<_sflwr/_inputfiles>：这个文件夹包含所有输入文件，包括将来统计分析用的数据文本文件、压缩格式的电子表格文件、练习设计用的输入文件等。这些文件的解压密码是"hamste_R2"；

——<_sflwr/_outputfiles>：这个文件夹包含所有从第 2 到第 5 章的输出文件，解压密码是"squi_R2rel"；

——<_sflwr/_scripts>：这个文件夹包含所有本书的编码文件和练习答案文件，解压密码是"otte_R2"。

顺便说一下，在此我用正斜杠，因为在 R 中也可以用这些，而且用正斜杠比用反斜杠更简便。随附网页也提供了一个勘误表文件。最后，我推荐一个适合在 R 软件运行的文本编辑器或者 IDE，一个综合性开发环境。如果你用文本编辑器，我建议 Windows 用户使用 Note-pad++，Linux 用户使用 geany。也许最好的选择是与 RStudio（<http://www. rstudio. org/>）配合使用。RStudio 是为 R 设计的很好的 IDE 免费资源，为 R 编码提供简易的编辑，只需要按 Ctrl + ENTER 就可以从编辑器窗口把编码、图标历史和许多其他内容发送到操作台；你一定要注意观察 RStudio 网页上的截屏视频。

下一步，可以在带有句法显式表述的 <_scripts> 中看到所有脚本，这种显式会使它们更容易被理解。我强烈建议写出所有比这些编辑器里或者

IDE 脚本窗口中长 2—3 行的 R 脚本，并把它们粘贴到 R，因为句法显式表述有助于避免错误，也更容易跟踪所有输入 R 的内容。

R 不仅是一个统计程序，也是一种与 Perl、Python 或者 Julia 至少在表面上相似的程序语言和环境。应用的范围与 R 提供的电子表格、统计程序、编程语言、数据库函数等功能性有惊人的相似之处。这本关于统计学的入门书在很大程度上与下列元素有关：

——在 R 中创建和处理简单数据结构的函数，

——概率分布、统计检验和图形评价用的函数。

遗憾的是，我们不能像编辑语言一样处理更复杂的数据结构，即便这些非常有趣。同时，我不会一直使用最简单或最简洁的方式执行一个特定的任务，而是从教学法和方法论的角度选择最有用的方式，比如用更合适的方式突显不同函数和方法之间的共性。因此，这本书确实不是对 R 的笼统介绍，请留意进一步学习的建议，留意每个部分提供的相关参考资料清单。

现在，我们得说明一些打字技术和其他规定。就像上文说过的，网页、文件夹、文件将被“ < ”和“ > ”限定，就像在 < _inputfiles/04-1-1-1 _tense-aspect. csv > 里一样。下划线前的编码在这里指的是这个文件在哪一部分。要输入 R 的文本，必须编辑成 mean（c（1,2,3））¶ 这样的格式。“¶ ”这个字符的意思是按回车键。在此显示这些字符是因为它们对显示一行的确切结构很重要，因为空格在字符串中有很大区别；编码文件当然不会明显包含那些东西，除非你把文本编辑器设计为显示它们。通常情况下，编码会像下面一样在几行中显示：

```
> a <- c(1,2,3)¶
> mean(a)¶
[1] 2
```

这是要说明：不要输入 > 和空格两个字符。提供这两个字符只是让你容易区分自己的输入和 R 的输出。偶尔也会看到以“ + ”开始的行。行首有加号表示 R 在执行这个函数前还要等待进一步的输入。例如，当你输入了 2 -¶ ，那么 R 界面看起来是这样的：

```
> 2 -¶
+
```

R 在等待完成减法。当输入想要减的数字然后按回车，就会恰当地执行这个命令。

```
+ 3 ¶
 [1]  -1
```

还有个例子：如果想在 R 中调用 corpora 这个软件包，从而得到一些 Marco Baroni 和 Stefan Evert 等语言学家对语言研究团队贡献的函数，那么你可以输入 library（corpora）¶ 。请注意，如上文所释，这个只有在你已经安装了该软件包的情况下才能使用。但如果没有输入完整的括号就按了回车键，R 会等你继续输入：

```
>   library（corpora ¶
+   ）¶
>
```

不幸的是，R 并不会总是这么能容忍错误。如果在 R 里犯了错误，通常只需要在那一行里进行修改。不需要再次输入整行，只需要按向上箭头的那个键，回到想要改的那一行，再次执行就可以了；同时，也不需要在按回车之前把光标移到行末。

数据文件或图/数据结构会像图 10 那样显示出来，在这里"→"和"¶ "分别表示制表键和换行符。菜单、子菜单和应用中菜单的命令以带双引号的斜体字表示，应用菜单中的等级层次用冒号表示。因此，如果在 LibreOffice Writer 中打开一个文件，就可以像下面这样打开*File*：*Open...*

PartOfSp	→	TokenFreq	→	TypeFreq	→	Class ¶
ADJ	→	421	→	271	→	open ¶
ADV	→	337	→	103	→	open ¶
N	→	1411	→	735	→	open ¶
CONJ	→	458	→	18	→	closed ¶
PREP	→	455	→	37	→	closed ¶

图 10 语料库文件和数据结构的代表格式

2. 函数和参数

就像在学校学过的一样,人们常常不用数字,而是用字母来代表"包含"数字的变量。比如,在代数课上,必须从两个等式中找出下面等式中 a 和 b 的值。这里,$a=23/7$ 而 $b=20/7$:

$$a+2b=9 \quad 和 \quad 3a-b=7$$

在 R 里你也能处理这样的问题,但是 R 要强大得多,变量名 a 和 b 能代表大量多维元素,或者像我们在这里所命名的,能代表*数据结构*。在这一章,我们将介绍对数据分析最重要的数据结构。这些数据结构可以通过操作平台输入到 R 里,但我们通常可以从文件中读取。我将给出数据输入的两种方式,但是下面的大多数例子中都预先假定了数据必须以制表符分割的文本文件形式存在。这种文件的结构在前一章已经讨论过,是在一个文本编辑器或者诸如 LibreOffice Calc. 的电子表格软件中创建的。下面我将解释几个问题:

——如何在 R 中创建数据结构;

——如何在 R 中调用和存储数据结构;

——如何在 R 中编辑数据结构。

要了解 R 所具备的最重要功能,就是如何用它去完成不只是简单的计算那样的操作。R 中的一个命令实际上总是包含两个元素:一个是*函数*,另一个是放在小括号中的参数。函数就是做某事的命令,而函数的参数则代表这个指令应用于什么,以及这个指令可以如何应用。参数可以是空的,在这种情况下,函数的名称紧接着里面什么也没有的小括号即可。我们看看你在学校就已经知道的两个简单算术函数。如果想要用 R 计算 5 的平方根,不是输入 5^0.5 ¶ 这个指令,而是需要知道函数的名称和它带有多少个参数,以及带的是哪些参数。这个函数的名称是 sqrt,它只带有一个参数,在 R 中默认叫 x,即想要得到平方根的这个数字。因此:

```
> sqrt(x=5) ¶
  [1] 2.236068
```

注意,R 只是把结果输出,并没有储存。如果想把一个结果储存到一个数据结构中,必须使用赋值运算符"<-"。现在,这个例子最简单的方式是给 sqrt (5)的结果命名。注意:R 对名称、函数和参数的处理是区分大小写的,可以在名称中用字母、数字、句点和下划线,只要这个名称是以一个字母或者一个句点开头的,如 MY. RESULT 或 MY_RESULT:

```
> a <- sqrt(x=5) ¶
```

R 没有返回任何内容,但是,sqrt (5)的结果现在被分配到了一个叫 a 的向量中。可以通过研究 a 的内容来检验这个分配是否成功。可以用函数 print 做这样的检验,而其需要的最小参数是你想看到其内容的数据结构,但是大多数情况下,只需输入相关数据结构的名称就足够了。

```
> print(a) ¶
  [1] 2.236068
> a ¶
  [1] 2.236068
```

在我们更详细讨论各种不同数据结构之前,先来看三个注释:首先,R 忽略命令行中井字号/数字符号或斜杠后的任何内容,可以用这些把注释添加到那些命令行中,提醒你那一行是做什么的。其次,可以用赋值运算符把一个新值分配给一个现有的数据结构。例如,

```
> a <- sqrt(x = 9) # assign the value of 'sqrt(9)' to a ¶
> a # print a ¶
  [1] 3
> a <- a + 2 # assign the value of 'a + 2' to a ¶
> a # print a ¶
  [1] 5
```

如果想删除或清除一个数据结构，可以运用函数 rm。可以使用其名字作为 rm 的参数来移除单个数据结构，或者也可以立即移除所有的数据结构。

```
> rm(a) #  remove/clear a ¶
> rm(list = ls(all = TRUE)) #  clear memory of all data ¶
```

其三，函数的参数有默认的顺序，很多函数的参数都有默认运行环境，了解这些是非常重要的。前者的意思是，如果用它们的默认顺序提供参数，就没必要给它们命名。也就是说，无须写 sqrt（x = 9）¶ 而只需要写 sqrt（9）¶ 就可以了，因为唯一的参数 x 就在它的“默认位置”上。后者的意思是，如果在没有指定所有需要参数的情况下使用一个函数，而如果这个函数又提供那些参数，那么 R 将使用默认的运行环境。我们在非常有用的函数 sample 的基础上探讨这个问题。这个函数生成随机的或伪随机的因子样本并且能接受四个参数。

——x：数据结构，通常是向量，包含你想要从中取样的元素；

——size（大小）：一个给出样本大小的正整数；

——赋值 replace = FALSE，如果只能对向量的每个元素取样一次，这是默认的环境，或者 replace = TRUE，如果可以对向量的每个元素多次取样，可用替换样本；

——prob（概率）：一个包含可以对每个元素取样的概率向量；默认环境是 NULL（零），这意味着对所有元素取样的概率是一样的。

我们来看几个例子，这些例子会更多地充分利用默认顺序和参数环境。首先，生成一个包含 1 到 10 的数字并使用 c 函数创建的向量；这里的冒号引出了这两个数之间的正整数序列，即，1、2、3、4、5、6、7、8、9、10：

```
> some.data <- c(1:10)¶
```

如果要概率均等地以替换的方式从这个向量中抽取5个元素，可以输入以下命令①：

```
> sample(x = some.data, size = 5, replace = TRUE, prob = NULL)¶
  [1] 5 9 9 9 2
```

但如果以它们标准的顺序像我们在这里所列的一样列举一个函数的参数，那么可以不用考虑它们的名称：

```
> sample(some.data, 5, TRUE, NULL)¶
  [1] 3 8 4 1 7
```

同时，prob = NULL 是默认的，所以也可以不用加入 Null：

```
> sample(some.data, 5, TRUE)¶
  [1] 2 1 9 9 10
```

用这个，就不用以替换的方式概率均等地抽取5个元素：

```
> sample(some.data, 5, FALSE)¶
  [1] 1 10 6 3 8
```

但是既然 replace = FALSE 是默认的，也可以不用加入 FALSE：

```
> sample(some.data, 5)¶
  [1] 10 5 9 3 6
```

有时候，可以不考虑 size（大小）参数，即当只想让所有元素以随机的顺

① 毕竟这是随机取样的，所以会获得不同的结果。

序出现时：

```
> some. data ¶
  [1] 1 2 3 4 5 6 7 8 9 10
> sample(some. data)¶
  [1] 2 4 3 10 9 8 1 6 5 7
```

如果只要 1 到 10 的数字以随机的顺序出现，甚至都可以去掉 some. data 这个向量：

```
> sample(10)¶
  [1] 5 10 2 6 1 3 4 9 7 8
```

在极端情况下，默认环境的属性会导致没有任何参数的函数调用。例如，*q* 这个函数把 R 关闭，通常需要三个参数：

——save：一个字符串显示 R 的工作空间是否应该保存或者使用者是否应该提出这个决定，这是默认的；

——status：大量要返回到操作系统相关位置的错误状况；默认值是 0，表示“成功完成”；

——runlast：一个逻辑值如 TRUE 或 FALSE，表示一个叫作 Last 的函数是否应该在退出 R 之前执行；默认值是 TRUE。

因此，如果想要在这些背景下退出 R，只需要输入：

```
>q()¶
```

接着，R 会问你是否想保存这个 R 工作空间，只有在确定是否想保存后，R 才会执行函数 last，关闭 R 并把“0”发送到你的操作系统。

可见，默认设置可以在最大程度上减少打字所花费的时间，这种办法非常有用。尤其是在开始时，在打字时间最小化和编码透明度最大化之间找到平衡是非常重要的，这最后也许会简化为只是与个人的喜好有关。为了最大限度地理解你的 R 编码的选择，我建议一开始使用更清楚的编码，这样才能在变得更娴熟后缩短编码。

进一步学习的建议

函数? 或者 help 是为一个函数提供帮助的帮助文件(试用? sample ¶ 和 help (sample) ¶)。args 和 formals 这两个函数,会为一个函数提供其所需的参数、默认环境以及默认顺序(试用 formals (sample) ¶ 和 args (sample) ¶)。

3. 向量

3.1　创建向量

R 中最基本的数据结构是*向量*。向量是单维的、按顺序排列好的元素序列,如数字或字符串。尽管在这里还不完全清楚向量为什么很重要,但我们必须处理得更细致,因为最终能以向量的方式理解 R 中很多其他的数据结构。事实上,我们在计算 5 的平方根时就已经在使用向量了:

```
> sqrt(5)¶
  [1] 2.236068
```

结果前边的[1]表示第一个,这里也只有一个,作为输出打印出来的编号是 1 的元素,即 2.236068。这可以用 R 来检验:首先,把 sqrt (5)的结果分配给一个数据结构。

```
> a <- sqrt(5)¶
```

函数 is. vector 检验的是其参数是否是一个向量,并返回其检验结果,这里显示 R 版本的“yes”:

```
> is.vector(a)¶
  [1] TRUE
```

而函数 length 输出作为其参数提供的数据结构的元素数量：

```
> length(a)¶
 [1] 1
```

当然，也可以创建包含字符串的向量，唯一的区别在于这些字符串是放在双引号里的：

```
> a.name <- "John";a.name ¶
 [1] "John"
```

我们在本书里只处理逻辑向量、数值向量和字符串向量。通常只有当它们包含不止一个元素时，向量才是有趣的。你已经知道创建这类向量的函数 c，它所包含的参数只是连接这个向量的元素，元素之间用逗号隔开。例如：

```
> numbers <- c(1,2,3);numbers ¶
 [1] 1 2 3
```

或者

```
> some.names <- c("al","bill","chris");some.names ¶
 [1] "al" "bill" "chris"
```

请注意，因为单个数字或者字符串也是向量，长度为 1，函数 c 不仅能把单个数字或字符相结合，也能把向量与多于两个元素的数字相结合：

```
> numbers1 <- c(1,2,3);numbers2 <- c(4,5,6) # generate two vectors ¶
> numbers1.and.numbers2 <- c(numbers1,numbers2) # combine vectors ¶
> numbers1.and.numbers2 ¶
 [1] 1 2 3 4 5 6
```

一个类似的函数是 append，它包含两个或三个参数：

——x：应该把一些东西附加上去的向量；

——values:要附加的向量;

——after:在第一个参数里要把第二个参数的元素添加上去的位置;默认设在末端。

因此,使用 append 时,上述例子是这样的:

```
> numbers1. and. numbers2 <- append( numbers1 ,numbers2 )¶
> numbers1. and. numbers2 ¶
 [1] 1 2 3 4 5 6
```

关于怎样使用 append,一个更典型的例子如下列代码所示,在此,现有的向量已经被修改了:

```
> evenmore <- c(7,8)¶
> numbers1. and. numbers2 <- append( numbers1. and. numbers2 ,evenmore)¶
> numbers ¶
 [1] 1 2 3 4 5 6 7 8
```

与 Perl 中的数组不一样,向量只能储存一个数据类型的元素,注意到这一点非常重要。例如,一个向量能包含数字或者字符串,但不能两种都包含:如果想强制把字符串和数字一起放到一个向量里,R 会改变一种元素的数据类型,使得向量元素的数据类型一致,因为可以把数字当字符解释,但反过来就不行,因此 R 会把数字改为字符串,然后把它们连接进字符串的向量里,显示如下:

```
> mixture <- c( "al" ,2 ,"chris" ) ;mixture ¶
 [1] "al" "2" "chris"
```

及

```
> numbers. num <- c(1 ,2,3) ;numbers. char <- c( "four" ,"five" ,"six" )¶
> nums. and. chars <- c( numbers. num ,numbers. char)¶
> nums. and. chars ¶
 [1] "1" "2" "3" "four" "five" "six"
```

1、2、3 上的双引号表示这些数字现在被当作字符串使用，这意味着除非把它们的数据类型改回来，否则再也不能用它们来进行计算了。我们能用 str 辨别一个向量的数据类型或者其他数据结构的数据类型，该函数的参数是数据结构的名称。

```
> str(numbers.num)¶
  num [1:3] 1 2 3 ¶
> str(nums.and.chars)¶
  chr [1:6] "1" "2" "3" "four" "five" "six"
```

第一个向量包含三个数字(numerical)元素，即 1、2、3。第二个向量包含六个输出的字符串(character)。

正如稍后将看到的，创建较长的向量很有必要，该向量中的元素或元素序列是重复的，并不需要把那些数据手动输入 R 中，可以用两个非常有用的函数：rep 和 seq。在一个简单的格式中，函数 rep 包含两个参数：将要重复的元素以及重复的次数。要创建一个里面 1 到 3 的数字顺序重复四次的向量 x，你可输入：

```
> numbers <- c(1,2,3)¶
> x <- rep(numbers,4)¶
```

或者

```
> x <- rep(c(1,2,3),4);x ¶
  [1] 1 2 3 1 2 3 1 2 3 1 2 3
```

要创建一个里面 1 到 3 的数字每个重复四次而不是按顺序排列的向量 x，可以用 each 这个参数：

```
> x <- rep(c(1,2,3),each =4);x ¶
  [1] 1 1 1 1 2 2 2 2 3 3 3 3
```

字符串向量的情况也是一样的。在遇到整数(whole numbers)的情况下，通常也可以用“:”作范围运算符：

```
> x <- rep(c(1:3),4)¶
```

函数 seq(sequence)的使用有些不同。其中一个形式是 seq 包含三个参数：

——from：序列的起点；

——to：序列的终点；

——by：序列的增值部分。

因此，不用输入 numbers <- c (1:3) ¶ ，而可以写成：

```
> numbers <- seq(1,3,1)¶
```

因为 1 是默认的增量，以下这些就足够了：

```
> numbers <- seq(1,3)¶
```

实际上，甚至可以只写这个：

```
> numbers <- seq(3)¶
```

如果要创建的向量中的数字不是增加 1，可以把增量设为任何你需要的值。下面两行生成了一个向量 x，在这个向量里 1 和 10 之间的偶数在顺序中重复了六次。试一下，看下图 x：

```
> numbers <- seq(2,10,2)¶
> x <- rep(numbers,6)¶
```

或

```
> x <- rep(seq(2,10,2),6)¶
```

最后，即便不提供增量，也能让 R 算出来，就像你知道序列应该有多长，而且要求每处的增量都是一样的。这时可以使用参数 length. out。下面的程序会生成一个从 1 到 10 的 7 个元素的序列,元素间增量一样且把它分配到数字上:

```
> numbers <- seq(1,10,length. out =7) ;numbers ¶
  [1] 1.0 2.5 4.0 5.5 7.0 8.5 10.0
```

有了 c、append、rep 和 seq,通常就可以很容易地构建更长、更复杂的向量。还有个非常有用的特性,不仅能给向量命名,还能给向量的元素命名:

```
> numbers <- c(1,2,3) ;names(numbers) <- c("one","two","three")¶
> numbers ¶
 One two three
   1   2   3
```

在我们转到加载和储存向量之前,我简单提一个把向量输入 R 的交互方式。如果只是把代表数字的 scan( ) ¶ ( )或者代表字符串的 scan (what = character (0)) ¶ 分配到数据结构,可以按回车键分开输入的数字或字符串,直到按回车键两次完成数据输入:

```
> x <- scan( )¶
1:1 ¶
2:2 ¶
3:3 ¶
4:¶ ¶
Read 3 items
> x ¶
  [1] 1 2 3
```

进一步学习的建议

用函数 as. numeric 和 as. character 改变向量的类型

3.2　加载和储存向量

因为统计分析的数据通常不能用手动的方式输入 R,我们现在转到从文件中读取向量。首先,总的来说,R 能读取不同格式的数据,但我们只讨论作为文本文件储存的数据,即通常带 <. txt > 或 <. csv > 扩展名的那些文件。因此,如果数据文本不是用文本编辑器创建的,而是用诸如 LibreOffice Calc 的电子表格软件创建的,那首先必须把这些数据保存成一个文本文件,可以用*File*:*Save As* ... and *Save as type*:*Text CSV* (*. csv*) 。

scan 是一种非常强大的函数,它可以把向量数据输入 R。我们已经用这个函数手动输入过数据。这个函数能包含许多不同的参数,所以你应该把它们的参数和它们的名称一起列出来。为实现这个目的的 scan,最重要的参数以及默认设置如下:

——file = “”:打算作为字符串上传的文件路径,如,“_inputfiles/02-3-2_vector1. txt”,但大多数情况下,只用 file. choose( ) 这个函数也许更简单,因为它能让你直接选择相关的文件;注意,file 的这个参数也可以用“clipboard”;

——what = “”:scan 这种函数所能读取的数据类型。最重要的环境是代表数字,默认的可以省略的 what = double (0),以及代表字符串的 what = character (0);

——sep = “”:把文件中的数据项分开的字符。默认设置,sep = “”,意思是任何空白字符,即空格,用“\t”表示的制表符,用“\n”表示的换行符。因此,如果想把一个文本文件读到一个向量,使每一行成为目标向量的一个元素,可以写成 sep = “\n”;

——dec = “”:小数点字符。dec = “. ”是默认的;如果想用逗号而不是默认的圆点,只需在这里输入如 dec = “,”。

要读取包含图 11 所示的文件 < _inputfiles/02-3-2_vector1. txt > 到向量 x,

```
1 ¶
2 ¶
3 ¶
4 ¶
```

图 11 一个文件例子

可以输入以下内容:

```
> x <- scan(file = file.choose(), sep = "\n")¶
  Read 5 items
```

接着可以输出 x 的内容了:

```
> x ¶
  [1] 1 2 3 4 5
```

像图 12 一样读取带字符串的文件是比较容易的;在此,只需要告诉 R:正在读取一个字符串的文件,而且这些字符串是用空格分开的:

```
alpha. bravo. charly. delta. echo ¶
```

图 12 另一个范例文件

```
> x <- scan(file.choose(), what = character(0), sep = " ")¶
```

可以得到:

```
> x ¶
  [1] "alpha" "bravo" "charly" "delta" "echo"
```

现在讨论如何把向量储存到文件中。所要求的函数是 cat,这个函数基本上与 scan 相反,但它和 scan 包含非常相似的参数:

——要储存的向量;

——file = "":向量要储存进文件的路径,或者 file. Choose();

——sep = “”:把向量的元素一个个独立开来的字符:sep = “ ”或 sep = “”代表空格(默认的),sep = “\t”代表 tabs,sep = “\n”代表新行;

——append = TRUE 或者 append = FALSE 这是默认的:如果输出的文件已经存在,则设 append = TRUE,那么输出会附加到输出的文件,否则输出会覆盖现有文件。

因此,把两个名称附加到向量 x,然后把它储存在一些别的文件下,要输入下列字符:

```
> x <- append(x,c("foxtrot","golf"))¶
> cat(x,file = file.choose())¶
```

进一步学习的建议

储存向量或其他结构的函数 write、save 和 dput

3.3　编辑向量

了解了创建、加载和储存向量之后,我们必须学会怎样编辑它们。将要关注的函数允许我们获取并输出向量的特定部分,在其他函数中使用或者改变这些部分。首先说几个编辑数字向量的函数。其中一个函数是 round。它的第一个参数带有要化整的数字向量,第二个参数是理想的小数点数量。注意,R 根据一个 IEEE 标准化整数字:3.55 不是变成 3.6 而是 3.5。

```
> a <- seq(3.4,3.6,0.05);a¶
 [1] 3.40 3.45 3.50 3.55 3.60
> round(a,1)¶
 [1] 3.4 3.4 3.5 3.5 3.6
```

函数 floor 返回一个整数,这个整数不比向量所提供的相应元素大,ceiling 返回的整数不比向量所提供的相应元素小,而 trunc 只是向 0 缩短那些元素:

```
> floor(c( -1.8,1.8))¶
 [1] -2 1
> ceiling(c( -1.8,1.8))¶
 [1] -1 2
> trunc(c(-1.8,1.8))¶
 [1] -1 1
```

添加方括号是在 R 中获取向量或者其他数据结构部分最重要的方式。下面是如何获取单个向量元素最简单形式的方法，在这个例子中第三个是最简单的形式：

```
> x <- c("a","b","c","d","e")¶
> x[3]¶
 [1] "c"
```

了解了使用向量时 R 有多灵活，就不会惊讶于下面方括号的使用了：

```
> y <- 3;x[y]¶
 [1] "c"
> z <- c(1,3);x[z]¶
 [1] "a" "c"
> z <- c(1:3);x[z]¶
 [1] "a" "b" "c"
```

如果用负号 -，就可以读取向量中相应位置的元素之外的其他全部元素：

```
> x[ -2]¶
 [1] "a" "c" "d" "e"
```

还有很多强大的办法来获取向量的部分元素。例如，可以让 R 决定向量的哪个元素满足特定的条件。一种办法是用一个逻辑表达式把 R 陈述出来：

```
> x == "d"¶
 [1] FALSE FALSE FALSE TRUE FALSE
```

这意味着,R 检验 x 的每一个元素是否是“d”并返回它的发现。在此唯一需要注意的是,这个逻辑表达式使用两个等号,把逻辑表述和如 file = “ ” 中的等号区分开来。其他的逻辑运算符是:

& (与)

| (或)

> (大于)

< (小于)

>= (大于等于)

<= (小于等于)

! (非)

! = (不等于)

还有下面这些例子:

```
> x <- c(10:1)¶
> x¶
 [1]  10  9  8  7  6  5  4  3  2  1
> x ==4 ¶
 [1] FALSE  FALSE  FALSE  FALSE  FALSE  FALSE  TRUE  FALSE  FALSE  FALSE
> x <=7 ¶
 [1] FALSE  FALSE  FALSE  TRUE  TRUE  TRUE  TRUE  TRUE  TRUE  TRUE
> x! =8 ¶
 [1] TRUE  TRUE  FALSE  TRUE  TRUE  TRUE  TRUE  TRUE  TRUE  TRUE
> (x >8 | x <3)¶
 [1] TRUE  TRUE  FALSE  FALSE  FALSE  FALSE  FALSE  FALSE  TRUE  TRUE
```

因为 R 中的 TRUE 和 FALSE 对应 1 和 0,可以很容易确定一个向量中的特定逻辑表述正确的概率:

```
> sum(x ==4)¶
 [1] 1
```

```
> sum(x > 8 | x < 3)¶
  [1] 4
```

函数 table 在计算向量元素或者向量元素的组合发生的频率方面很实用。例如,用 table 我们能立刻确定 x 有多少个元素比 8 大或比 3 小。请注意:table 将忽略缺失数据,所以如果你也想计算那些数据,必须写成 table(…,exclude = NULL)。

```
> table(x > 8 | x < 3)¶
FALSE TRUE
  6     4
```

但是,上述例子很显然不是确认元素位置的最好方式。不论 x 有多少个元素能满足一个逻辑条件,总会得到 10 个逻辑值,每个 x 元素一个值,都必须用手动方式确定那些 TRUE 的位置,当一个向量包含 10000 个元素时,该做什么呢? 函数 which 可以为你做这些。它包含在上文中讨论的那些类型的逻辑表述:

```
> which(x == 4) # which elements of x are 4? ¶
  [1] 7
```

这个函数看起来很像英语:你问 R,x 的哪个元素是 4? 得到的回应是"第七个"。以下例子与上文中的例子很像,但现在使用的是 which:

```
> which(x <= 7) which elements of x are <= 7? ¶
  [1]  4  5  6  7  8  9  10
> which(x! = 8) # which elements of x are not 8? ¶
  [1]  1  2  4  5  6  7  8  9  10
> which(x > 8 | x < 3) which elements of x are > 8 or < 3? ¶
  [1]  1  2  9  10
```

毫无疑问,可以把这些结果分配到数据结构,即向量:

```
> y <- which(x > 8 | x < 3);y ¶
  [1] 1 2 9 10
```

请注意:不要把向量中的一个元素的位置与该向量中的元素混淆。函数 which (x == 4) ¶ 没有返回4这个元素,但返回了x中4这个元素的位置:7;另外一个例子也是正确的。也许可以猜到现在怎样可以获得元素的本身而不是它们的位置。只需要记住R使用的是向量。刚刚叫作y的数据结构也是一个向量:

```
> is.vector(y)¶
  [1] TRUE
```

在上文可以看到能用方括号中的向量来获取向量的部分元素。因此,当你有一个向量x,而且并不只想知道去哪里找到大于8或小于3的数字,也想知道这些是哪些数字,首先用which,然后用方括号,或者立刻把这两步结合起来:

```
> y <- which(x > 8 | x < 3)¶
> x[y]¶
  [1] 10 9 2 1
> x[which(x > 8 | x < 3)]¶
  [1] 10 9 2 1
```

或者用下面这个,就是当用TRUE和FALSE这个逻辑向量细分(subset)时,R会输出用TRUE细分的元素:

```
> x[x > 8 | x < 3]¶
  [1] 10 9 2 1
```

可以用类似的方法查看一个逻辑表达式为真(true)的概率是多少:

```
> length(which(x > 8 | x < 3))¶
  [1] 4
```

有时,你也许想立刻检验一些元素,如 1、6 和 11 这些数字,这是 which 所不能做的,但可以用% in% 这个实用的运算符来检验:

```
> c(1,6,11) %in% x ¶
  [1] TRUE TRUE FALSE
```

% in% 输出的是个逻辑向量。该向量的含义是明确程序行中% in% 之前向量里的每个元素是否在% in% 之后的向量中出现。如果还想知道第一个向量的每一个元素在第二个向量中第一次(!)出现的确切位置,可以用 match:

```
> match(c(1,6,11),x)¶
  [1] 10 5 NA
```

这就是说,第一个向量的第一个元素,即那个 1,在 x 的第十个位置第一次出现,而且只出现一次;第一个向量的第二个元素,即那个 6,在 x 的第五个位置第一次出现,而且只出现一次;在 x 中没有找到第一个向量的最后一个元素,即那个 11 没有找到。

R 的大部分运算都是通过向量进行的,这是 R 最强大的部分,我希望这会越来越明显。因为我们目前所做过的几乎一切事情都基于向量,通常是长度为 1 的向量,你能灵活运用函数甚至让函数自由互相嵌入。例如,既然已经看到如何获取向量的部分元素,你也能改变这些元素。也许可以把 x 中大于 8 的元素的值改为 12:

```
> x # show x again ¶
  [1] 10  9  8  7  6  5  4  3  2  1
> y <- which(x >8)¶
> x[y] <- 12 ¶
> x ¶
  [1] 12  12  8  7  6  5  4  3  2  1
```

可见,因为想在 x 中替换的不只一个元素,但是 x 又只提供 12 这次替

换,R会按照需要的次数重复替换。下文对这个特点会有更多解释。这是以更简洁的方式做同一件事:

```
> x <- 10:1 ¶
> x[which(x >8)] <- 12 ¶
> x ¶
 [1] 12 12 8 7 6 5 4 3 2 1
```

而下面这个更简短:

```
> x <- 10:1 ¶
> x[x >8] <- 12 ¶
> x ¶
 [1] 12 12 8 7 6 5 4 3 2 1
```

R也提供一些集合论中的函数如setdiff、intersect和union,它们的参数都是两个向量。函数setdiff输出在第一个向量存在而在第二个向量中不存在的元素。函数intersect输出在第一个向量存在且在第二个向量中也存在的元素。而函数union则输出至少在两个向量中的一个存在的元素:

```
> x <- c(10:1);y <- c(2,5,9,12)¶
> setdiff(x,y)¶
 [1]  10  8  7  6  4  3  1
> setdiff(y,x)¶
 [1]  12
> intersect(x,y)¶
 [1]  9  5  2
> intersect(y,x)¶
 [1]  2  5  9
> union(x,y)¶
 [1]  10  9  8  7  6  5  4  3  2  1  12
> union(y,x)¶
 [1]  2  5  9  12  10  8  7  6  4  3  1
```

函数unique也是很有用的,语言学家很容易解释这个:unique经历一个向量的所有元素且输出至少出现一次的所有元素：

```
> x <- c(1,2,3,2,3,4,3,4,5)¶
> unique(x)
  [1] 1 2 3 4 5
```

你也能在 R 里轻而易举地把一个数学函数或运算应用到数字向量中很多或所有元素。应用到向量中的数学运算也应用到这个向量的所有元素：

```
> x <- c(10:1)¶
> x¶
  [1] 10 9 8 7 6 5 4 3 2 1
> y <- x + 2¶
> y¶
  [1] 12 11 10 9 8 7 6 5 4 3
```

如果要添加两个向量，或者把它们相乘，或者别的什么运算，会产生三种不同的结果。第一，如果向量同等长度，这个运算应用于所有成对的相应向量元素：

```
> x <- c(2,3,4);y <- c(5,6,7)¶
> x * y¶
  [1] 10 18 28
```

第二，向量不一样长，但是长向量的长度可以被短向量的长度整除。那么，短向量会再循环，循环的频率足以满足成对执行运算所需要的次数；如上文所见，短向量的长度通常是 1：

```
> x <- c(2,3,4,5,6,7);y <- c(8,9)¶
> x * y¶
  [1] 16 27 32 45 48 63
```

第三，向量不一样长且长向量的长度不是短向量长度的倍数。在这种

情况下,R会根据需要循环这个短向量,但也会发出一个警告:

```
> x <- c(2,3,4,5,6);y <- c(8,9)¶
> x * y¶
  [1]  16  27  32  45  48
Warning message:
In x * y:longer object length is not a multiple of shorter object length(长向量的长度不是短向量长度的倍数。)
```

最后是两个改变向量的部分元素排序的函数。第一个这样的函数叫sort,它最重要的参数当然是将其元素排序;另外一个重要参数确定排序类型decreasing = FALSE (默认)或 decreasing = TRUE:

```
> x <- c(1,3,5,7,9,2,4,6,8,10)¶
> y <- sort(x)¶
> z <- sort(x,decreasing = TRUE)¶
> y;z¶
  [1]  1  2  3  4  5  6  7  8  9  10
  [1]  10  9  8  7  6  5  4  3  2  1
```

第二函数是order。包含一个或更多作为参数的向量,也包括decreasing = …这个参数,但输出一些也许不是显而易见的东西。你能看到order做了什么吗?

```
> z <- c("a","c","e","d","b")¶
> order(z,decreasing = FALSE)¶
  [1] 1 5 2 4 3
```

THINK BREAK

order的输出应用到向量z时是个向量,会告诉你R以什么顺序把z的元素按照它的第二个参数进行排序。我们来阐明这个相当难懂的描述:如果想以递增的方式把z的值进行排序,首先必须先取第一个值。因此,order

的第一个值(z,decreasing = FALSE)¶ 是1;下一个你必须取z的第五个值;接下来再取z的第二个值,等等。如果为order提供的不只是一个向量,额外的向量用来阻断这种关联。如下文所证实的那样,这个函数用于数据框时是有效的。

> **进一步学习的建议**
>
> ——用函数any和函数all检验向量的任何元素是否符合特定环境
>
> ——用函数abs获得数字向量绝对值
>
> ——用函数min和函数max分别获得数字向量的最小和最大值

4. 因子

表面上看,因子与字符串向量似乎有些类似。除了在这部分的一些简单评论,我们读取数据框和想让R辨别它们中的一些列是否是定类变量时,因子会特别有用。

4.1 创建因子

像我刚刚说的,当定类变量有两个或多个不同的水平时,因子主要用来对这些变量的水平进行编码。创建因子最简单的方式是创建一个向量,然后用函数factor把它改变成一个因子。该函数一般包含一个或两个参数。第一个参数通常是你想把它改变成因子的那个向量。第二个参数是levels = …,2.4.3我们会进行更详细地讨论。

```
> rm(list = ls(all = TRUE))¶
> x <- c(rep("male",5),rep("female",5))¶
> y <- factor(x);y ¶
 [1] male male male male male female female female
 female female
```

```
Levels:female male
> is.factor(y)
[1] TRUE
```

当输出一个因子时,可以看到因子和向量之间的差异,因为这个输出包括默认的按字母表顺序排序的那个因子的所有水平。

要创建因子,使用函数 cut 是个好办法。这个函数最简单的应用是:取一个数字向量作为第一个参数(x)和间隔数作为第二个参数(breaks),然后再把 x 切分成相应间隔数后,生成一个相应水平数的因子:

```
> cut(1:9,3)¶
[1] (0.992,3.66] (0.992,3.66] (0.992,3.66] (3.66,6.34]
(3.66,6.34] (3.66,6.34] (6.34,9.01] (6.34,9.01] (6.34,9.01]
Levels:(0.992,3.66] (3.66,6.34] (6.34,9.01]
```

可见,现在已经把取 1 到 9 数字的向量作为一个有三个水平的因子进行再次编码,这些水平提供了 R 用于分割这个数据向量的间隔。

-0.992 < interval/level 1 ≤3.66;

-3.66 < interval/level 1 ≤6.34;

-6.34 < interval/level 1 ≤9.01.

这个函数还使用 breaks 及一些别的有用参数的方式,所以可以通过"?cut"来更详细地探究那些问题。

4.2　加载和储存因子

我们不一定需要讨论如何加载因子,以加载向量的方式来进行就好了,然后如上文所说,把加载的向量转换成一个因子。不过储存因子稍微有点不同。想象一下你有下面的因子 a:

```
> a <- factor(c("alpha","charly","bravo"));a¶
[1] alpha charly bravo
Levels:alpha bravo charly
```

如果现在想把这个因子像储存向量一样储存到一个文件里,

```
> cat(a,sep = "\n",file = file.choose())¶
```

输出的文件看起来会像图 13,

```
1 ¶
3 ¶
2 ¶
```

图 13 另外一个文件例子

这是因为 R 以数字的形式在内部表示因子,这些数字代表因子水平,因此 R 也只能把这些数字输出到一个文件中。但因为想要这些词,只需要让 R 把因子当向量对待,这样就会产生想要的结果。

```
> cat(as.vector(a),sep = "\n",file = file.choose())¶
```

4.3 编辑因子

编辑因子与编辑向量类似,但想引进新水平时会有点不方便。我们来创建 x 因子:

```
> x <- factor(rep(c("long","intmed","short"),1:3));x ¶
[1] long intmed intmed short short short
Levels:intmed long short
```

请注意,这些水平按字母表顺序排序不是特别有用,因为它与水平意义的上升或下降顺序不匹配。也许不得不做一件最简单的事,就是把第一个水平从字母表顺序的第一水平改变到别的顺序,这在第 4 章和第 5 章特别重要。例如,如果想把第一个水平变为 short,可以用 relevel,这个函数要求改变因子,这个新的参照水平如下所示:

```
> x <- relevel(x,"short");x¶
[1] long intmed intmed short short short
Levels:short intmed long
```

可见,因子内容本身没有变化,只是水平排列的顺序有变化,而现在我们有更好的水平排列顺序。

如果想在更大程度上改变这些水平的顺序,比如把顺序颠倒过来,可以再次使用 factor 这个函数,并以想要的方式进行水平分配。因子的内容是一样的,但水平的顺序现在颠倒过来了:

```
> x <- factor(x,levels = levels(x)[3:1]);x¶
[1] long intmed intmed short short short
Levels:long intmed short
```

现在,如果改变因子的内容会怎样?也许只是想把那个因子内的水平名称改动一下。这只需要设定一个新的水平,如把 intmed 改为 intermed:

```
> levels(x)[2] <- "intermed";x¶
[1] long intermed intermed short short short
Levels:long intermed short
```

接着,也许想把某个特定的因子改为已经在这个因子中证明了的某个其他的水平,只需要像处理向量一样处理因子:

```
> x[3] <- "short";x¶
[1] long intermed short short short short
Levels:long intermed short
```

当想分配一个完全新的水平时,你可能会遇到一些困难:

```
> x[6] <- "supershort"¶
Warning message:
In `[<-.factor`(`*tmp*`,6,value = "supershort"):
```

```
invalid factor level,NAs generated
 > x ¶
[1] long intermed short short short  <NA>
Levels:long intermed short
```

因此,如果想要分配一个全新的水平,必须以不同的方式进行:我们来重新创建 x,先用 levels 界定这个新的水平,即第四个水平:

```
x <- factor(rep(c("long","intermed","short"),c(1,1,4)),
levels = c("long","intermed","short"))¶
 > x <- factor(x,levels = c(levels(x),"supershort"));x ¶
[1] long intermed short short short short
Levels:long intermed short supershort
```

注意:因子的内容还没有变化,只是比以前多了一个因子。这也说明一个因子可以包含一些不在其内容中证明的水平。此时 x 已包含所有需要的水平,可以继续像操作向量时一样分配这个新值:

```
 > x[6] <- "supershort";x ¶
[1] long intermed short short short
supershort
Levels:long intermed short supershort
```

现在,我们假定你改变主意,想把第六个数据点改回 short:

```
 > x[6] <- "short";x ¶
[1] long intermed short short short short
Levels:long intermed short supershort
```

现在看来,如果不一定证明函数,尤其因为后面我们还会用到那些即便没有被证明但也为这些水平返回输出的函数,那么把 supershort 这个水平列入其中当然是不明智的。因此,我们可以放弃这个水平。幸运的是,这很容易办到,只需再次应用 factor 这个函数去放弃没有使用到的水平:

```
> x <- factor(x);x # also see ? droplevels ¶
[1] long intermed short short short short
Levels:long intermed short
```

有时你可能想合并因子的水平，例如，检验一个语料库中已标注数据的因子的所有水平是否确实需要。如果决定确实只需区分"短的"和"不是短的"，那可以通过用这个新水平重写前面两个水平的方式改变水平，同时相应地改变因子：

```
> levels(x) <- c("not_short","not_short","short");x ¶
 [1] not_short not_short short short short short
Levels:not_short short
```

最后，如上文所述，也有 R 把因子当数字储存这样的情况，即使这些数据是很有用的，尤其在进行测绘时，这在第 5 章有介绍。as. numeric 这个函数会提供这样的信息：

```
> as.numeric(x)¶
 [1] 1 1 2 2 2 2
```

进一步学习的建议

——用函数 is. Factor 检验一个数据结构是否是因子

——用函数 gl 和函数 reorder 创建因素和给水平重新排序

5. 数据框

与本书中几乎所有统计方法最相关的数据结构是*数据框*。数据框基本上是我们口头上说的数据表，实际上只是另外一个数据结构的具体类型，即列表，但既然数据框是统计分析中唯一最常用的输入格式，我们将集中在数据框本身上，虽然在 R 里，也用于包括电子表格软件的其他统计项目。我们在此不讨论列表，因为在 R 里，向量、数组、矩阵、数据框和列表都是数据结构。

5.1 创建数据框

考虑到 R 里向量的中心性，从向量及因子生成数据框并不困难。想想为五种词性收集三种不同类型的信息并想生成图 14 中的数据框：

——变量 TOKENFREQ（词符频），即在语料库 X 中特定词性的词频；

——变量 TYPEFREQ（词型频），即在语料库 X 中特定词性的不同词的数量；

——变量 CLASS（词类），即词性是来自开放性词类还是封闭性词类。

```
POS  → TOKENFREQ → TYPEFREQ → CLASS ¶
adj  → 421       → 271      → open ¶
adv  → 337       → 103      → open ¶
n    → 1411      → 735      → open ¶
conj → 458       → 18       → closed ¶
prep → 455       → 37       → closed ¶
```

图 14 数据框例子

第 1 步：创建四个向量，每栏一个：

```
> rm(list = ls(all = TRUE))¶
> POS <- c("adj","adv","n","conj","prep")¶
> TOKENFREQ <- c(421,337,1411,458,455)¶
> TYPEFREQ <- c(271,103,735,18,37)¶
> CLASS <- c("open","open","open","closed","closed")¶
```

第 2 步：预期表的第一行没有包含数据点但包含了页眉及列名。现在必须决定第一列是否包含数据点或者也“只是”行名。可以在第一种情况只用函数 data. frame 创建数据框，参数为相关的向量；向量的顺序决定列的顺序。如下框所示：

```
> x <- data.frame(POS,TOKENFREQ,TYPEFREQ,CLASS)¶
> x¶
   POS  TOKENFREQ  TYPEFREQ  CLASS
1   adj        421       271   open
2   adv        337       103   open
3     n       1411       735   open
4  conj        458        18 closed
5  prep        455        37 closed
> str(x)¶
'data.frame'    :5 obs.  of  4  variables:
 $ POS          :Factor  w/  5  levels "adj","adv",..:  1  2  4  3  5
 $ TOKENFREQ    :num  421  337  1411  458  455
 $ TYPEFREQ     :num  271  103  735  18  37
 $ CLASS        :Factor w/ 2 levels "closed","open":  2  2  2  1  1
```

在这个数据框里,R 已经把字符串的向量改为因子并用数字在内部表示,例如,closed 是 1 而 open 是 2。在这个关系中,当数据框包含字符串而不只是数字时,R 只把变量改为因子是非常重要的。如果数据框中是用数字编码的定类型变量,那么 R 既不知道也不猜测这些就是因子而把变量当成数值变量对待,继而当作统计分析的定距变量。因此,应该要么首先把有意义的字符串当因子水平使用,像第 1 章所说的,要么在创建数据框时必须把相关的变量当作因子:factor,这是一种向量名。因为没有界定行名,所以 R 自动给这些行命名。如果想用词性做行名,则需要说明清楚:

```
> x <- data.frame(TOKENFREQ,TYPEFREQ,CLASS,row.names = POS)
> x¶
      TOKENFREQ  TYPEFREQ  CLASS
 adj   421        271       open
 adv   337        103       open
 n     1411       735       open
 conj  458        18        closed
 prep  455        37        closed
> str(x)¶
'data.frame'  :  5  obs.  of  3  variables:
```

```
$ TOKENFREQ:num   421   337   1411   458   455
$ TYPEFREQ:  num   271   103   735    18    37
$ CLASS:Factor w/ 2 levels "closed","open":2 2 2 1 1
```

可见,现在是有三个变量留下来了,因为 POS 现在可以当行名。注意,这只有在带有行名的列没有包含重复元素时才可行。

第二种方法创建数据框没那么灵活,但对第 5 章至关重要,这个函数叫 expand.grid。这个函数最简单的使用方式是包含作为参数的几种向量或因子,并返回一个数据框,行里包含向量元素和因子水平的所有可能组合。感觉这比较复杂,但是通过下面的例子就非常容易理解了,我们将多次使用:

```
> expand.grid(COLUMN1 = c("a","b"),COLUMN2 = 1:3)¶
COLUMN1 COLUMN2
1  a  1
2  b  1
3  a  2
4  b  2
5  a  3
6  b  3
```

5.2 加载和储存数据框

把数据框输入 R 一般不像上文这样操作。通常,将读取用电子表格软件创建的文件。如果用 R 操作一个自己创建的表,如 LibreOfficeCalc,首先该把它以 TXT 格式的文件储存。这可以用两种方法操作:可以把整个文件拷到剪贴板再粘贴到如 geany 平台或 Notepad ++ 的文件编辑器中,然后把它当作制表符分割文本文件储存,或者,也可以把它当作 CSV 文件直接从电子表格软件中储存,如上文所说的用File:Save As... 和 Save as type:Text CSV (.csv);接着选择 tabs 作为字段定义符,没有文本定义符,不要忘记加上文件扩展名。把这个文件上传到 R,用函数 read.table 及其部分参数:

——file = "...":到达带有表格的文本文件的路径,如果在 Windows PCs

上，在此也可以选择. files()；如果文件还在剪贴板中，也可以写 file ＝“clipboard”；

——header = TRUE：文件第一行是否包含列标题的指示符，按常规应该总是带有的，或者标题 = FALSE（默认）；

——sep =“”：在双引号间输入把列分界的单个字符；默认 sep =“”：表示空格或制表键，但通常应该设 sep =“\t”，这样就能使用图单元格中的空格；

——dec =“.”或 dec =“,”：小数点分隔符；

——row. names = …：…是包含行名的列的数目；

——quote = …：默认引号要区分单引号或双引号，但基本上应该设 quote =“”；

——comment. char = …：默认评论由“#”分隔，但我们总设 comment. char =“”。

因此，如果想从文件 <_inputfiles/02-5-2_dataframe1. csv> 中读取上文的图，一次有行名一次没有行名，那么输入下面的内容：

```
> a1 <- read. table( file. choose( ), header = TRUE, sep = "\t",
quote = "", comment. char = "") # R numbers rows ¶
```

或者输入：

```
> a2 <- read. table( file. choose( ), header = TRUE, sep = "\t",
quote = "", comment. char = "", row. names = 1) # row names ¶
```

通过输入 a1 ¶ or str (a1) ¶ (与 a2 一样)，可以检查数据框是否已经正确上传。

上文是上传各种不同数据框最清晰和笼统的方式，当用上文推荐的方式把数据建立起来时，通常可以用 read. delim：使用一个更简洁的版本，这里的默认值 header = TRUE 以及 sep =“\t”，因此大部分情况下应该都奏效：

```
> a3 <- read. delim( file. choose( ) )¶
```

如果想从 R 储存一个数据框,那么可以用 write. table。其最重要的参数是:

——x:想要储存的数据框;

——file:想要这个数据框储存到的文件路径;通常,file. choose( )是最简单的;

——append = FALSE(默认),或 append = TRUE:前者创建或重写已界定的文件,后者把数据框添加到这个文件;

——quote = TRUE(默认),或 quote = FALSE:前者用双引号打出因子水平;后者不用引号;

——sep = "":在双引号间输入的单个字符把列划界限;默认的" "指的是一个空格,应该用的是"\t",即 tabs;

——eol = "\n":在双引号间输入的单个字符把各行分开(eol 代表 end of file);默认的"\n"指的是新行;

——dec = ".":小数点分隔符;这是默认的;

——row. names = TRUE(默认),或 row. names = FALSE:你是否需要行名;

——col. names = TRUE(默认),或 or col. names = FALSE:你是否需要列名。

考虑到这些默认字符并假定操作系统是英文状态的,应该这样保存数据框:

```
> write. table( a1 ,file. choose( ) ,quote = FALSE,sep = " \t" ,col. names = NA)¶
```

5.3 编辑数据框

我们将在这部分讨论怎样存取数据框的部分数据及如何编辑和改变数据框。

再往下,我们将讨论许多必须获取单列或数据框变量的例子。有几种获取方式。第一种方式通过观察 R 中数据框的展示也许已经猜到了。如果用列名上传一个数据框并用 str 来研究数据框的结构，就会看到列名前面加了个“$”。可以用这个句法符号来存取数据框的列，就如这个例子中用的文件 <_inputfiles/02-5-3_dataframe. csv>一样：

```
> rm(list = ls(all = TRUE))¶
> a <- read.delim(file.choose())¶
> a¶
   POS   TOKENFREQ   TYPEFREQ   CLASS
1  adj   421         271        open
2  adv   337         103        open
3  n     1411        735        open
4  conj  458         18         closed
5  prep  455         37         closed
> a $TOKENFREQ¶
[1]421    337    1411    458    455
> a $CLASS¶
[1]open    open    open    closed    closed
Levels:closed open
```

现在可以像使用任何一个向量或因子一样使用这些例子。例如，下行计算词性的符/型比率：

```
> ratio <- a $TOKENFREQ/a $TYPEFREQ;ratio¶
  [1] 1.553506 3.271845 1.919728 25.444444 12.297297
```

还可以使用方括号。如上文讨论的向量和因子是单维的结构，但 R 允许任意指定复杂的数据结构。有了二维的数据结构，也可以用方括号，但现在必须为两个维度赋值，以确定一个或几个数据点，就像在二维的协调系统中一样。这非常简单，唯一要记住的是这些值的顺序，先行后列以及这两个值是用逗号隔开的。下面举些例子：

```
POS   TOKENFREQ   TYPEFREO   CLASS
> a[2,3]¶
[1] 103
> a[2,]¶
```

```
2   adv   337   103   open
 > a[,3]¶
[1]271   103   735   18   37
 > a[2:3,4]¶
[1] open   open
Levels:closed open
 > a[2:3,3:4]¶
    TYPEFREQ   CLASS
2   103        open
3   735        open
```

请注意,行名和列名不用计算。还要注意,应用于向量的所有函数可以用于从数据框列中所提取到的任何内容:

```
 > which(a[,2] >450)¶
[1]   3   4   5
 > a[,3][which(a[,3] >100)]¶
[1]   271   103   735
 > a[,3][ a[,3] >100]¶
[1]   271   103   735
```

但获取单列最实际的办法是用函数 attach。我将不会介入关于是应该用 attach 还是更应该用 with 等的意识形态式辩论,如果对那些感兴趣,到 R-Help 目录或者读取? with…。你不会获得任何输出,但现在可以用它的名称获取任何列:

```
 > attach(a)¶
 > Class ¶
[1]open   open   open   closed   closed
     Levels:closed   open
```

这里要注意两点:首先,如果你附加一个数据框,而这个数据框有一个或多个已经定义为数据结构或先前附加数据框的列名称时,会收到一个警告;在这种情况下,请确认你正在处理数据结构或列,确认你考虑用 detach

来卸载先前的数据框。第二种方法，当你用 attach，严格来说是在用这些变量的"副本"。你可以改变那些副本，但这些变化不会影响它们的数据框源：

```
> CLASS[4] <- NA;CLASS ¶
[1]open   open   open   <NA>   closed
Levels:closed open
> a ¶
   POS   TOKENFREQ   TYPEFREQ   CLASS
1  adj   421         271        open
2  adv   337         103        open
3  n     1411        735        open
4  conj  458         18         closed
5  prep  455         37         closed
```

我们把 CLASS 改回它的初始状态：

```
> CLASS[4] <- "closed" ¶
```

如果想要改变数据框 a，那么必须直接在 a 里改变，例如，用 a $ CLASS[4] <- NA ¶ or a $ TOKENFREQ[2] <- 338 ¶ 。然而，如你在 2.4.3 中所了解到的，在没有添加一个新水平时，用向量或者用因子并不容易，所以如果要添加一个新因子水平，就必须先加以定义。

有时候只需考虑那个数据框的一部分，也许是一个行集或列集，或者是数据框中的一个矩阵。一个数据框可能很大，以至于只能在存储器中保存其中一部分。通常有几个方法可以达到这个目标。人们用逻辑条件或 which 在方括号中使用符号。你可以使用 attach 函数并且直接使用列名：

```
> b <- a[CLASS == "open", ];b ¶
   POS   TOKENFREQ   TYPEFREQ   CLASS
1  adj   421         271        open
2  adv   337         103        open
3  n     1411        735        open
```

```
> b <- a[a[,4] == "open",];b¶
  POS  TOKENFREQ  TYPEFREQ  CLASS
1 adj  421        271       open
2 adv  337        103       open
3 n    1411       735       open
```

当然,也可以写成 b <- a[a $ Class == "open",]¶。也就是说,确定一列的所有元素,这列叫 CLASS/open 的第四列,然后用那个信息获取的行和所有列,因此就有方括号回头前的那个逗号。但这个用函数 subset 来做会更简洁。这个函数包含两个参数:一个子集的数据结构和描述想要的是哪个子集的逻辑条件。这样,用上文一样的方法创建同样的结构 b,显示如下:

```
> b <- subset(a,CLASS == "open")¶ "condition (s)"
```

这个"condition(s)"公式表示我们可以同时使用几个条件。

```
> b <- subset(a,CLASS == "open" & TOKENFREQ < 1000);b¶
  POS  TOKENFREQ  TYPEFREQ  CLASS
1 adj  421        271       open
2 adv  337        103       open
> b <- subset(a,POS %in% c("adj","adv"));b¶
  POS  TOKENFREQ  TYPEFREQ  CLASS
1 adj  421        271       open
2 adv  337        103       open
```

如上所述,通常在电子表格软件中编辑数据结构,除非因为这种电子表格软件在文本编辑器里不接受你所需要的行数。为了完整性,我需要提及,R 当然也允许你在一个类似的电子表格格式中编辑数据框。使用 fix 这个函数把一个数据框当参数并开放你能在其中编辑数据框的电子表格编辑器;你甚至能在没有先定义它们的情况下引进新的因子水平。关闭编辑器时,R 将会执行所有相关操作。

最后,我们来看看对数据框进行排序的方式。回想一下 order 这个函数，创建一个位置的向量能用来排序。想想要根据 CLASS 按字母表上升顺序在这一列搜索 a 这个数据框，根据 TOKENFRED 在 Class 内部搜索，按字母表以倒序的方式进行。该怎样做呢？

THINK
BREAK

问题是两种排序方式不一样：一个是 decreasing = FALSE，另外一个是 decreasing = TRUE。你能做的不是把 order 应用到 TOKENFRED 中，而是 TOKENFRED 的负值中。

```
> order. index <- order(CLASS,-TOKENFREQ);order. index ¶
[1] 4 5 3 1 2
```

之后，可以用 order. index 这个向量把数据框排序：

```
> a[order. index,]¶
  POS   TOKENFREQ   TYPEFREQ   CLASS
4 conj  458         18         closed
5 prep  455         37         closed
3 n     1411        735        open
1 adj   421         271        open
2 adv   337         103        open
```

当然，你只用一行就可以完成①：

```
> a[order(CLASS,-TOKENFREQ),]¶
```

现在也可以用函数 sample 将数据框中的行进行随机排序，例如，用实验项目来使表格随机化；这个在上文有所说明。首先确定要随机化的行数，例如，用 nrow 或 dim，然后把 sample 和 order 结合起来。数据框也许会不同，因为我们用的是随机样本。

① 请注意，在此，R 优于其他许多程序因为分类参数的量是在无限制的原则中进行的。

```
> no.rows <- nrow(a)¶
> order.index <- sample(no.rows);order.index ¶
[1] 3  4  1  2  5
> a[order.index,]¶
  POS   TOKENFREQ   TYPEFREQ   CLASS
3 n     1411        735        open
4 conj  458         18         closed
1 adj   421         271        open
2 adv   337         103        open
5 prep  455         37         closed
> a[sample(nrow(a)),] # in just one line ¶
```

如果需要根据几个因子,一些以升序、另一些以降序来排序数据框,你会怎么做呢?当然不能用因子水平的负值,-open怎样呢?这样,首先用函数rank将因子水平排列,后面就可以用这些水平的负值:

```
> order.index <- order(-rank(CLASS),-rank(POS))¶
> a[order.index,]¶
  POS   TOKENFREQ   TYPEFREQ   CLASS
3 n     1411        735        open
2 adv   337         103        open
1 adj   421         271        open
5 prep  455         37         closed
4 conj  458         18         closed
```

进一步学习的建议

——用函数is.data.frame来检验一个数据结构是否是数据框

——用函数dim来检验一个数据框的行数和列数

——用函数read.csv和read.csv2来读取用制表符分割的文件

——用函数save以压缩的二元格式来储存数据结构

——用函数with在不使用attach的情况下获取数据框的列项

——用函数cbind和rbind以列式或行式来组合向量和因素

——用函数merge合并不同的数据框

——用函数complete.cases来检验一个数据框中哪一行包含了缺失数据/NA

6. 一些关于编程的知识:条件和循环

目前,我们已经关注了简单的现有函数,但还几乎没怎么探究R的编程语言。本部分将介绍一些非常强大的理念,让你用R来决定做两个或更多用户指定的事情中的哪一件和/或多次重复做一件事。在6.1中,我们将讨论前者,在6.2讨论后者,但这只是非常简单的处理,想要了解更多细节,就需要多研究一些阅读建议里的内容。

6.1　条件表述式

稍后,你将经常面临这样的局面,想要统计分析中某个可能的选择。例如,在一个图中,男性被试的数据点应该用蓝色标明,女性用粉色。或者,实际上只是想要R在结果显著时生成图,在不显著时不生成。也就是说,你自己当然可以总是逐级进行:判断每个分析是否显著,并决定显著时生成一幅图。但R编码有个更简洁的方式可以帮你做决定,它可以应用在任何数据集中,允许你逐个分析地回收编码。条件式陈述只是让R做决定的一种方式,也有一些其他的而且更简洁的方式。这就是句法在标记中的样子,通常这被认为是伪代码,因此,没必要把这个输入R!

```
if (some logical expression testing a condition) {what to do if this logical expression
evaluates to TRUE (this can be more than one line)
} else if (some other logical expression) {what to do if this logical expression evaluates to
FALSE (this can be more than one line)
} else {what to do if all logical expressions above evaluate to FALSE
}
```

如上所示,第一个}后的部分甚至是可以选择的。这是一个带有真正编码的例子,这时回忆一下,“\n”指的是“一个新行”:

```
> pvalue <-0.06 ¶
> if (pvalue >=0.05) {¶
```

```
+ cat("Not significant,p = ",pvalue,"\n")¶
+ } else {¶
+ cat("Significant,p = ",pvalue,"\n")¶
+ }¶
Not significant,p = 0.06
```

第一行定义一个 *p* 值,你后面将在统计检验中获得这个值。下一行检验 *p* 值是否大于或等于 0.05。这就是为什么第一个开括号{后的编码和 R 这时永远也无法输出 else 后的部分。

如果现在把 pvalue 设为 0.04 并再次运行 if 表达式,那么就会发生这样的事情:上表中的第 2 行检验 0.04 是否大于或等于 0.05。0.04 当然不会大于或等于 0.05,这就是为什么 else 前的{和}之间的代码块会被剔除以及第二个代码块得到执行的原因。试试吧!

要做很多检验时,简短的版本特别好用,但当检验输出 TRUE 或 FALSE 时,这两个版本只有一条指令。可以用函数 ifelse,表述如下:

```
ifelse(logical expression,what when TRUE,what when FALSE)
```

下表是应用的一个范例:

```
> pvalues <- c(0.02,0.00096,0.092,0.4)¶
> decisions <- ifelse (pvalues <0.05," * ","ns")¶
> decisions ¶
  [1] " * " " * " "ns" "ns"
```

可见,ifelse 对照临界值 0.05 检验 pvalues 中的所有四个值,并把相应要求的值放入 decisions 这个新向量中。我们将大量使用这个做自定义图。

6.2 循环

循环在使 R 多次执行一个或多个函数时很有用。像很多其他编程语言一样,R 有不同类型的循环,在此只讨论 for-loops。这是伪代码中的一般排列:

```
for (some. name in a. sequence) {
what to do as often often as a. sequence has elements
(this can be more than one line)
}
```

我们现在一步步来看。数据框 some. name 表示你想分配给在循环中执行的任何数据结构的名称,a. sequence 表示任何可以作为值的顺序来解释的内容,通常是长度为 1 或更长的向量。这似乎很神秘,但实际上不是,看下面的例子:

```
> for (counter in 1:3) {¶
+ cat("This is iteration number",counter,"\n")¶
+ }¶
This is iteration number 1
This is iteration number 2
This is iteration number 3
```

R 进入 for-loop 时把序列 1:3,即 1 的第一个值分配给 counter。这是一种循环计数器。然后,在循环的唯一行中,R 打出一些句子并以 counter 现在的值 1 和一个分行符结束。然后 R 到达},因为 counter 还没有循环访问 a. sequence 的所有值,再循环,这意味着它会回到循环的开始,这次会把 a. sequence 的下一个值即 2 等分配到 counter 中。一旦 R 打出第三行,循环会发生因为 counter 这时候已经把 a. sequence 中的所有值循环访问了。

还有更高级的例子,也是我们后面将用到的循环中的经典例子。单从编码你能看出它在进行什么操作吗?

```
> some. numbers <- 1:100 ¶
> collector <- vector(length = 10)¶
> for (i in 1:10) {¶
+ collector[i] <- mean(sample(some. numbers,50))¶
+ }¶
> collector ¶
[1] 50.78 51.14 45.04 48.04 55.30 45.90 53.02 48.40 50.38 49.88
```

第一行创建了一个取值 1 到 100 的向量 some. numers。第二行创建一个叫 collector 的包含 10 个组成部分的向量用于收集循环结果。第三行开始一个重复 10 次的循环,使用称为 i 作计数器的向量。第四行是最重要的:这里 R 在没有从向量 some. numbers 替换的情况下随机抽取 50 个数字,计算出这 50 个数字的平均数,然后把这个平均数储存在 collector 这个收集器中的第 i 个位置。第一次循环时,i 当然是 1,所以第一个平均数就储存在 collector 的第一个位置上。然后 R 继续循环,i 变成了 2,R 生成第二个随机样本,计算它的平均数,并把它储存在现在 collector 的第二个位置等,直到 R 完成了 10 次样本、平均数的计算和储存程序然后退出循环。这样,向量 collector 会在屏幕上显示。

我们将在第 4 章里用一个类似的方法,帮我们研究那些违反常规统计检验某些假设的数据。值得一提的是,上述的循环方式并不是 R 里操作的最佳方式。与一些编程语言不同的是,R 之所以操作更快捷储存更高效并不是通过循环而是通过函数 apply 家族中的成员实现的,你将在后面部分对此有所了解。当然,能快速写循环和检验一些内容也是非常有用的技能。

进一步学习的建议

——用函数 next 和函数 break 来控制循环中或循环行为

7. 编写自己的小函数

毫不夸张,R 不仅是统计软件,也是一种完全合格的编程语言,这也意味着任何事情都是可能的:你使用 R 做事时受到的限制并非如其他软件设计者想象的那样,因为这个限制绝大多数完全是由你的技能或你的 RAM/处理器决定的(这是我建议用 R 来进行语料库语言学分析的原因之一,可以参看 2009a)。就比如,你是否可以又快又好地编写自己的函数来辅助和/或自动操作繁杂和/或频繁的任务?这部分将提供一些关于如何编写自己函数逻辑的小例子,主要是因为我们还没有处理任何统计函数呢。如果不能立刻理解这些编程议题也不要灰心,因为在本书大部分章节都不需要编程,但开始处理更复杂的数据时,拥有这些能力就非常方便了。我将会在第 3、第 4 章回到这个主题,这样你就能获得这个方面更多的练习,从而能为自己的工作获得一系列有用的函数。

我想用的第一个例子包含一个数据结构的一部分。例如,假定要加载一个非常长的向量,比如拥有 10000 个元素那么长,你想检查是否恰当地把它输入 R。单在屏幕上打出来就已经有些复杂了,因为你也许不能读取 10000 个项目,更不用说以它们展示出来的速度读取了;但通常也不需要所有的 10000 个项目——通常前 n 个项目就已经足够检查数据输入是否成功了。这对长的数据框也通用:你不需要看所有的 1600 行来检查是否成功地装载这个数据,也许前面的 5 个或者 6 个就足够了。我们来写函数 peek 吧,它默认显示你了解的每个数据结构的前面 6 个组成元素:单维向量、因子、二维数据框。

介绍个好办法来处理函数编写:首先考虑如何只为一个特定的数据结构处理那个问题,即不在函数编写情境下进行,然后进行任何足够笼统的编码以涵盖更多的数据结构,而不只是刚才考虑的那个特定数据结构。要达到那个效果,我们先为这个小例子加载一个数据框,即 <_inputfiles/02-7_dataframe1.csv>:

```
> into.causatives <- read.delim(file.choose())¶
> str(into.causatives)¶
'data.frame':1600 obs. of 5 variables:
$ BNC:Factor w/ 929 levels "A06","A08","A0C",..:1 2 3 4...
$ TAG_ING:Factor w/ 10 levels "AJ0-NN1","AJ0-VVG",..:10 7 10 ...
$ ING:Factor w/ 422 levels "abandoning","abdicating",..:354 49 382 ...
$ VERB_LEMMA:Factor w/ 208 levels "activate","aggravate",..:76 126 186 ...
$ ING_LEMMA:Factor w/ 417 levels "abandon","abdicate",..:349 41 377 ...
```

现在,你将与单维的和二维的向量、因子和数据框打交道。你已经知道了如何获得每个数据结构的前6个元素？那么向量或因子将这样写：

```
vector. or. factor[1:6]
```

数据框将这样写：

```
data. frame[1:6,]
```

因此,你主要需要决定R要展示的前面n个组成部分的数据结构是什么类型的,因为默认6个组成部分,所以接着要把数据结构再设定为[1:6]或[1:6,]。因为,最后是让R而不是你自己,决定再细设的正确方式,不过这取决于数据结构,我们可以用一个条件表达式来表达：

```
> if (is. data. frame(into. causatives)) {¶
> into. causatives[1:6,]¶
> } else {¶
> into. causatives[1:6]¶
> }¶
  BNC  TAG_ING  ING       VERB_LEMMA  ING_LEMMA
1 A06  VVG      speaking  force       speak
2 A08  VBG      being     nudge       be
3 A0C  VVG      taking    talk        take
4 A0F  VVG      taking    bully       take
5 A0H  VVG      trying    influence   try
6 A0H  VVG      thinking  delude      think
```

要把这个转换成函数,把函数peek的定义隐藏在这个编码周围。如果你使用类似上面的编码,这个函数将在函数定义中用into. causatives这个名字。这个名字不是特别普遍。如你所见,很多R函数使用x做主要的必须变量。根据这个传统,可以这样写：

```
> peek <- function (x) {¶
> if (is.data.frame(x)) {¶
> x[1:6,]¶
> } else {¶
> x[1:6]¶
> }¶
> }¶
> peek(into.causatives)¶
```

这意味着，R 定义了一个称为 peek 的函数，需要一个在函数内部称为 x 的参数。调用带一些参数的 peek 如 into. causatives 时，R 会获取那个数据结构的内容，然后在函数执行期间把它分配到 x。接着，R 会用 x 在这个函数中执行 peek 的全部参数并返回/输出结果，这就是 into. causatives 的前 6 行。

看起来好像已经完事了。但实际上有些东西缺失了。当你写一个函数时，要确保它包含所有类型的概率或你想要放置其中的数据是重要的。毕竟，在编写一个使生活变得更容易的函数时，需要你认真考虑，即编写这个函数时，不必再担心填进去的内容。上述编码可以通过三种方式改进：

——如果用 peek 解决的数据结构不是向量、因子或数据框，该怎么办？

——如果想要看到的不是 6 个元素而是 n 个怎么办呢？

——如果你用 peek 解决的数据结构没有 n 个元素或 n 行那么多又该怎么办？

要处理第一个可能性，我们只是添加另外一个条件表达式。目前，我们只是检验用 peek 处理的任何内容都是数据框。现在我们也需要检验，如果不是数据框，那是向量还是因子。更理想的是，如果这个数据结构不是三个中的任何一个，我们就可以返回一些警告。

要处理第二个可能性，我们需要能够灵活地告诉这个函数我们想看到 x 的多少部分，以及我们想要通过其参数这个方式让函数明白这个情况。这样一来，我们添加一个参数，把它叫作 n 吧。n 能说明我们能看到多少个 x 部件，但我们把 6 设为默认值。

要处理最后一个可能性,我们得确保 R 意识到 x 有多少个元素:如果它的元素多于 n,R 会显示 n,但如果比 n 少,那么 R 会显示它尽可能显示的量,即它们的所有元素。

用这个版本的 peek 来处理以上所有的议题:

```
> peek < function (x,n=6) {¶
> if (is. data. frame(x)) {¶
> return(x[1:min(nrow(x),n),])¶
> } else if (is. vector(x) | is. factor(x)) {¶
> return(x[1:min(length(x),n)])¶
> } else {¶
> cat("Not defined for other data structures ...\n")¶
> }¶
> }¶
```

第一个议题是通过用 else if 检验添加第二个条件的方式来解决的,回想 | 是指“或”的使用,输出一条消息看一下 x 是否既不是向量、因子,也不是数据框。

第二个议题通过把参数 n 添加到函数定义和在函数体系中使用 n 的方式来解决。参数 n 的默认值设为 6,所以如果用户没有具体定义 n,就用 6,但用户也可以用另外一个数字替换 6。

最后一个议题是通过微调和构建子集来解决的:不是用 n,我们用 1:n 的最小值或 x 所带有的元素数量。因此,如果 x 不只包含 n 个元素,那么 n 会是最小值,我们可以看到 n 个组成部分。如果 x 没有 n 个元素,那么所拥有的元素数量将是最小的,而且我们能看到它们所有的元素。

最后,也要注意我现在是使用函数 return 来确切指定,当运行结束时,peek 将给用户返回和输出什么。试试下面这些行,在这里没有输出显示出来,可以通过编码文件中的评论,看看它的运行:

```
> peek(into. causatives)¶
> peek(into. causatives,3)¶
> peek(into. causatives,9)¶
```

```
> peek(21:50,10)¶
> peek(into.causatives $ BNC,12)¶
> peek(as.matrix(into.causatives))¶
```

然而,所有这些也许看起来并不容易,值得付出努力,我们后面将看到,会编写自己的函数将有利于进行相当多的统计分析。我们看看下面这个半开玩笑的例子:R 实际上已经有一个函数,它所能做的远远超过 peek,它能处理更多的数据结构,这就是函数 head 和 tail-。

现在可以做第 2 章的练习了……

进一步学习的建议:

——函数 NA,is. na,NaN,is. nan,na. action,na. omit,和 na. fail 是关于如何处理缺失数据的

——Ligges (2005), Crawley (2007), Braun and Murdoch (2008), Spector (2008), Gentleman (2009), and Gries (2009a),更多关于 R 的著作:Ligges (2005), Braun and Murdoch (2008),以及 Gentleman (2009)关于 R 作为一个(统计的)编程语言,Crawley 很全面的观点 Spector (2008)关于 R 中数据篡改以及 Gries (2009a)关于用 R 的语料库语言学方法

第 3 章　描述性统计

21 世纪，所有语言学家都必须阅读和理解数学模型，学会数据统计分析方法。无论你对下列哪个议题感兴趣，莎士比亚的诗律、身份的社会语言学感知、印度语中违反动词一致性的现象还是元音发音时长的感知，数学均作为分析工具使用，而且在将来的几十年里只会使用得更广泛。如果没有做好准备去阅读包含下列术语的文章，如贝叶斯(Bayesian)，或者(P <–01)、k 均值聚类算法(k-means clustering)、置信区间(confidence interval)、潜在语义分析(latent semantic analysis)、双峰和单峰分布(bimodal and unimodal distributions)及 N 元组(N-grams)等术语，那么你充其量只是语言学盛宴中一位没有准备好的客人。

(<http://thelousylinguist. blogspot. com/2010/01/whylinguists-should-studymath. html>)

这一章将解释如何获得描述性统计结果：3.1 讨论单变量统计，即概括一个变量、一个向量或一个因子的分布的统计量；3.2 关注双变量统计，即描述两个变量、两个向量以及两个因子之间关系的统计量。这两个部分也介绍了用图形描述数据的方式，第 4 章和第 5 章将详细解释很多附加的图形。

1. 单变量统计

1.1　频率数据

描述数据点分布的最简单的方式是频率表，即描述观察每个单独结果的频率清单。要在 R 里创建一个频率数据极其容易。举个心理语言学研究的例子。有一群人说话时由于口吃而发出的呃(uh)、嗯(uhm)或保持"沉默”,想象要从这个总体情况中提取该声音是由男性还是女性说话者发出的,是在独白中还是对话中发出的以及这种口吃持续多少毫秒。首先,我们从文件 <_inputfiles/03-1_uh（m）. csv> 加载这些数据:

```
> UHM <- read.delim(file.choose())¶
> str(UHM)¶
'data.frame':1000 obs. of 5 variables:
$ CASE:int 1 2 3 4 5 6 7 8 9 10 ...
$ SEX:Factor w/ 2 levels "female","male":2 1 1 1 2 ...
$ FILLER:Factor w/ 3 levels "silence","uh",..:3 1 1 3 ...
$ GENRE:Factor w/ 2 levels "dialog","monolog":2 2 1 1 ...
$ LENGTH:int 1014 1188 889 265 465 1278 671 1079 643 ...
> attach(UHM)¶
```

要看看某一口吃或旁白发生的频率,可以用 table 这个函数创建一个向量或因子的元素清单:

```
> table(FILLER)¶
FILLER
silence   uh   uhm
    332  394   274
```

如果想知道每类口吃的百分比,可以手动去做,也可以用 prop. table 函数,其参数是一个用 table 生成的表,并把频率的百分比在表中表示出来:

```
> table(FILLER)/length(FILLER)¶
FILLER
 silence    uh    uhm
  0.332  0.394  0.274
> prop.table(table(FILLER))¶
FILLER
 silence    uh    uhm
  0.332  0.394  0.274
```

通常,生成所观察值或百分比的累积频率是非常有用的。R 的函数 cumsum 会逐步添加一个向量的值并显示所有的和,示范如下:

```
> 1:5 ¶
[1] 1 2 3 4 5
> cumsum(1:5)¶
[1] 1 3 6 10 15
```

当然可以把 cumsum 应用于我们的数据:

```
> cumsum(table(FILLER))¶
silence   uh   uhm
  332   726   1000
> cumsum(prop.table(table(FILLER)))¶
silence     uh      uhm
0.332   0.726   1.000
```

通常,用图形描述所观察的分布也是有意义的。下面将介绍一些图形的格式。限于篇幅,只讨论一些调整图形的方法,但想要了解更多信息,你可以参考一些函数的帮助页码和 Murrell (2011)。

1.1.1 散点图和线条图

在开始用图形以元素组为单位总结向量和因子之前,我们先来讨论一个问题:向量的数据点是如何单独绘制的。最简单的方法只需要 plot 函数。这是一个功能强大的函数,根据使用时其所包含的参数,能产生很多不同的图形。开始时可能有些混乱,但是后面你可以看到,它涉及的运作方式非常简单。如果只提供一种数字向量作为参数,那么 R 将绘制一个散点图,即二维坐标系。这个向量在坐标中的值可以理解为 y 轴的坐标值,而它们在向量中出现的顺序是 x 轴的坐标值。举个例子:

```
>a <- c(1,3,5,2,4);b <- 1:5 ¶
> plot(a) # left panel of Figure 15 ¶
```

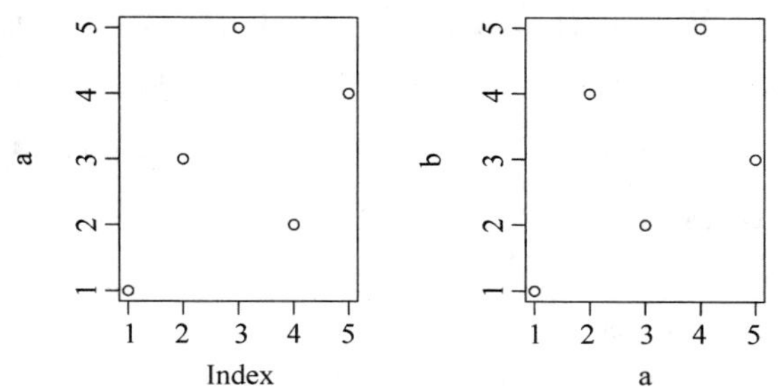

图 15 简单的散点图

但如果用两个向量作为参数,那么第一个和第二个的值分别作为 x 轴和 y 轴的坐标值,同时这些向量的名称会被用作轴标:

```
> plot(a,b) # right panel of Figure 15 ¶
```

用参数 type = ...,可以详细说明想要的图形的类型。因为没有指定任何内容而要用的默认值是 type = "p",p 在此表示 points。如果用 type = "b",b 表示 both,R 只能画出点和连接点的线;如果用 type = "1"(表示 lines),R 将画出一个线条图(参照图 16)。用 type = "n",表示在主要的绘图区域没有画什么,但在 R 里,这个坐标系已经建立了。

```
> plot(b,a,type = "b") # left panel of Figure 16 ¶
> plot(b,a,type = "l") # right panel of Figure 16 ¶
```

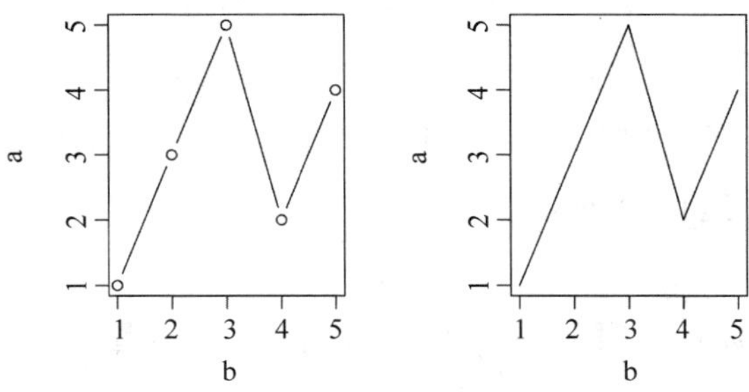

图 16 简单的线图

另外一些简单而有用的调整图形的方式包括：定义轴线轴标(xlab = "..." and ylab = "...")，加粗整个图形的标题(main = "...")、规定轴线值的范围(xlim = ... 而 ylim = ...)，以及添加网格(grid()¶)。也可以用 col = "..."设定画图元素的颜色，下面会看到更多的例子。

```
> plot(b,a,xlab = "A vector b",ylab = "A vector a",xlim = c(0,
  8),ylim = c(0,8),type = "b");grid() # Figure 17 ¶
```

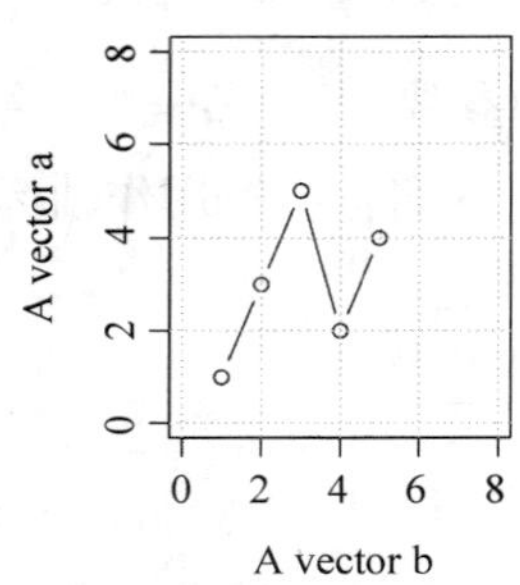

图 17　示范一些简单画图背景的散点图

必须选择坐标轴的范围是一条重要的经验法则。这样才能最有意义地表述数据的分布。在坐标轴的范围内包含(0,0)，这个点以及确保要比较的图形有相同和足够的轴坐标的范围通常是非常有用的。例如，要比较两个图中 x 和 y 两个向量的值域，通常也不会让 R 决定轴坐标的范围(参照图 18 的上半面板)。

这些云集的点看起来非常相似，要具体研究 y 轴上的轴坐标范围时只需要注意 x 和 y 之间分布的差异。图 18 左上半面板的值域是 0 到 2，而在右上半面板中的值域是 0 到 6。但是，当用 ylim = ...把 y 轴的范围手动设置为相同的轴坐标时，这两个向量中的差异立刻非常明显(参照图 18 中下半面板)。

注意：无论你什么时候用 plot，默认创建一个新图，那么旧的图就没有了，不过在 RStudio 中，可以用箭头键或菜单 Plots:... 回到先前的图。如果想在一个图中画两条线，你首先用 plot 创建第一条，这时设定 type = "1"或

type = "b",然后用 points 或者 lines 添加第二条,有时也可以用参数 add = TRUE。这意味着如果你想在第一个图中规定轴坐标的范围,就必须确保第二个图的值也能在第一个图中绘制出来。

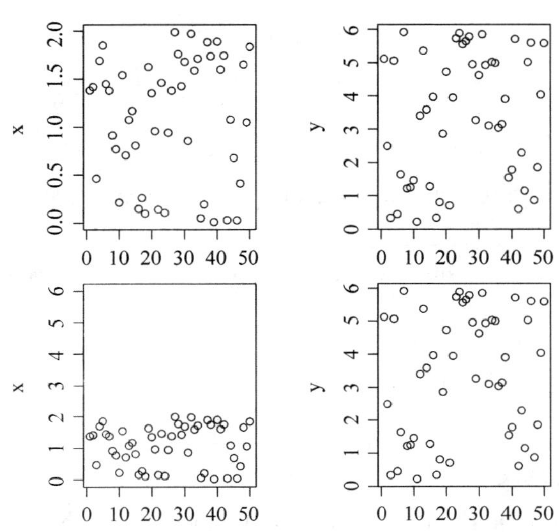

图 18 散点图及适当规定轴标值范围的重要性

这点只需一个例子就能说清楚。如果你连接 m 和 n 两个向量的点,然后想把向量 x 和 y 的点添加到同一个图,这就不行了,如图 19 左面板所示:

```
> m <- 1:5;n <- 5:1 ¶
> x <- 6:10;y <- 6:10 ¶
> plot(m,n,type = "b");points(x,y,type = "b");grid()¶
```

图 19 的左半部分显示由 m 和 n 定义的点,但不是由 x 和 y 定义的,因为 R 用于绘制 m 和 n 的轴坐标的范围对于 x 和 y 来说太小了,这就是为什么在创建第一个坐标体系时必须用手动的方式来定义那些值,用函数 max 来处理这个也不错。函数 max 会呈现一个向量的最大值,而 min 能呈现最小值。图 19 的右面板显示执行了这个操作,在这行中,最小值手动设置为 0。当然,也可以用 min (m,x)和 min (n,y)来操作,但我想把(0,0)包含在图中。

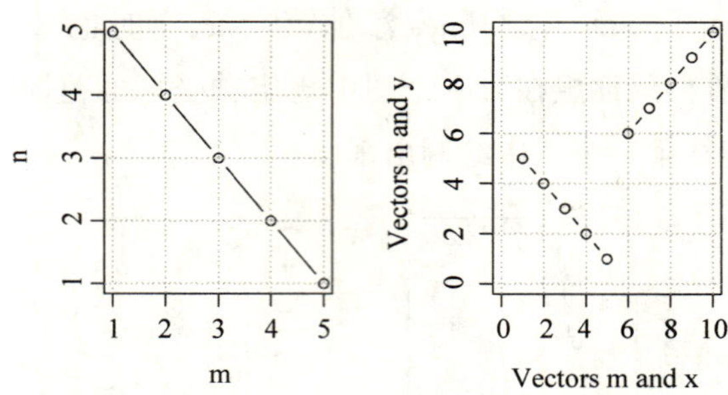

图 19 散点图及适当规定轴标值范围的重要性

```
> plot(m,n,type = "b", xlim = c(0, max(m,x)), ylim = c(0, max(n,y)), xlab =
"Vectors m and x",
ylab = "Vectors n and y");grid()¶
> points(x,y,type = "b")¶
```

进一步学习的建议

函数 pmin 和函数 pmax 可以确定不同向量在每个地点的最小和最大值(试试 pmin(c(1,5,3),c(2,4,6))¶)

1.1.2 饼状图

函数 pie 可以生成饼状图。它最重要的参数是用 table 创建的表格。可以将它保留原样不变,或者用 labels = …改变范畴名称或者用 col = …使用不同的颜色来区分:

```
pie(table(FILLER),col = c("grey20","grey50","grey80"))
```

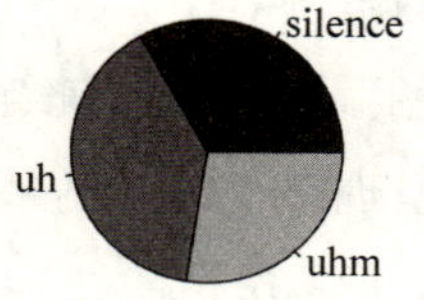

图 20 口吃发生频率的饼状图

要用函数 col = ...像上文一样使用不同的颜色有点烦人,因为你必须知道有多少种颜色并给它们分配名称,如果有很多不同颜色和/或图的情况就会很不方便。这种情况下函数 rainbow 就好用多了。使用其最简单的功能时,只需要一个参数,即想要的不同颜色的数量。因此,如何让 R 找出饼状图需要多少种颜色,而不是以 col = rainbow (3)的方式重写上面的那些函数呢?

THINK BREAK

让 R 使用与所画图里的元素一样多的颜色。

```
> pie(table(FILLER),col = rainbow(length(table(FILLER))))¶
```

请注意,通常情况下,使用饼状图汇总数据不太理想,因为人类不擅长从角度推断数量。因此,不要经常使用函数 pie,不过,一定要记住函数 rainbow。

1.1.3　条形图

可以使用函数 barplot 创建一个条形图。它最重要的参数也是用 table 生成的表格,还可以创建标准版本或对用户更友好的版本。如果想要定义自己的范畴名称,不幸的是得用 names. arg = ...,而不是 labels = ...。(参照图 21)

```
> barplot(table(FILLER)) # left panel of Figure 21 ¶
> barplot(table(FILLER),col = c("grey20","grey40",
"grey60")) # right panel of Figure 21 ¶
```

可以用 space =0 使那些条条立刻聚拢在一起来制作条形图,这个做法比较有趣。有趣不在于方法本身,而在于这是比较容易进一步往图里添加数据/标注的方法之一。例如,接着可以简单地用函数 text 把观察到的频率添加到每条柱子的中间。text 的第一个参数是要表示的文本 x 坐标值的一

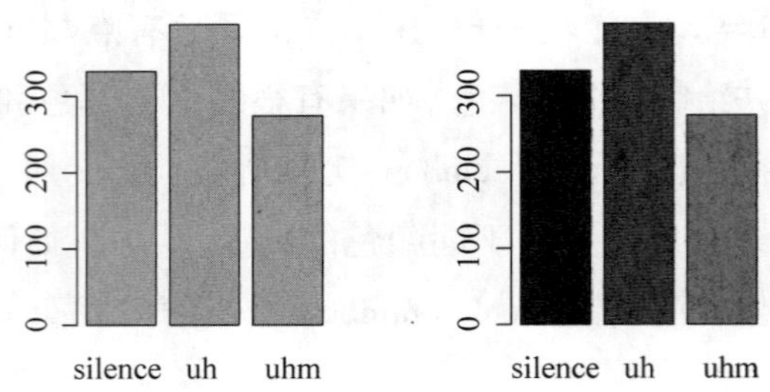

图 21 口吃发生频率的条形图

个向量,这是设定 space =0,第一条的中间设为 0.5,第二条的中间是 1.5,而第三条的中间用 2.5,第二个参数是包含那个文本的 y 坐标值的一个向量。每个都是所观测频率的一半,因此文本在条条的中间结束了。labels = ... 提供将表示的文本(参照图 22 左半面板)。

```
> barplot(table(FILLER),col = c("grey40","grey60","grey80"),
names.arg = c("Silence","Uh","Uhm"),space = 0)¶
> text(c(0.5,1.5,2.5),table(FILLER)/2,labels =
table(FILLER))¶
```

第二个创建类似图形的方法有些变化,这很有用(参照图 22 的右半面板):

```
> mids <- barplot(table(FILLER),col = c("grey40","grey60",
"grey80"))¶
> text(mids,table(FILLER),labels = table(FILLER),pos = 1)¶
```

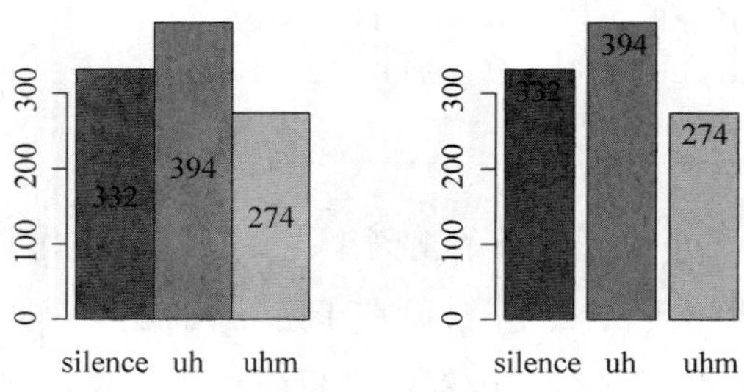

图 22 口吃发生频率的条形图

现在第一行不只画了那个条形图,也把R表示的所有内容分配给一个叫作mids的数据结构,里边包含中间条形的x坐标值,我们可以在函数texting中使用这个值。可参看上文那个mids.数据结构。其二,现在第二行用mids来做文本将要输出的x坐标值。使用pos=1使R在稍微低于坐标值一点儿的地方输出文本;pos=2,pos=3,pos=4将把文本分别在左边、上方和所定义的坐标值的右边输出。

函数plot和text也能创建许多功能强大的图形:首先,创建除了轴线及其标签之外什么也不包含的图,用type="n",这可以参照上文;然后用text标出词或数字。用这个来解释如下常见的图型:

```
> tab <- table(FILLER)¶
> plot(tab,type="n",xlab="Disfluencies",ylab="Observed
frequencies",xlim=c(0,4),ylim=c(0,500));grid()¶
> text(seq(tab),tab,labels=tab)¶
```

进一步学习的建议

函数dotchart处理点图和参数背景函数cex,srt,col,pch和front来调整图表:? par¶

1.1.4　帕累托图

帕累托图是可以表示口吃发生频率相关数据的另一种图形。在帕累托图中,所观察范畴的频率用柱状图表现,按照频率递减的顺序排序,然后被累积百分数的曲线图覆盖,这些百分比显示一个范畴和所有其他在这个范畴左边的范畴所占的比率。函数pareto.chart与你必须先安装或加载的qcc库同时进行(可参照图23)。

```
> library(qcc)¶
> pareto.chart(table(FILLER),main="")¶
Pareto chart analysis for table(FILLER)
        Frequency    Cum. Freq.    Percentage    Cum. Percent.
Uh      394.0        394.0         39.4          39.4
```

silence	332.0	726.0	33.2	72.6
uhm	274.0	1000.0	27.4	100.0

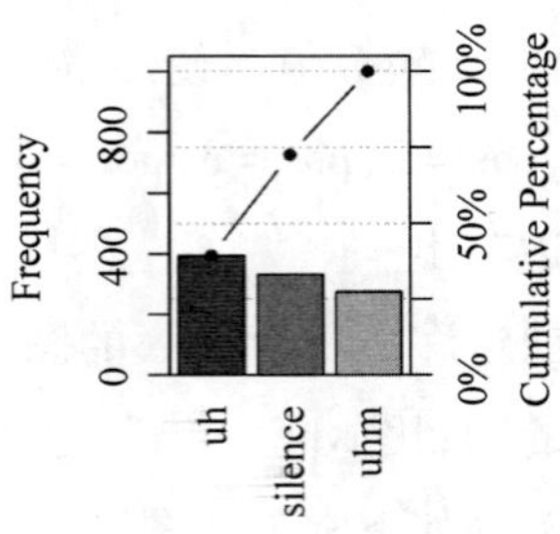

图 23 口吃发生频率的帕累托图

1.1.5 直方图

柱状图可能是最常用的表示定类型变量频率的形式,而直方图在区间变量的频率方面应用最广泛。你可以在 R 里用函数 hist,只需要相关向量作为其参数。

```
> hist(LENGTH)¶
```

欲查阅一些更好的制图方法,请参照图 24。这个图的左半面板包含带有轴标和灰色柱状的变量 LENGTH 的直方图。

```
> hist(LENGTH,main = "",xlab = "Length in ms",ylab =
"Frequency",xlim = c(0,2000),ylim = c(0,100),
col = "grey80")¶
```

图 24 的右面板包含一个由 freq = FALSE 创建的概率密度的直方图由 lines 生成的曲线。

```
> hist(LENGTH,main = "",xlab = "Length in ms",ylab = "Density",
  freq = FALSE,xlim = c(0,2000),col = "grey50")¶
> lines(density(LENGTH))¶
```

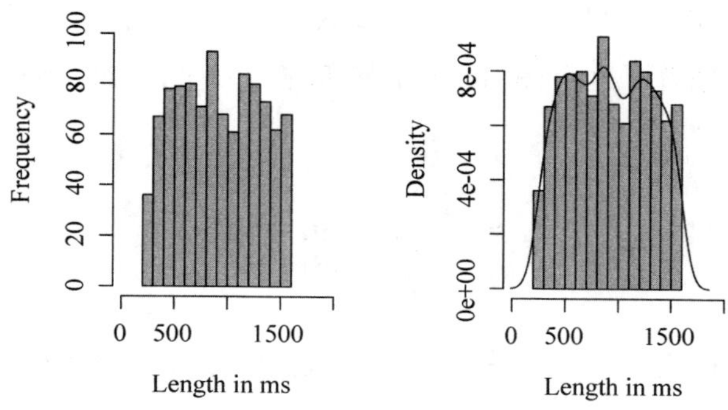

图 24　口吃长度频率的直方图

在 hist 中使用 breaks = ...这个参数，可以让 R 试用特定数量的组距或柱形。要么提供总体，接着 R 试着创建一个有很多组距的直方图；或者可以提供一个有边界的组距的向量，这样会产生一个问题，即应该选择多少组距？通常情况下，应该不要超过 20 个组距。按经验，能选择用在（14）这个公式中的组距数量的规则。欲了解与此有关的更多讨论，请参照 Keen（2010：143-160）。大家所选择的组距代表数据时不能出错，这是最重要的。

（14）n 数据点的直方图中的组距数量 = 1 + 3.32 ∗ log10 *n*

1.1.6　经验累积分布图

经验累积分布图即 ecdf 是使数字数据形象化显示的有用途径，在 1.1.4 曾经看到过的帕累托图的其中一部分就是类似的图形。在 ecdf 图的 x 轴上，可以看到变量的范围，在 y 轴上，可以看到变化范围 0 到 1 的变量，1 等于 100%，坐标中的点显示一个变量值及其左边的更小值在所有数据中的占比。图 25 展示了 LENGTH 这个变量类似的图形。可以看到所有长度中大约 18% 都比 500ms 小。

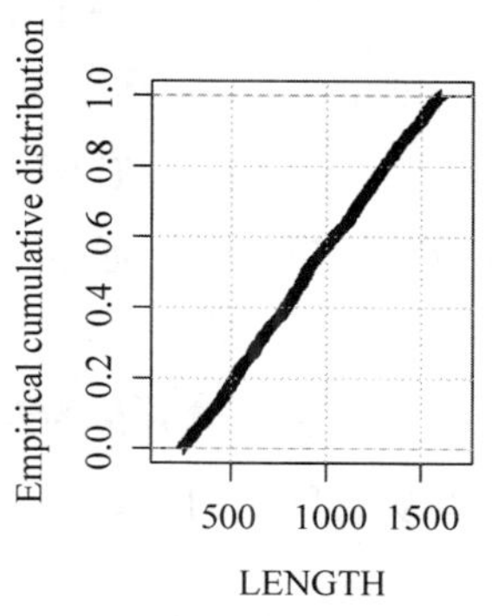

图 25　口吃长度的 Ecdf 图

这个图非常有用，因为在组合数据点时没有漏掉任何信息：每个数据点都在图中呈现，这是为什么 ecdf 图能很好地呈现数据，而大多数其他类型的图却没有这样的呈现力。看看是否理解了这个图：正态分布和均匀分布数据的 ecdf 图看起来是怎样的？

THINK BREAK

你将在代码文件中找到答案，文件中附有图形；先弄清楚为什么要使用这类非常有用的图形。

> **进一步学习的建议**
>
> ——以非常高效的方式表示每个数据点分布的 dotchart 和函数 stripchart，这时 method = "jitter"
>
> ——用于更复杂的散点图的函数 scatterplot，从 car 库中选择
>
> ——用于不同的三维散点图的函数 plot3d 和函数 scatterplot3d，从 rgl 库和 scatterplot3d 库中选择

1.2 集中趋势量度

集中趋势量度也许是最常用的统计量。这种量度可以提供一个尝试汇总变量行为的值。换个说法，这个量度回答了这样的问题，如果我想汇总这个变量并只允许用一个数字，这会是什么数字呢？集中趋势量度取决于变量的度量水平，这是至关重要的。对于定类型变量，应该使用众数，尤其在不想简单地列出所有值/组距的频率时更有用；对于定序变量，应该用中位数；对于定距变量，通常可以用算术平均数。

1.2.1 众数

一个变量或分布的众数通常都是可以观察到的值。据我所知，R 中没有计算众数现成的函数，但也很容易调整出来，例如，FILLER 的众数是 uh：

```
> which. max(table(FILLER))¶
uh
```

```
2
> max(table(FILLER))¶
[1] 394
```

因为不只一个水平具有观察最大值，请谨慎，这时制作表格通常更保险。

1.2.2　中位数

定序数据的集中趋势量度是中位数，就是把一个分布按值的大小排序时，中间的那个值就是中位数，例如，1 到 5 数字的中间值是 3。

```
> median(LENGTH)¶
[1] 897
```

1.2.3　算术平均数

最常见的集中趋势量度是算出定距变量的算术平均数，即把一个变量或向量的所有值加起来，并用总和除以值的数量获得的得数，也可以用下面的函数算出算术平均数：

```
> sum(LENGTH)/length(LENGTH)¶
[1] 915.043
> mean(LENGTH)¶
[1] 915.043
```

平均数的一个缺点是容易受到离群值的影响：

```
> a<-1:10;a¶
[1] 1  2  3  4  5  6  7  8  9  10
> b<-c(1:9,1000);b¶
[1] 1  2  3  4  5  6  7  8  9  1000
> mean(a)¶
[1] 5.5
> mean(b)¶
[1] 104.5
```

虽然向量 a 和 b 只是因为一个值的差异而有所不同，但因为那个离群值，b 的平均数要比 a 的大得多，实际上非常大以至于 104.5 的平均数既不能很好概括 1 到 9 数字的值也不能概括 1000 这个值。处理这个问题的方法有两个。首先，你可以添加参数 trim = ...，在平均之前放弃的数据所占比率可以计算出来，这些数据通常位于这个分布的顶端和底部。下面几行计算的是在放弃最高值和最低值后 a 和 b 的平均数：

```
> mean(a,trim=0.1)¶
[1] 5.5
> mean(b,trim=0.1)¶
[1] 5.5
```

其次，可以只用中位数，而且如果想报告的集中趋势数据不是正态分布的话，这的确是个好办法。

```
> median(a);median(b)¶
[1] 5.5
[1] 5.5
```

警告/建议

R 或者电子表格制作软件能返回很多位小数，但这并不意味着你得全部报告所有小数位，只需报告对你的统计有意义的小数位就可以了。

1.2.4 几何平均数

几何平均数是用来计算因子或比率的平均数，而算术平均数计算的是得到的和的平均数。我们假设有一个小孩在 2;1（表示两岁 1 个月）、2;2、2;3、2;4、2;5 和 2;6 时的 6 段录音，再假设还有包含这个小孩在每个年龄段说的不同词汇即词型的向量 lexicon：

```
> lexicon <- c(132,158,169,188,221,240)¶
> names(lexicon) <- c("2;1","2;2","2;3","2;4","2;5",
"2;6")¶
```

现在想知道词汇的平均增加率。首先计算连续的词汇增加：

```
> increases <- lexicon[2:6]/lexicon[1:5];increases ¶
2;2 2;3 2;4 2;5 2;6
1.196970  1.069620  1.112426  1.175532  1.085973
```

也就是说，这个孩子在 2;2 比在 2;1 时多说了 19.697% 的词，在 2;3 比 2;2 时多说了 6.962% 的词，等等。现在，还不能说这些增加的几何平均数是这个词汇平均增加率。

```
> mean(increases) # wrong! ¶
[1] 1.128104
```

从上面很容易检验出这结果不正确。如果这个数字是词汇增加的真实平均速度，那么第一个词汇大小 132 这个结果以及 1.128104 的增加率到 5 的平方应该是 240 这个最终值，5 的平方是这个假定的“平均增长率”起作用的次数。但实际上并不是这样的：

```
> 132 * mean(increases)^5 ¶
[1] 241.1681
```

这里必须计算几何平均数。一个有 n 个元素的量 x 的几何平均数是根据(15)这个公式计算出来的。用这个作为词汇平均增加率，就会得到正确的结果：

$$(15)\ \boldsymbol{mean}_{goem} = (x_1 \cdot x_2 \cdot \cdots \cdot x_{n-1} \cdot x_n)^{1/n}$$

```
> rate.increase <- prod(increases)^(1/length(increases));
  rate.increase ¶
[1] 1.127009
> 132 * rate.increase^5 ¶
  [1] 240
```

当然，240 这个正确值和 241.1681 这个错误值之间的差别看起来似乎可以忽略,但是 241.1681 仍然是错的,而且差别也不会总是那么小,如 Wikipedia 对几何平均数所解释的:如果做实验得到一个 10.000 的增加率,然后做第二个实验得到一个 0.0001 的增加率,即下降的值,那么平均增长率都不能约等于 5.000,这是两个增加率的算术平均数,而应该等于 1,即它们的几何平均数①。

最后,再一次指出,在图中显示文字和数字而不是点或三角形等该多有用,……试着创建图 26,图中 y 轴上每个词的位置与口吃的平均时间长度相对应,例如,女性是 928.4,男性是 901.6。那条横线是长度的总体平均(但你也许还不知道如何画这个图呢)。创建图 26 后许多趋势立刻很明显:男士低于平均水平,而女士高于平均水平,沉默的口吃程度几乎是平均的长度,等等。

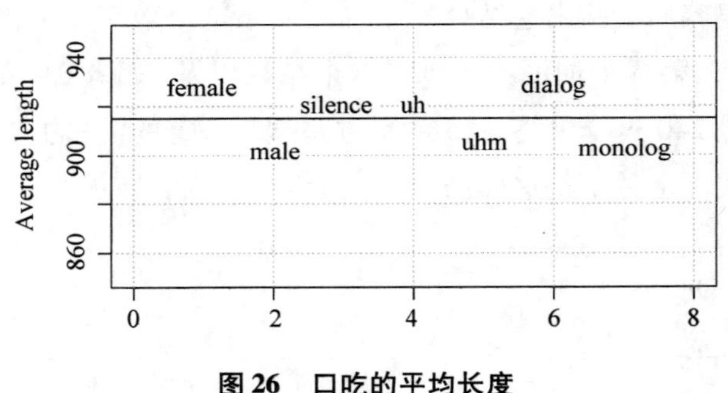

图 26 口吃的平均长度

1.3 离散性量度

大多数人知道什么是集中趋势的量度,不知道的是,自己竟然永远(永远!)不应该在没有相关的离散量度情况下报告集中趋势量度!这是因为如果没有这样的离散量度,就永远也不知道在汇总数据时集中趋势的量度实际上有多大作用。举个非语言学的例子,即两个城镇每月的气温以及它们的平均数:

① 或者你可以这样计算 increase 的几何平均值:exp(mean(log(increases)))¶。

```
> town1 <- c( -5, -12,5,12,15,18,22,23,20,16,8,1)¶
> town2 <- c(6,7,8,9,10,12,16,15,11,9,8,7)¶
> mean(town1);mean(town2)¶
[1] 10.25
[1] 9.833333
```

在这个平均数本身基础上，这两个城镇的气候非常相似，但即便只是看一眼图 27，也会看到那不是真实情况，尽管有相似的平均数，我也很明白二月份我应该更喜欢哪里。很显然，Town2 的平均数对 Town 2 的集中趋势的汇总要比 Town1 的平均数对 Town1 的集中趋势汇总好得多：Town1 的值在它们的平均数周围变化要大很多。因此，必须一直针对集中趋势量度提供离散量度：众数的相对熵、对于中间值和非正态或存在离群值的定比数据的四分位数间的范围或四分位数、标准差或正态定比数据的变异。

图 27　两个城镇的温度曲线

1.3.1　相对熵

定类型数据的简单离散量度是相对熵 H_{rel}。当相关定类型变量都是同等频率时，H_{rel} 是 1，而当所有数据点只有一个或相同的变量水平时，H_{rel} 是 0。对于有 n 个水平的变量，H_{rel} 如公式(16)所示计算出来，在这里面，p_i 与变量的第 i 个水平以百分比显示的频率相对应：

$$(16)\ H_{rel} = -\frac{\sum_{i=1}^{n}(p_i \cdot \ln p_i)}{\ln n}$$

因此,如果计算了 300 个名词短语中的冠词,发现有 164 个零冠词、33 个不定冠词和 103 个定冠词,可以用下面方法计算 H_{rel}:

```
> article <- c(164,33,103)¶
> perc <- article/sum(article)¶
> hrel <- -sum(perc * log(perc))/log(length(perc));hrel ¶
[1] 0.8556091
```

值得一提的是,当只观察零冠词时,上面的公式并没有产生预期的 0 的结果,因为 log (0)还没有定义:

```
> article <- c(300,0,0)¶
> perc <- article/sum(article)¶
> hrel <- -sum(perc * log(perc))/log(length(perc));hrel ¶
[1] NaN
```

通常,这是可以做到的,只要把 log (0)的结果设为 0 就可以了,或者有时也可以在登录前把所有值增加 1 就可以了。在这种情况下,编写一个函数来计算能处理那些 0 的对数是有用的。例如,用数据框的方式定义自己的对数函数 logw0,然后用那个函数而不是用 log 获得预期的结果:

```
> logw0 <- function(x) {¶
+ ifelse (x == 0,0,log(x))¶
+ }¶
> hrel <- -sum(perc * logw0(perc))/logw0(length(perc));hrel ¶
[1] 0
```

在下文 4.1.1.2 将更详细地介绍对定类型变量分布的处理。

1.3.2 全距

对定距型数据最简单的量度是全距,即最大值和最小值的差异。可以只用 range 这个函数,只需要求讨论中的变量作为唯一的参数,然后用 diff 计算两个值的差异,或者只是自己计算最小值和最大值的全距:

```
> range(LENGTH)¶
[1] 251 1600
> diff(range(LENGTH))¶
[1] 1349
> max(LENGTH)-min(LENGTH)¶
[1] 1349
```

这个量度的计算极其简单但显然也非常敏感：一个离群值就足以导致结果再也没有意义。因此，全距用得并不多。

1.3.3　分位数和四分位数

离散的量度还有个既简单有用又灵活的方法，即用分布的分位数。在1.3.4关于概率分布的情境中也碰到过分位数。理论上，你通过以降序方式把那些值排序，接着计算哪个值把数据的最低 x%、y% 等划定界限的办法计算分位数；当这些百分比是 25%、50% 和 75% 时，称它们为四分位数。你可以在 R 里用函数 quantile，参看下文的 type = 1：

```
> a <- 1:100 ¶
> quantile(a,type = 1)¶
0%   25%   50%   75%   100%
1    25    50    75    100
```

如果并列写出从 1 到 100 的整数，那么 25 就是那个切分最低 25% 的值，50% 这个值就对应中位数，而 0% 和 100% 就是最小和最大值。我简单说一下这个函数的两个参数吧。首先，参数 probs 具体定义其他的百分比。其次，参数 type = ...让你选择其他分位数计算的方式。对于离散分布，type = 1 也许是最好的，对于连续变量，默认值设为 type = 7 是最好的。

```
> quantile(a,probs = c(0.05,0.1,0.5,0.9,0.95),type = 1)¶
5%   10%   50%   90%   95%
5    10    50    90    95
```

使用分位数作为离散分布的底线显然意味着：25% 的四分位数和 75%

的四分位数之间差异越大,数据就越不均匀,这个可以从那两个城镇数据的研究中得到证实:所谓的四分位间距,即 75% 四分位数和 25% 四分位数之间的差异,Town1 比 Town2 大。

```
> quantile(town1)¶
0%      25%     50%     75%     100%
-12.0   4.0     13.5    18.5    23.0
> IQR(town1)¶
[1] 14.5
> quantile(town2)¶
0%      25%     50%     75%     100%
6.00    7.75    9.00    11.25   16.00
> IQR(town2)¶
[1] 3.5
```

现在应用这个函数来分析口吃的长度:

```
> quantile(LENGTH,probs = c(0.2,0.4,0.5,0.6,0.8,1),type = 1)¶
20%   40%   50%   60%   80%   100%
519   788   897   1039  1307  1600
```

这就是说,所有口吃长度中间的 20% 比 788 大,可达 1039,就如可以用 sort (LENGTH) [401:600]¶ 证实的一样,长度的 20% 小于或等于 519,20% 的值是 1307 或者更大等。

Quantile 另外一个非常有趣的应用是把连续变量的向量分割成不同组群。例如,如果想要把 LENGTH 向量分割成范围几乎等值的五个小组,你可以再次从 2.4.1 中使用把向量分割成小组的函数 cut,还可以使用函数 quantile 告知函数 cut 呈现这些组的数据结构。也就是说,在 251 (包含)和 521 (包含)之间有 200 个 LENGTH 的值等。

```
> LENGTH.GRP <- cut(LENGTH,breaks = quantile(LENGTH,probs =
c(0,0.2,0.4,0.6,0.8,1)),include.lowest = TRUE)¶
> table(LENGTH.GRP)¶
```

```
LENGTH.GRP
[251,521]        (521,789]       (789,1.04e+03]
      200              200                   200
(1.04e+03,1.31e+03] (1.31e+03,1.6e+03]
                203                  197
```

1.3.4 平均差

另外一种描述分布分散状况的办法是平均差。可以参照 abs 先计算每个数据点与平均数的绝对差异，然后再计算这些绝对差异的平均数。对于 Town1，平均差是 9.04：

```
> town1 ¶
[1] -5   -12  5  12  15  18  22  23  20  16  8  1
> town1 - mean(town1)¶
  [1] -15.25   -22.25   -5.25  1.75  4.75  7.75  11.75
  12.75  9.75  5.75   -2.25   -9.25
> abs(town1 - mean(town1))¶
  [1] 15.25  22.25  5.25  1.75  4.75  7.75  11.75  12.75
  9.75  5.75  2.25  9.25
> mean(abs(town1 - mean(town1)))¶
[1] 9.041667
> mean(abs(town2 - mean(town2)))¶
[1] 2.472222
```

对于口吃的长度，我们获得：

```
> mean(abs(LENGTH - mean(LENGTH)))¶
[1] 329.2946
```

虽然这个是非常直觉的量度，但不幸的是不能再使用它了。不论怎样（Gorard，2004），可以经常看到接下来要讨论的离散量度，即标准差。

1.3.5 标准差

公式（17）界定了有 n 个元素的 x 分布的标准差 sd。这个开始看起来有点难，但通常认为标准差与平均差类似。对于平均差，计算每个数据点与平均数的差异并取其绝对值，对于标准差，计算每个数据点与平均数的差异，把这些差异值平方，加起来，再用 n－1 这个数去除它们的和，这里取的是其平方根，是为了“还原”之前的乘方。

$$(17)\ sd = \left[\frac{\sum_{i=1}^{n}(x_i - \bar{x})^2}{n-1}\right]^{\frac{1}{2}}$$

一旦我们把这个“转入”R，它可能变得更清晰：

```
> town1 ¶
[1] -5 -12 5 12 15 18 22 23 20 16 8 1
> town1 - mean(town1)¶
[1] -15.25 -22.25 -5.25 1.75 4.75 7.75 11.75
12.75 9.75 5.75 -2.25 -9.25
> (town1 - mean(town1))^2 ¶
[1] 232.5625 495.0625 27.5625 3.0625 22.5625 60.0625
138.0625 162.5625 95.0625 33.0625 5.0625 85.5625
> sum((town1 - mean(town1))^2)¶
[1] 1360.25
> sum((town1 - mean(town1))^2)/(length(town1) - 1)¶
[1] 123.6591
> sqrt(sum((town1 - mean(town1))^2)/(length(town1) - 1))¶
[1] 11.12021
```

当然还有更简单的方法……

```
> sd(town1);sd(town2)¶
  [1] 11.12021
  [1] 3.157483
```

顺带提一下：标准差是另外一个量度的平方根，即方差（*variance*），这也可以用函数 var 计算出来。

进一步学习的建议

用来计算另外一个非常稳健的分布度量函数 mad，中位数绝对偏差数

1.3.6　变异系数

虽然标准差也许是最常用的离散性量度，但也有潜在的不足：它的大小取决于分布的平均数，可以参阅下面的例子：

```
> sd(town1)¶
  [1] 11.12021
> sd(town1 * 10)¶
  [1] 111.2021
```

当各个分数值增加一个数量级，平均数也增加了一个数量级时，标准差也会随之增加。因此，得先对平均数不同的分布进行标准化，否则就不能对相应的标准差进行比较。如果用一个分布的标准差除以其平均数，会得到变异系数，而且变异系数不受乘以 10 后的值的影响，因此，Town1 仍然有更大的离散度。

```
> sd(town1)/mean(town1)¶
  [1] 1.084899
> sd(town1 * 10)/mean(town1 * 10)¶
  [1] 1.084899
> sd(town2)/mean(town2)¶
[1] 0.3210999
```

1.3.7　汇总函数

如果想同时获得一个向量的几个汇总统计量或者一个因子，可以使用结果非常明显的函数 summary。

```
> summary(town1)¶
Min. 1st Qu. Median Mean 3rd Qu. Max.
-12.00 4.00 13.50 10.25 18.50 23.00
```

箱形图也是一种非常有用的图形。其最简单的形式就是函数 boxplot，只需要一个向量作为参数，但我们也可以添加 notch = TRUE 作为参数，我马上就解释这个内容。还可以增加一行程序用加号来标识相应的算术平均数。请注意,我把 boxplot 的结果分配到一个叫 boxsum 的数据框,以备后面检查。

```
> boxsum <- boxplot(town1,town2,notch = TRUE,names = c("Town 1","Town 2"))¶
> text(1:2,c(mean(town1),mean(town2)),c(" + "," + "))¶
```

图 28 包含许多有用信息:

——加粗的横线表示两个向量的中位数;

——构成箱子上边界和下边界的普通横线表示关键连接处,大约 75% 和 25% 的四分位数;

——连接箱子的上端和下端边界的垂直虚线代表从这个箱子中分离出来不超过 1.5 个四分位数间的最大值和最小值;

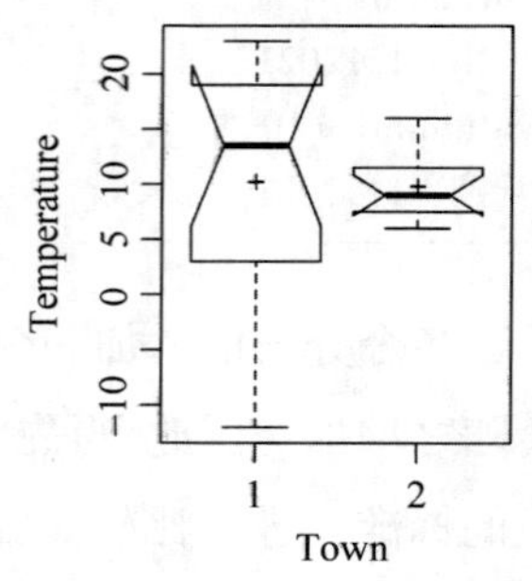

图 28　两个城镇温度的箱形图

——在虚线范围外的每个数据点将作为一个包含单个小圈的离群值;

——箱子左边和右边的切口延伸出范围之外 ±1.58 * IQR/sqrt (n):如果两个箱形图的切口没有重叠,那么它们的中位数将最有可能存在很大差异。

图 28 显示了两个城镇的平均气温非常相似,它们之间也可能区别不太大。同样,Town1 的分布比 Town2 的大得多。有时候,有个好的箱形图几乎就不用进一步分析了;箱形图是非常有用的,所以在下面的章节会经常用到。不过在有些场合使用上文所介绍的 ecdf 图效果会更好。下面的例子是对我指导的一位学生的真实 dataset 的模仿。运行代码文件中的代码并好好思考一下图 29。

如代码文件所示,我创建了一个向量 x1,这个向量实际上包含来自两个非常不同的分布数据,而向量 x2 包含的数据仅从一个分布获得,不过这个分布的范围更宽。

关键是箱形图根本没有把那个展示出来。是的,第二个颜色稍深的箱形图更宽但有些离群值,不过第一个更浅的箱形图代表的是包含从两个不

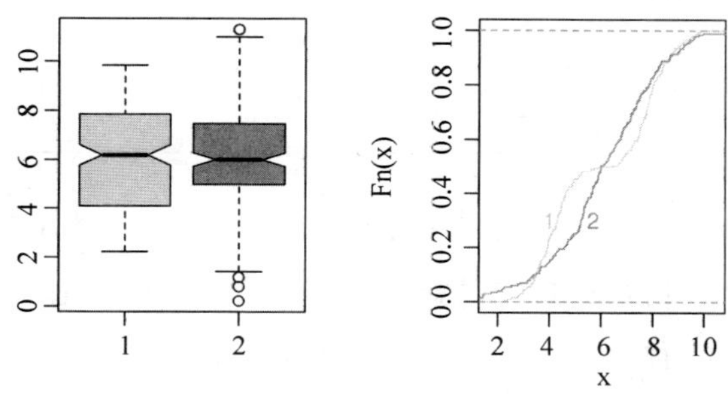

图29　两个向量的箱形图(左面板)和 ecdf 图(右面板)

同分布数据的向量,而图中完全没有展示这些内容。右面板中的 ecdf 图却能把这些内容非常清楚地显示出来。但代表第二个向量颜色更深的线条会以一个正态分布的形式持续上升,但如果考虑两个 s-型的曲线部分,代表第一个向量颜色浅些的线条显示的是它包含两个正态分布。因此,虽然 ecdf 图没有箱形图那么直观易懂,但却能显示更多的信息。

> **进一步学习的建议**
>
> hadrcde 库的函数 hdr. boxplot,vioplot 库的 vioplot 和 Hmisc 库的函数 bpplot,以了解箱形图有趣的选择或扩展。

1.3.8　标准误

算术平均数的标准误被定义为等量大小的样本平均数的标准差,这种样本用替换方式从总体中随机抽取。想象从总体抽取一个样本,并计算某个变量的算术平均数。除非样本能完美地代表那个总体,否则这个平均数与总体中的那个变量的算术平均数不会完全对应,与你从同样总体中另外一个同样大小的样本得到的算术平均数也不会完全对应。如果你用替换方式随机从总体中抽取很多同样大小的样本,比如 10,000,计算它们中每一个的算术平均数,那么所有这些平均数的标准差就是标准误。

```
> means <- vector(length = 10000)¶
> for (i in 1:10000) {¶
+ means[i] <- mean(sample(LENGTH,size = 1000,replace = TRUE))¶
```

```
+ }¶
> sd(means)¶
[1] 12.10577
```

一个算术平均数的标准误是根据(18)中的公式计算出来的,而从(18)中可以看到一个平均数的标准误越大,那个平均数成为总体平均数可靠估算的概率就越小,而样本越大,标准误会越小:

$$(18)\ se_{mean}=\sqrt{\frac{var}{n}}=\frac{sd}{\sqrt{n}}$$

因此,这里口吃平均长度的标准误就是这样的,与上面我们再取样的结果非常相近。

```
> mean(LENGTH)¶
  [1] 915.043
> sqrt(var(LENGTH)/length(LENGTH))¶
  [1] 12.08127
```

你也可以计算除了算术平均数外的统计标准误,但在此我们只研究相关频率 p 的标准误,这是根据(19)中的公式计算出来的:

$$(19)\ se_{percentage}=\sqrt{\frac{p*(1-p)}{n}}$$

因此,口吃中所有沉默的口吃类型的百分比标准误如下,占1000个口吃中的33.2%:

```
> prop.table(table(FILLER))¶
  FILLER
  silence    uh      uhm
  0.332      0.394   0.274
> sqrt(0.332*(1-0.332)/1000)¶
[1] 0.01489215
```

标准误在3.1.5这一节中将更重要,因为要用它来计算所谓的置信区间。请注意，当要比较两个大约同样大小样本的平均数，而它们的区间平均数 ± 标准误相重叠时，样本平均数间的差异不会很大。但如果这些区间没有重叠，这并不表示这些平均数就一定有很大差异，可参照 Crawley(2005: 169f.)。第 5 章也会讨论平均数差异的标准误，这是根据(20)中的公式计算出来的。

$$(20)\quad se_{diffence\ between\ means} = \sqrt{se_{mean\_group1^2} + se_{mean\_group2^2}}$$

> **警告/建议**
>
> 只有在数据服从正态分布的情况下或者当样本大小 n≥30 时，标准误才真正有意义。

1.4 置中和标准化(z 分数)

通常，比较不同水平取得的值是很有用的，甚至是非常有必要的。例如，Bortz (2005)曾研究，如果一个学生 X 在某课程中得到 80% 的分数，而学生 Y 在另外一门课中得到 60% 的分数，能因此说学生 X 比学生 Y 的课程表现更好吗？一方面，当然可以说 80% 比 60% 好，而另一方面，学生 Y 所参加的考试也许比学生 X 所参加的考试要难得多。因此，在他们课程中所有学生表现的基础上把两个学生的分数对比化/标准化才是有用的。这与上文 3.1.3.6 这部分的情况类似，直接比较不同标准差并不总是恰当的。我们假定从两门课程中获得的分数看起来如下：

```
> grades.course.X <- rep((seq(0,100,20)),1:6);grades.course.X ¶
[1]   0  20  20  40  40  40  60  60  60  60  80  80  80  80
     80 100 100 100 100 100 100
> grades.course.Y <- rep((seq(0,100,20)),6:1);
grades.course.Y ¶
[1]   0   0   0   0   0   0  20  20  20  20  20  40  40  40
     40  60  60  60  80  80 100
```

置中是将这些分数标准化的方法之一，只需要把一门课内的每个分数减去那门课的平均分数。

```
> a <- 1:5 ¶
> centered.scores <- a - mean(a);centered.scores ¶
  [1]   -2   -1  0  1  2
```

可以看到,这些分数与 a 中的原始值是相关的:因为 a 的平均数很显然是 3,置中之后,前两个分数比 a 的平均数小,所以是负值;第三个与 a 的平均数没有偏离,所以是 0;后两个分数比 a 的平均数大,所以是正值。

另外一个更复杂的方式是*标准化*,即把将要比较的值转成所谓的 z 分数,这表明向量的每个值从向量中偏离的标准差是多少。从一个向量取值的 z 分数是那个值与向量平均数的差异,被向量的标准差平分。可以把 a 当一个简单的例子用手动方法计算出来。

```
> z.scores <- (a - mean(a))/sd(a);z.scores ¶
  [1] -1.2649111   -0.6324555   0.0000000   0.6324555   1.2649111
```

z 分数和 a 的原始值之间的关系与置中分数和 a 的值之间的关系类似。因为 a 的平均数显然是 3,前面两个 z 分数比 a 的平均数小,所以是负值;第三个 z 分数没有从 a 的平均数中偏离,所以是 0;而后面两个 z 分数比 a 的值大,所以是正值。请注意这样的 z 分数有个 0 的平均数和一个 1 的标准差:

```
> mean(z.scores)¶
[1] 0
> sd(z.scores)¶
[1] 1
```

两种标准化都能用函数 scale 来完成,这个函数需要三个参数:将要标准化的向量,center = ...,其默认值是 TRUE,scale = ...,其默认值是 TRUE。如果除了这个要标准化的参数之外没有提供任何其他向量,那么 scale 的默认设置返回一个包含 z 分数的矩阵,这 z 分数的属性与向量的平均数和标准差对应:

```
> scale(a)¶
              [,1]
[1,]  -1.2649111
[2,]  -0.6324555
[3,] 0.0000000
[4,] 0.6324555
[5,] 1.2649111
attr(,"scaled:center")
[1] 3
attr(,"scaled:scale")
[1] 1.581139
```

如果把 scale 设为 FALSE,就会得到置中后的分数:

```
> scale (a,scale = FALSE)¶
     [,1]
[1,]  -2
[2,]  -1
[3,] 0
[4,] 1
[5,] 2
attr(,"scaled:center")
[1] 3
```

如果用两个版本分析两门课程的例子,就看到学生 X 所得的 80% 的分数在标准差只是比他课程的平均分好 0.436,是 13.33 个百分点,而学生 Y 所得的 60% 的分在标准差上高出他课程的平均分 0.873,是 26.67 个百分点。因此,X 的分高于 Y 的分,但是如果我们把两门课程的总体结果考虑进去,那么 Y 的表现更好,标准化的数据通常是有用的。

1.5　置信区间

多数情况下,你并不能研究自己实际感兴趣的总体,因为那个总体根本没法获得和/或因太大了而太费时或费用太高。即便你知道不同样本会产生不同的统计,你也希望自己的样本可以更可靠地提供很多关于所研究总体的信息。

——如果发现 1000 个口吃样本的平均长度约为 915ms，那么你希望自己可以通过这个样本对该总体和将来的研究进行归纳；

——如果发现在 1000 个口吃样本中，33.2% 的口吃是沉默，那么你希望可以通过这个样本对该总体和将来的研究进行归纳。

目前，我们只讨论了如何能够计算样本的百分比和平均数，这个部分要研究的是这个百分比和平均数对于总体来说有效性多大。我将在 3.1.5.1 解释如何计算算术平均数的置信区间，在 3.1.5.2 解释如何计算百分比的置信区间。这个置信区间的相关性不可低估：没有一个置信区间，就不能清楚地确定通过一个样本归纳总体的好坏程度；除了我们在此讨论的统计量，人们还可以对很多其他的内容计算置信区间。

1.5.1 算术平均数的置信区间

计算一个样本的平均数，自然希望该样本能很好地代表其总体。大家都知道，在我们例子的数据中，口吃的平均长度是 915.043 ms，标准差为 382.04。但是，如上文所述，其他样本的平均数会不同，所以，必须好好量化这个估计中的置信区间。所谓提供有用的平均数的置信区间，就是提供接近样本平均数的值之间的区间，我们假设这个平均数的近似值与该样本平均数之间没有显著差异。从“显著差异”这个表述，我们接着想到一个置信区间通常被定义为 1 减去显著性水平，即通常定义为 1 - 0.05 = 0.95。

第一步，可以根据(18)中的公式计算算术平均数的标准误。

```
> se <- sqrt(var(LENGTH)/length(LENGTH)); se ¶
[1] 12.08127
```

这个标准误用于(21)计算置信区间。公式(21)的 t 指的是在 1.3.4.3 提到的分布，它的计算要求自由度的数量。在这个例子中，自由度的数量 *df* 是向量的长度减去 1，即 999。既然想在一个 *p* 值的基础上计算 *t* 值，需要用函数 *qt*，而既然想要得到一个双侧区间，这个区间所观察平均数近似值的 95%，即比平均数大和小的值，必须为 2.5% 计算 *t* 值，因为两边的 2.5% 会产生预期的5%：

(21) $CI = \bar{x} \pm t \cdot SE$

```
> t. value <- qt(0.025,df=999,lower. tail=FALSE);t. value ¶
  [1] 1.962341
```

现在可以计算置信区间了：

```
> mean(LENGTH) - (se * t. value);mean(LENGTH) + (se * t. value)¶
  [1] 891.3354
  [1] 938.7506
```

想做得简单些，可以用有相关向量的函数 t. test 和使用函数 conf. level = ...来定义相关的百分比。R 接着计算一个显著性检验，这是为什么我们用 $ conf. int 研究置信区间的原因：

```
> t. test(LENGTH,conf. level=0.95) $ conf. int ¶
[1] 891.3354 938.7506
attr(,"conf. level")
[1] 0.95
```

这个置信区间确定了研究者可以对95%置信的值域包含一个总体参数的真实值，例如一个总体的平均数。这时研究者用概率术语表述为：这个置信区间包含总体参数真实值的概率为.95。可参阅 Sheskin(2011:75)以及 Field,Miles and Field (2012:45)①。

请注意，比较两个几乎一样大小样本的平均数，而且它们95%的置信区间没有重叠时，那么这个样本的平均数是有显著差异的，因此，你会假设这个总体的平均数也有真正的差异。但如果这个区间确实重叠，这不能说明

① 解释置信区间的不同方式是："把置信区间误解为未知参数[这里指的是总体中的百分比，STG]的陈述是常见的错误。包含在一个95%的置信区间的参数的概率95%是错误的。如果我们获取大量95%的置信区间，可以期待这个参数的真实值在95%的情况下包含在所计算的置信区间之内，这才是真实的"(Good and Hardin 2012:156)。

这些平均数相互之间没有显著差异,可参照 Crawley(2005:169f.)。

1.5.2 百分比的置信区间

上文与平均数相关的逻辑对百分比也适用。得知一个从样本中获得的特定百分比,想知道这个百分比在总体中对应的百分比,比如上文的例子中,我们样本中沉默类口吃的百分比是 33.2%。如果想在那个百分比中量化你的置信区间,如上所述,根据(19)的公式计算百分比的标准误,而这个标准误被插入(22)的公式里。

```
> se <- sqrt(0.332 * (1 - 0.332)/1000);se ¶
[1] 0.01489215
```

(22) $CI = a \pm z \cdot SE$

(22) 的 z 与 1.3.4.3 中所讨论的 z 分数相对应,这在一个标准正态分布下界定区域的 5%,其中 2.5% 来自上部分,2.5% 来自下部分:

```
> z.score <- qnorm(0.025,lower.tail = FALSE);z.score ¶
  [1] 1.959964
```

为得到一个沉默类口吃百分比的 95% 置信区间,可以输入:

```
> z.score <- qnorm(0.025,lower.tail = FALSE)¶
> 0.332 - z.score * se;0.332 + z.score * se ¶
[1] 0.3028119
[1] 0.3611881
```

想要简单点就必须用函数 prop.test,这样可以检验在样本中是否可以获得一个与预期的百分比具有明显差异的百分比。但这个函数也为所观察的百分比返回了置信区间。R 需要所观察的频率(332)、样本大小(1000)以及该置信区间的概率。R 使用的公式与我们的不同,但返回几乎相同的结果。

```
> prop.test(332,1000,conf.level = 0.95) $ conf.int ¶
[1] 0.3030166 0.3622912
```

```
attr( ,"conf. level")
[1] 0.95
```

进一步学习的建议

Dalgaard (2002:Ch. 7.1 和 4.1),Crawley (2005:167ff.)

警告/建议

因为置信区间是基于标准误的,上面的警告在这里也适用:如果数据不是正态分布或者样本太小,那你也许应该使用其他方法来估计置信区间,如用 bootstrapping。

2. 双变量统计

我们已经描述了单个变量或向量/因子的统计量和统计图。在这部分我们将转到描述两个变量和它们之间关系的方法。我们将再次从频率开始,然后讨论平均数,最后讨论相关关系。你会发现我们可以使用前面章节中使用的很多函数。

2.1 频率和交叉列表

我们从两个定类型变量的情况开始。通常,要知道哪些变量水平组合发生的频率是多少,最简单的方法是交叉列表。我们回到那个口吃的例子:

```
> UHM <- read. delim(file. choose( ))¶
> attach(UHM)¶
```

我们假定想了解男人和女人在他们说话时口吃的类型是否有差异。首先要回答两个问题:这个设计中是否存在因变量和自变量,如果有,对应的因变量和自变量各是什么?

在这个例子中,SEX(性别)是自变量而 FILLER(补白)是因变量。在 R 中对变量水平组合频率的计算很简单,因为可以使用函数 table 来计算这个变量水平组合的频率,而之前计算表中单个变量水平的频率也用这个函数。只需把第二变量或因子作为一个参数输入函数 table,R 就会列出行中第一个向量的水平,并在列中列出第二个向量的水平:

```
> freqs <- table(FILLER,SEX);freqs ¶
         SEX
FILLER   female  male
silence  171     161
uh       161     233
uhm      170     104
```

事实上,可以试试向 table 提供更多的向量,我们将在下文讨论这个议题。同样,可以用 prop. table 创建百分比的表格,但有个二维表格就可以用不同的方法计算百分比。还可以用 margin =…具体指定一个百分比。默认的值是 margin =NULL,百分比的计算应该以表格中所有的元素为基础,换句话说,表格中所有的百分比加起来等于 1。另外一个概率是计算行百分比:设 margin =1,会得到每一行加起来等于 1 的百分比。最后,可以通过设 margin =2 的办法选择列的百分比:每列的百分比加起来等于 1。这也许是这里最好的方法,因为这时加起来等于 1 的百分比就是那些因变量。

```
> percents <- prop. table(table(FILLER,SEX),margin =2)¶
> percents ¶
          SEX
FILLER    female     male
silence   0.3406375  0.3232932
uh        0.3207171  0.4678715
uhm       0.3386454  0.2088353
```

可以立刻看到男士似乎更喜欢 uh 而不喜欢 uhm,女士似乎在任何类型的口吃中都没有真正的偏好。当然我们也还不知道这个结果是否显著。

函数 addmargins 输出行和列的总数,或者其他用户定义的界限,例如平均数：

```
> addmargins(freqs) # cf. also colSums and rowSums ¶
          SEX
FILLER      female    male    Sum
silence        171     161    332
uh             161     233    394
uhm            170     104    274
Sum            502     498   1000
```

进一步学习的建议

生成更复杂表格的函数 xtabs 尤其是 ftable

2.1.1 条形图和马赛克图

当然，你也可以用图来表示这些表格。最简单的方法是向 plot 提供一个公式作为主要参数。这样的公式包含因变量（这里指：FILLER）、波浪字符（“～”指的是“作为……的函数”）和自变量（这里指：GENRE）。

```
> plot(FILLER ~ GENRE)¶
```

行、列以及六个箱的宽度和高度代表所观察的频率。例如，对白（dialog）的列要比独白（monolog）的列稍宽，因为数据中有更多的对白；uh 的行应该是最宽的，因为 uh 是口吃中频率最高的。

其他类似的图可以用下列行来创建：

```
> plot(GENRE,FILLER)¶
> plot(table(GENRE,FILLER))¶
> mosaicplot(table(GENRE,FILLER))¶
```

这些图叫作堆栈条形图或马赛克图，通常是表示交叉数据的有效方法，与之相关的图在下文一并介绍。在这章中的代码文件里，可以发现另外一种有用图形的 R 代码。

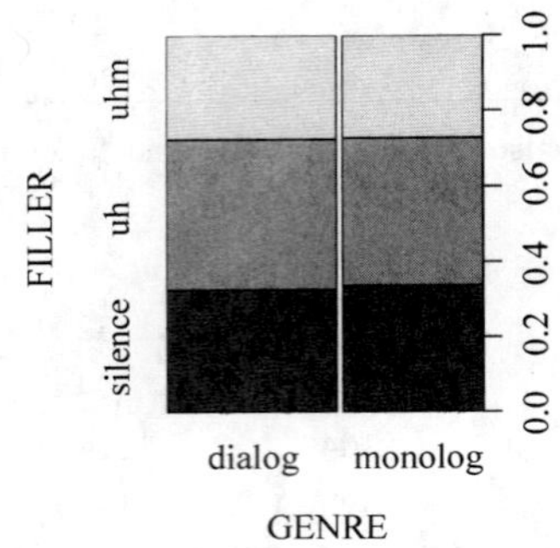

图 30 FILLER ~ GENRE 的堆栈条形图/方形图

2.1.2 棘状图

有时,因变量是定类型变量而自变量是定距型变量。我们来假设 FILLER 是因变量,受自变量 LENGTH 影响。在此没有多大意义,只是为了解释一下。你可以在一个公式中使用 spineplot 函数:

```
> spineplot(FILLER ~ LENGTH)¶
```

y 轴代表因变量及其三个水平。x 轴代表定距型自变量。这被分成一些能从 hist 获取的值域,这也意味着你能用 breaks = ...改变这些值域(参照上文的 3.1.1.5)。

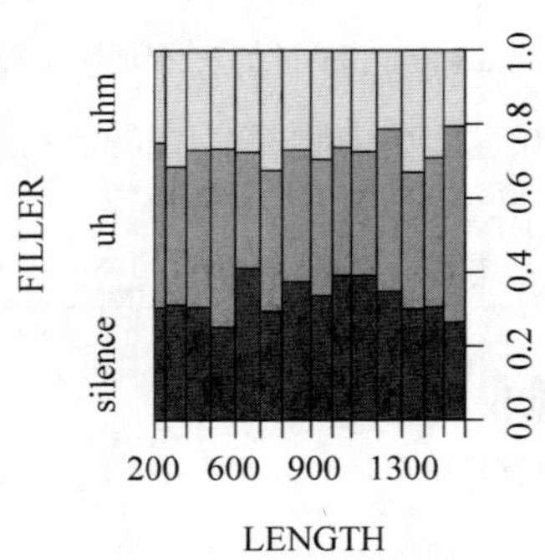

图 31 FILLER ~ LENGTH 的棘状图

2.1.3 折线图

除了这些图,你也可以生成用来汇总频率的折线图。想生成相关频率

的表格,可以通过输入下图代码的方式创建一个原始的折线图:

```
> fill. table <- prop. table( table( FILLER,SEX) ,2) ;fill. table ¶
         SEX
FILLER          female          male
silence         0. 3406375          0. 3232932
uh              0. 3207171          0. 4678715
uhm             0. 3386454          0. 2088353
> plot( fil. table [ , 1 ], ylim = c ( 0, 0. 5 ), xlab = " Disfluency " , ylab = " Relative frequency" ,type = " b" )¶
> points( fil. table[ ,2 ] ,type = " b" )¶
```

但随附的文件中更高级些的代码能告诉你如何能制作图 32。你也许不能立刻理解这个代码,但很快你就会了。

警告/建议

有时候,不建议用一个折线图来表示这样的频率,因为线条"表明"在定类型变量水平之间有频率值,实际当然不是这样的。你同样肯定应该考虑能完成这个任务的函数 dotchart。

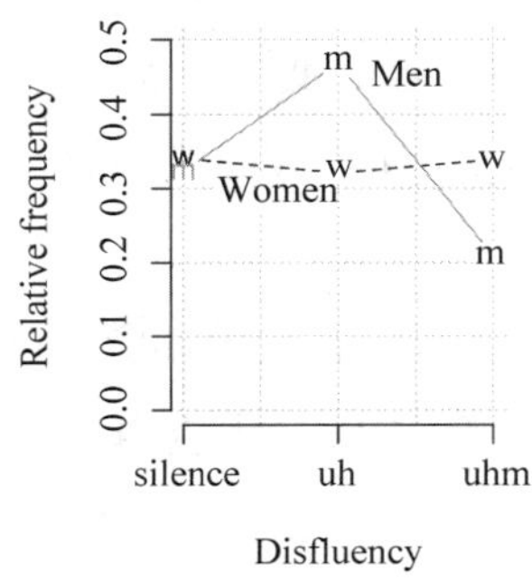

图 32 性别(SEX)和 FILLER (补白)交互频率的曲线图

进一步学习的建议

用来制作带有平均值和置信区间的折线图函数 plotmeans(来自 gplots 库)

2.2 平均数

如果因变量是定距型或定序型的,而自变量是定类型的,那么人们往往对因变量特定值的频率不感兴趣,但对自变量每个水平的集中趋势感兴趣。例如,你也许想确定男士和女士是否在口吃的平均长度上有差异。获得此差异有个途径:

```
> mean(LENGTH[SEX == "female"])¶
[1] 928.3984
> mean(LENGTH[SEX == "male"])¶
[1] 901.5803
```

这个方法太原始了,原因有三:

——必须手动定义想要包含的 LENGTH 的值,这需要输入很多字,尤其当自变量超过两个水平时,或者面对不只一个自变量时,这个情况通常更糟糕;

——必须知道这个自变量所有相关的水平,否则不能先用它们来细分;

——只能获得已经明确要求的变量水平的平均数。但是,如果在一行中犯了个编码错误,比如把"male"输成"malle",这个方法将不会显示你想要的结果。

因此,我们可以使用一个非常有效的函数 tapply,多数情况下取三个参数。第一个参数是个向量或因子,在其中应用一个函数,在此是 LENGTH,而我们应该用 mean。与第一个类似,第二个参数有很多元素的向量或因子。它具体指定从第一个应用该函数的向量/因子提取的值群。最后一个参数是相关函数,在此是 mean。我们得到如下结果:

```
> tapply(LENGTH,SEX,mean)¶
female      male
928.3984    901.5803
```

结果当然与上面的一样，只不过这里获得结果的方式更好。当然可以用 mean 以外的函数：median，IQR，sd，var，……甚至是自己编写的函数来计算。例如，用 length 时获得什么呢？可以观察到每种性别的长度数量。

2.2.1　箱形图

我们在上文 3.1.3.7 讨论了箱形图，不过仅把注意力局限在有一个或更多变量的情况，例如 town1 和 town2 两个变量。但也可以在拥有一个或更多自变量和一个因变量的情况下使用箱形图。最简单的办法同样是使用包含"作为……的函数"意义的波浪符的公式：

```
> boxplot(LENGTH ~ GENRE,notch = TRUE,ylim = c(0,1600))¶
```

如果只想制作一个箱形图又不再进一步提供参数，实际上输入 plot(LENGTH ~ GENRE)¶ 就足够了：R"推断"想要一个箱形图，因为 LENGTH 是个数字向量，而 GENRE 是个因子。同样可以从那个图中推断出很多内容：两个中位数都接近 900ms，且大多数情况下相互间没有很大差异，因为图中切口重合了。两种类型似乎都有几乎一样的离中趋势，因为切口、盒子和虚线几乎都一样大，而且两种类型都没有离群值。

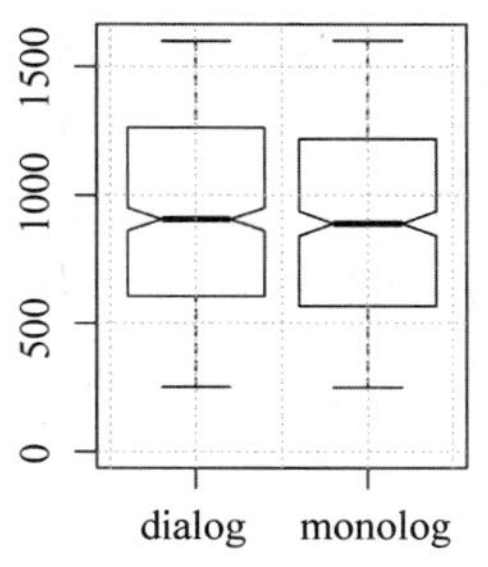

图 33　LENGTH ~ GENRE 的箱形图

快速问答：你能推断这条线是干什么用的吗？

```
> text(seq(levels(GENRE)),tapply(LENGTH,GENRE,mean)," + ")¶
```

该线条往箱形图中添了加号,代表每个 GENRE 的 LENGTH 平均数是:seq (levels (GENRE))返回 1:2,用作 x 轴的坐标值;代码 tapply 返回每个 GENRE 的 LENGTH 的平均数,而“ + ”则表示在图中所绘制的内容。

2.2.2 交互作用图

目前我们已经研究了代表一个变量和一个变量依赖于另外一个变量的图。但是也有可能你想描述一个定距型变量依赖于两个定类型变量的分布。你可以再次用 tapply 获得自变量的不同水平组合的平均数,必须以清单的方式具体指定这两个自变量。下列两个例子展示了如何使用两种不同的方式获得同样的平均数,因此你可以看到哪些变量在行里而哪些在列里:

```
> tapply (LENGTH, list (SEX, FILLER), mean)¶
            Silence         uh          uhm
female      942.3333        940.5652    902.8588
male        891.6894        904.9785    909.2788
> tapply (LENGTH, list (FILLER, SEX), mean)¶
            female          male
silence     942.3333        891.6894
uh          940.5652        904.9785
uhm         902.8588        909.2788
```

这样的结果最好用表格形式显示,不仅如图 32 那样显示上述交互作用的平均数,而且也显示单个变量的平均数。请看表 17 及其标题例举的相关 R 句法的公式。

表 17 LENGTH ~ FILLER * SEX 的平均数

	SEX:FEMALE	SEX:MALE	Total
FILLER:*SILENCE*	942.33	891.69	917.77
FILLER:*UH*	940.57	904.98	919.52
FILLER:*UHM*	902.86	909.28	905.3
TOTAL	928.4	901.58	915.04

变量间的加号指的是只添加变量的主效应，即单独变量的效果，诸如只在总数中的最底行考察 SEX 的两个平均数，或在总数中最右边一列考察 FILLER 的三个平均数时。变量间的冒号仅指变量的交互作用，即变量组合的效果作为考察表格主体中的六个平均数时，在表格里，SEX 和 FILLER 结合起来了。最后，变量间的星号指的是两个主效应和交互作用，在此指的是所有的 12 个平均数。有两个变量 A 和 B，A * B 与 A + B + A:B 一样。

现在来看结果。用图形方式显示通常更容易理解。可以手动创建和设置一个交互作用图，显而易见，也可以使用函数 interaction. plot。也许正如你所愿，这个函数至少需要三个参数：

——x. factor：在 x 轴上显示其值/水平的向量/因子；

——trace. factor：第二个参数是值/水平用不同的线条表示的向量/因子；

——response：第三个参数是所有变量水平组合的平均数都用线在 y 轴上表示的向量。

那意味着，你可以从两个格式中选择一个，这取决于哪个自变量在 x 轴上显示而哪个又用不同的线条表示。尽管所表示出来的平均数很明显是相同的，我还是建议你无论如何都一直创建和考察两个图，因为这两个图中的一个通常更容易解释。在图 34 中发现上述值的两个图，我个人更喜欢下半面版的那个。

```
> interaction. plot(FILLER,SEX,LENGTH);grid()¶
> interaction. plot(SEX,FILLER,LENGTH);grid()¶
```

显然，uhm 与 uh 和沉默表现不同：女士 uh 和沉默的平均长度比男士的要长，但女士 uhm 的平均长度要比男士的短。但现在还有个重要的问题：为什么现在的研究中不应该只报告你用 tapply 计算出来的平均数以及在图 34 中的图形？

THINK
BREAK

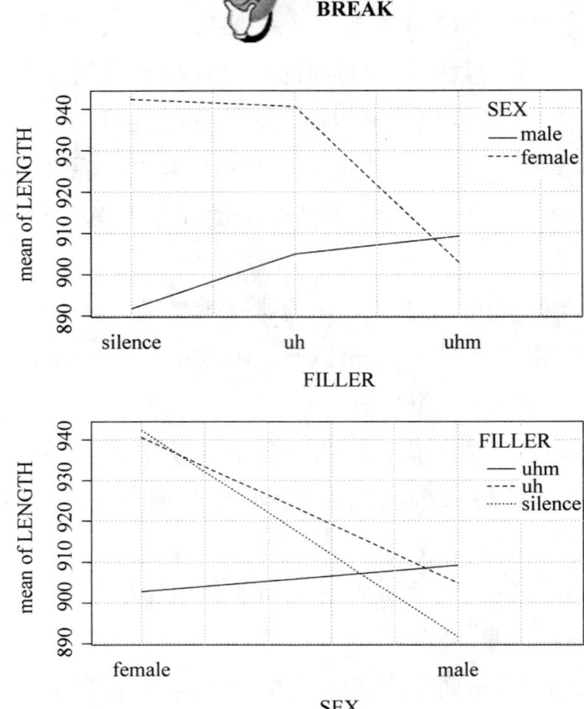

图 34 LENGTH ~ FILLER:SEX 的交互作用图

首先,你不应该这样只报告这种类型的平均数,是因为我说过永远也不要在没有离散性量度的情况下报告平均数。因此,想要显示平均数,必须得添加如标准差、标准误、置信区间等:

```
> tapply(LENGTH,list(SEX,FILLER),sd)¶
         silence      uh          uhm
female   361.9081     397.4948    378.8790
male     370.6995     397.1380    382.3137
```

如何获得标准误和置信区间呢?

```
> se <- tapply(LENGTH,list(SEX,FILLER),sd)/
  sqrt(tapply(LENGTH,list(SEX,FILLER),length));se ¶
          silence      uh          uhm
female    27.67581     31.32698    29.05869
male      29.21522     26.01738    37.48895
> t.value <- qt(0.025,df=999,lower.tail=FALSE);t.value ¶
[1] 1.962341
> tapply(LENGTH,list(SEX,FILLER),mean) - (t.value * se)¶
         Silence     uh          uhm
female   888.0240    879.0910    845.8357
male     834.3592    853.9236    835.7127
> tapply(LENGTH,list(SEX,FILLER),mean) + (t.value * se)¶
         silence     uh          uhm
female   996.6427    1002.0394   959.882
male     949.0197    956.0335    982.845
```

这个结果立刻再次表明了离散性量度是很重要的：标准差很大而加/减一个标准误的平均数会重叠，这就像置信区间所显示的，表明差异不是很大。可以用 boxplot 显示这个，它允许包含不只一个自变量的公式，boxplot(LENGTH ~ SEX * FILLER, notch = TRUE) ¶，用分号表示交互作用。

第二，这些图不能照搬，至少不能没有批判性地使用，因为 R 已经选择 y 轴上的范围，这样它就尽可能小但也包含所有必要的数据点。然而，y 轴上的这个小范围已经形象地扩大了图 34 中的差异，要把这些更现实地表现出来，也许要么包含 y = 0 这个值，就像下面四行中的第一对一样；要么选择 y 轴的范围，这样 LENGTH 的所有范畴也就包括进去了，就像下面四行中的第二对一样：

```
> interaction.plot(SEX,FILLER,LENGTH,ylim = c(0,1000))¶
> interaction.plot(FILLER,SEX,LENGTH,ylim = c(0,1000))¶
> interaction.plot(SEX,FILLER,LENGTH,ylim = range(LENGTH))¶
> interaction.plot(FILLER,SEX,LENGTH,ylim = range(LENGTH))¶
```

2.3 相关系数和线性回归

这一章的最后部分主要讨论因变量和自变量都是定距型变量的情况。这里,我们转到一个新的数据集。首先,我们要清除目前使用的所有数据结构:

```
> rm(list = ls(all = TRUE))¶
```

我们先考察数据,以确定二语学习者在词汇判断任务中以毫秒计算的反应时与刺激词的长度之间是否有关系。看下面两个变量:

——一个定距型因变量:以毫秒计算的反应时 MS_LEARNER,它与下列我们所感兴趣的因变量之间的关系;

——一个定距型自变量:刺激词汇以字母表示的长度 LENGTH。

这类相关性通常用一个所谓的相关系数 r 量化。这个系数以及很多其他的系数,被定义为位于 -1 和 +1 之间的范围。表 18 解释了这些值的意义:相关系数的符号反应相关性的方向,这个绝对大小反应相关性的强度。当相关系数是 0 时,讨论中的两个变量之间没有相关性,这就是为什么 H_0 认为 $r = 0$,而双侧的 H_1 认为 $r \neq 0$ 的原因了。

表 18 相关系数大小及其解释

相关系数	相关性标记	相关性类型
$0.7 < r \leq 1$	很高	正相关: ……越多/越高,……越多/越高 ……越少/越低,……越少/越低
$0.5 < r \leq 0.7$	高	
$0.2 < r \leq 0.5$	中等	
$0 < r \leq 0.2$	低	
$r \approx 0$	没有统计的相关性(H_0)	
$0 > r \geq -0.2$	低	负相关: ……越多/越高,……越少/越低 ……越少/越低,……越多/越高
$-0.2 > r \geq -0.5$	中等	
$-0.5 > r \geq -0.7$	高	
$-0.7 > r \geq -1$	很高	

可以使用到目前为止我们熟悉的代码来加载这个数据并画图:

```
> ReactTime <- read.delim(file.choose())¶
> str(ReactTime);attach(ReactTime)¶
'data.frame':20 obs. of 3 variables:
 $ CASE:   int  1  2  3  4  5  6  7  8  9  10 ...
 $ LENGTH:int  14  12  11  12  5  9  8  11  9  11 ...
 $ MS_LEARNER:int 233 213 221 206 123 176 195 207 172 ...
> plot(MS_LEARNER ~ LENGTH,xlim = c(0,15),ylim = c(0,300),
xlab = "Word length in letters",ylab = "Reaction time of
learners in ms");grid()¶
```

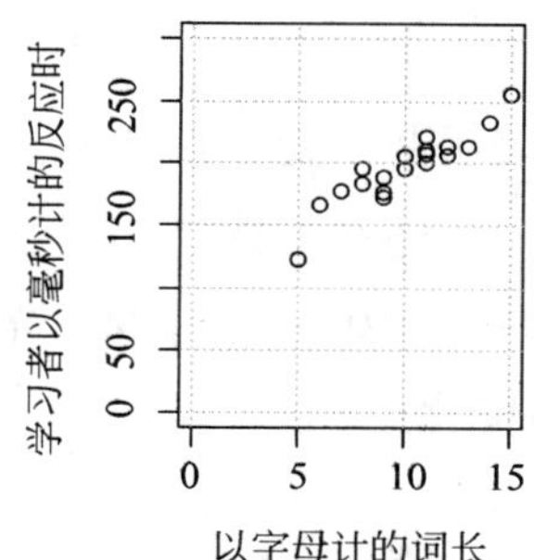

图35 MS_LEARNER ~ LENGTH 的散点图①

THINK BREAK

那是什么类型的相关性,是正相关还是负相关?

这是一个正相关,因为我们可以用"……越多,……越多"这个表达对其进行描述:词长越长,反应的时间越长:从左边(短词)到右边(长词)时,反应的时间变得越来越长。但是我们也想要量化这个相关性并计算 Pearson 的积差关联系数 r。

首先,用手动的方法:从用(23)中的公式计算两个变量的协方差开始。

$$(23)\ Covariance_{x,y} = \frac{\sum_{i=1}^{n}(x_i - \bar{x}) \cdot (y_i - \bar{y})}{n-1}$$

① 查代码文件看看如何处理重叠的点。

正如看到的,这个协方差涉及计算每个变量值与变量平均数的差异。例如,当向量 x 和向量 y 的第 i 个值都大于 x 和 y 的平均数时,那么第 i 个值将为这个协方差提供一个正值。我们在 R 里可以手动或者用函数 cov 计算这个协方差,这个函数需要两个相关的向量:

```
> covariance <- sum((LENGTH - mean(LENGTH)) * (MS_LEARNERmean
  (MS_LEARNER)))/(length(MS_LEARNER) - 1)¶
> covariance <- cov(LENGTH,MS_LEARNER);covariance ¶
[1] 79.28947
```

协方差的符号也已经表明两个变量在这里是负相关。然而,我们不能使用这个协方差去量化向量间的相关性,因为其大小取决于两个向量的规模:如果用两个向量都分别乘以 10,协方差变成先前大小的 100 倍,虽然类似这样的相关性,但还没有变化:

```
> cov(MS_LEARNER * 10,LENGTH * 10)¶
  [1] 7928.947
```

因此,我们用两个向量标准差的结果来除这个协方差得到 r。这是一个非常高的正相关,r 与理论上的最高值 1 很接近。在 R 里,我们可以用函数 cor 更高效地完成这些操作。它前面的两个参数是讨论中的两个向量,而第三个参数具体指定了想要的相关类型:

```
> covariance/(sd(LENGTH) * sd(MS_LEARNER))¶
  [1] 0.9337171
> cor(MS_LEARNER,LENGTH,method = "pearson")¶
  [1] 0.9337171
```

但可以进一步研究这个相关性。我们可以试着在自变量的基础上预测因变量的值,这个办法叫线*性回归*。最简单的形式就是尝试以一种能最佳代表散点图的方式画一条直线。这次,*最佳*被定义为“最小化观察 y 轴值的平方垂直距离和由回归线反映的预期 y 轴值的总和”,这里的 y 轴值指的是反应时。也就是说,回归线是通过散点密图、以相当直接的方式获取的,因为那时这些偏差是最小的。这由包含两个参数、一个截距 a 和斜率 b 的回归方程界定。在此我不讨论相关的公式,而是要解释如何用 R 获得这些值。使用已知的公式符号,用函数 lm 来定义和检查一个所谓的线性模型:

```
> model <- lm(MS_LEARNER ~ LENGTH);model ¶
  Call:
lm(formula = MS_LEARNER ~ LENGTH)
Coefficients:
     (Intercept)          LENGTH
        93.61          10.30
```

也就是说,截距即回归线的 y 轴值在 x = 0 时是 93.61,而这个回归线的斜率是 10.3,这意味着对于一个词的每个字母来说,预计的反应时增加 10.3 毫秒。例如,我们的数据不包括有 16 个字母的词,但因为变量之间的相关性很强,我们可以获得能很好地预测这些词可能导致的反应时间:

预计的反应时间 = 截距 + b * 长度

258.41 ≈ 93.61 + 10.3 * 16

```
> 93.61 + 10.3 * 16 ¶
[1] 258.41
```

这个对反应时间的预测当然过于简单,因为它忽略了很多影响反应时间的其他因素,但在目前的线性模型里,就是这样计算的。或者,可以使用函数 predict,其第一个参数是这个线性模型,第二个参数可以是一个称为 newdata 的数据框,包括你要预测的自变量的值列。除了由于我只用两个小数点的差异外,你会获得一样的结果:

```
> predict(model, newdata = expand.grid(LENGTH = 16))¶
  [1] 258.4850
```

使用 expand.grid 分析只有一个长度数据框的杀伤力(overkill)太大了,

我在这里使用它,是因为它能抢先使用我们函数 predict 和 expand. grid,接下来我们实际上可以一次获得大量值的预测,命令和结果如下显示:

```
> predict(model,newdata = expand.grid(LENGTH = 1:16))¶
```

如果只想使用这个模型作为 predict 的参数,可以得到这个模型以数据点的顺序、在数据中为每个所观察的词长预测的值,与 fitted 一样。

```
> round(predict(model),2)¶
     1       2       3       4       5       6       7       8
237.88  217.27  206.96  217.27  145.14  186.35  176.05  206.96
     9      10      11      12      13      14      15      16
186.35  206.96  196.66  165.75  248.18  227.57  248.18  186.35
    17      18      19      20
196.66  155.44  176.05  206.96
```

LENGTH 的第一个值是 14,所以上文所讲的值是我们对有 14 个字母长度的词期待的反应时间,等等。因为你现在已经有了所需参数,也可以画那条回归线。你用函数 abline 来操作。这个函数获取一个线性模型目标作为参数或截距和斜率(参照图 36):

```
> plot(MS_LEARNER ~ LENGTH,xlim = c(0,15),ylim = c(0,300),
  xlab = "Word length in letters",ylab = "Reaction time of
  learners in ms");grid()¶
> abline(model) # abline(93.61,10.3)¶
```

相关系数这么高的原因是显而易见的:这条回归线是所有数据点的最好汇总,因为所有的点都与其相当接近。下面这个方式可以使这个图信息量更大。我们甚至很容易就能检查每个预测值与其实际观察值有多大差距。

这个差异即所观察 y 轴值/反应时间和在回归线上与 x 轴值对应的 y 轴值之间的差异,被称为残差,而函数 residuals 只要求这个线性模型作为其参数。

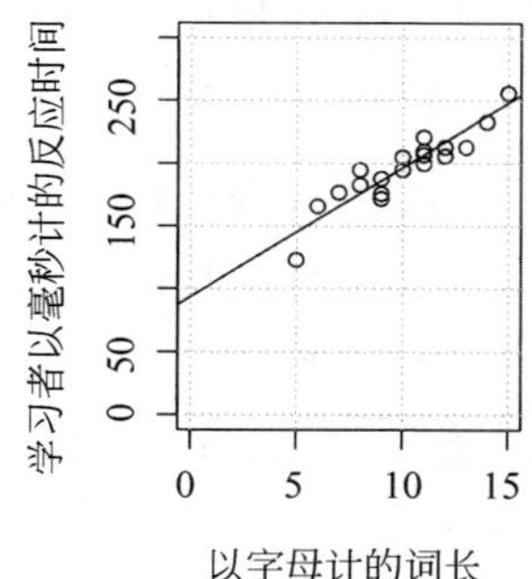

图 36　MS_LEARNER ~ LENGTH 的回归线散点图

```
> round(residuals(model),2)¶
     1        2       3        4        5        6       7       8
 -4.88    -4.27   14.04   -11.27   -22.14   -10.35   18.95    0.04
     9       10      11       12       13       14      15      16
-14.35    -6.96    8.34    11.25     7.82   -14.57    7.82    1.65
    17       18      19       20
 -1.66    10.56    6.95     3.04
```

可以很容易用手动的方式检验这些确实是残差:

```
> round(MS_LEARNER - (predict(model) + residuals(model)),2)¶
1 2 3 4 5 6 7 8 9 10 11 12 13 14 15 16 17 18 19 20
0 0 0 0 0 0 0 0 0  0  0  0  0  0  0  0  0  0  0  0
```

然而,也要注意重要的两点:首先,回归方程和回归线对所观察值包含的值域是最有用的。在这里,回归方程是在 5 和 15 个字母之间长度基础上计算的,这就意味着它有可能完全不适用于超过 50 个字母的长度。其二,在这种情况下,回归方程也进行一些相当无意义的预测,因为从理论上/数学上说预测对低于 9 个字母的词长所需要的反应时接近于 0。这样的考虑在后面部分将比较重要。

可以用相关系数 r 具体指定一个变量的变异在多大程度上能被另外一个变量解释。这是什么意思呢?在我们的例子中,MS_LEARNER 和 LENGTH 两个变量的值不完全一样:它们在接近各自的平均数有偏差,而这个偏差被称为离散性偏差并用标准差量化。如果你给 r 乘方并将结果乘以 100,那会获得一个由别的变量解释的变量的偏差总数。r=0.933 在这个例子中意味着反应时离散性的 87.18% 可以在词长的基础上得到解释,但这只是在统计意义上的,而不一定是因果关系意义上的。r^2 这个值被当作决定系数。

顺便说一下,有时我听学生或同事比较 r 值时,常这样说,“哦,这里 r=0.6,很好了,因为这是 r=0.3 数据集的两倍。”这些表述从数值上来说,就算没有更糟糕也至少是误导的。说 0.6 的 r-值是 0.3 的 r-值的两倍是不正确的,因为不能这样直接比较 r-值,应该先应用所谓的 FisherZ 转换,举例说明如下:

```
> r<-0.3;0.5*log((1+r)/(1-r))¶
  [1] 0.3095196
> r<-0.6;0.5*log((1+r)/(1-r))¶
  [1] 0.6931472
> 0.6931472/0.3095196
  [1] 2.239429
```

因此,0.6 的 r-值是 0.3 的 r-值的两倍,前者反映的相关强度实际上接近后者的 $2^1/_4$ 倍,那么编写一个帮助你从 r 计算 Z 的函数 fisher.z 如何呢?

积差相关 r 也许是最常用的,但也有些不能使用这种相关系数的场合。首先,当相关变量不是定距型变量而是定序型变量时,或者当它们所指分数不都服从正态分布时,如下文的 4.4 所述,使用另外一个相关系数 Kendall tauτ 会更好。这个相关系数只是基于变量值的水平,因此对于定序型变量更合适。其二,当变量中有明显的离群值时,你也应该使用 Kendall tauτ,因为作为一个只基于定序型变量的测量,它就像中位数一样,对离群值没那么敏感。参照图 37,在右上角中显示了包含一个显著离群值的散点图。如果不能证明不包括这个数据点,它会极大地影响 r,但不会影响 τ。Pearson r 和 Kendall tauτ 对于所

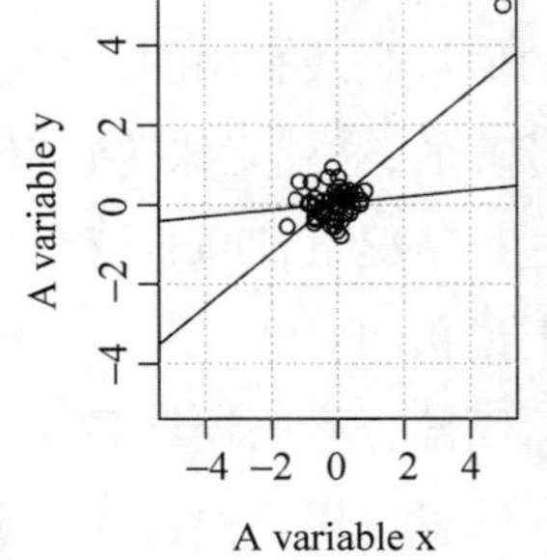

图 37 离群值对 r 的影响

有数据点都是一样的，但这个离群值分别是0.11和0.1，而小斜率的回归线表示两个变量之间没有清晰的相关性。如果我们把离群值包含在内，Pearson r突然变成0.75，这时斜率的回归线也有很大变化，而Kendall tauτ还保持恰当的小的值：0.14。

那Kendall tauτ是如何计算呢？这个τ的计算相当复杂，尤其是样本和连接点比较大时，这也是我只解释用R计算它的原因。这里使用的函数实际上就是计算Pearson的r所用的cor，但参数method =...要改变。对于我们的实验数据，我们又可以获得一个高度相关，这个结果比r稍微小一点儿。注意，相关是双向的，因为向量的顺序影响不是很大，但线性回归不是双向的，因为有一个因变量和自变量且波浪符前后的东西才是有影响的，这是可以预测出来的。

```
> cor(LENGTH,MS_LEARNER,method = "kendall")¶
  [1] 0.8189904
```

先前的解释都是基于两个变量之间实际上存在线性相关并且最好用直线描述的假设。但这并不需要，还有认为这些假设都不成立情况下的第三个方案，其中不论是r还是τ都不是特别有用。通常看一下数据就可以看出来了。图38显示了取自Anscombe（1973）很著名的例子，从<_inputfiles/03-2-3_anscombe.csv>获得，这个例子有趣的特点都是一样的，虽然它们的分布明显不同：

——x变量的平均数和方差；

——y变量的平均数和方差；

——x和y的相关性和线性回归线。

在图38的左上角，使用r和τ都没有问题。而在右上角，我们发现x和y以曲线的方式相关，在此使用线性相关意义不大①。在两个下半面板里，可以看到单个离群值对r和回归线有很大影响的分布情况。因为所有汇总统

① 我不讨论非线性回归；参照Crawley（2007：Ch. 18，20）了解其概况。

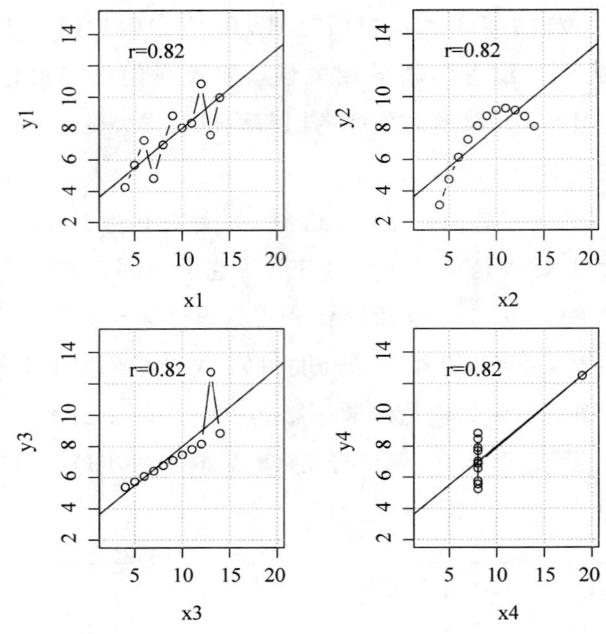

图 38 线性相关的敏感性:Anscombe 数据

计量都是一样的,这个例子很漂亮地解释了对数据的目视检验有多重要,实际上是不可或缺的,这就是为什么接下来的几章视觉探索几乎总是比统计计算优先的原因了。

现在,该做第 3 章的练习了……

警告/建议

不要让 R 的大多数图形函数、设置和/或电子表格软件诱使你去生成过度视觉化的图。只是因为你能用 6 种不同的字体、10 种颜色和可爱的微笑符号并不意味着你应该:视觉化会帮助你和/或读者理解一些会很难掌握的东西,这也意味着你应该确保你的图形相当自足,即包含所有理解它们要求的信息,例如,有意义的图和轴标、图例等。一个图也许需要一个解释,但如果解释是一页的 3/4,很有可能你的图并没有什么帮助,这点可参照 Keen(2010)的第一章。

进一步学习的建议

——用直方图或箱形图生成更多精练散点图的 ade4 库中的函数 s. hist 和 car 库中的 scatterplot

——了解更多创建好图的建议，参照 Good and Hardin (2012:Ch. 8), Crawley (2007:Ch. 5,27),Braun and Murdoch (2008:Section 3.2), 和 Keen (2010)；也可以参照 < http://cran. r-project. org/src/contrib/views/Graphics. html >

第 4 章　推断性统计

多数情况下，生活中最重要的问题确实只是概率的问题。

Pierre-Simon Laplace（选自 <http://www-rohan.sdsu.edu/%7Emalouf/>）

第 1 章关于实证研究阶段的描述跳过了一个很重要的步骤：如何决定使用哪个显著性检验(1.3.4)。现在将比较详细地讨论这个步骤，同时也讨论对数据该如何进行不同的显著性检验。说得更具体一些，这一章将解释如何把第 3 章中讨论过的描述统计应用于假设——检验领域。例如，3.1 解释了如何计算一个如平均数的特定样本集中趋势或者如标准差的离散趋势的量度。本章将讨论如何检验这样的平均数或标准差是否与一个已知的平均数或标准差具有显著差异，也检验是否与第二个样本的平均数或标准差具有显著差异。

首先，如何决定这么多检验中哪个是你的假设和数据需要的？试着缩小确实令人困惑的检验数组的方法之一就是问自己 6 个问题，这将在(24)到(29)列出来，这也是现在马上要讨论的 6 个问题，而这些问题的答案通常能把你指向只有一个或两个可以应用于自己数据的检验。稍后，我也将为这个过程提供视觉教具。

我们开始讨论这 6 个问题。第一个问题如(24)所示：

(24) 你在进行一项什么类型的研究？

通常，这个问题只有两个可能答案："假设——生成"和"假设——检验。"前者指的是正在着手处理的数据，通常这个数据比较大，目的是检验结构并为将来研究提出假设；对数据的处理方法是由数据决定的，或者是自下而上的；5.6 将会讨论这个方法的一个例子。而后者是这本书的大部分例子所涉及的，这意味着处理数据的方式包含你想检验的具体假设，也是这一章和下一章讨论的大部分检验类型。

(25) 你的假设涉及的变量类型是什么？数量有多少？

主要有两类答案。一个与变量的信息值有关,我们在上面1.3.2.2已经详细讨论过了。另外一个允许四个不同的可能答案。首先,也许只有一个因变量,在这种情况下,你通常希望计算一个所谓的拟合度检验,以检验从数据中获得的结果与先前的研究获得的其他结果是否匹配或与已知的如正态分布这样的分布是否匹配。请参照下面的例子:

——数据1中He is no stranger中的*no*否定及He is not a stranger中的*not*否定两种类型概率的比率是否一样。

——从一个句子获得的平均可接受性判断与先前研究的内容是否匹配。

第二,也许有一个因变量和一个自变量,也许只有两个测量集合,即两个因变量。在这两种情况下,通常需要计算一个单因子检验的独立性,以确定任一个变量/自变量的值与另外一个变量/因变量的值是否相关。例如:

——作为定类型因变量的直接宾语所指的生命性是否与作为定类型因变量的动词后两个结构顺序的选择相关。

——平均可接受性判断即定距型因变量的平均数的变化是否会受作为定类型自变量的被试是否是母语者的影响。

第三,在拥有一个因变量和两个或更多自变量的情况下,你也许想计算因素分析,例如多元回归,以确定单个自变量和它们的相互作用是否与这个因变量相关,或者是否能预测这个因变量。例如:

——否定类型的频率(带有NO vs. NOT两个水平的定类型因变量;参照上文)是否取决于交流的方式(带有SPOKEN vs. WRITTEN的两个水平的二元自变量)、否定的动词类型(带有COPULA HAVE或LEXICAL水平的定类型自变量)和/或这些自变量之间的交互作用。

——在词汇测试任务中,对一个词w的反应时即定距型因变量是否取决于 w 的词类(定类型自变量),参照语料库中 w 的频率即定距型自变量,被试是否看到一个词在语义上与先前尝试的 w 相关即二元自变量,被试是否看到一个词在语音上与先前尝试的 w 相关即二元自变量和/或这些自变量间的交互作用。

第四,在拥有两个或多个因变量的情况下,想进行多变量分析是可以解释的。这种多变量分析包含层次聚类分析法、主成分分析法、因子分析法、多维标度法、假设检验(MANOVA)等。举个例子,如果从语料库数据中提取十个词,所有实词出现的频率与它们接近,可以进行聚类分析来看这些词中哪些词相互间更像或更不像,哪些又与语义相似度有关。

(26) 数据中数据点是否相关,若相关,你可以把它们有意义、有条理地联结起来。

这个问题与你的样本是否独立有关,这把我们带回 1.3.4.1 所讨论的独立概念的问题上去。例如,如果不能把男性被试的分数与女性被试的分数进行有意义且有条理性的关联,那么在一项语法测试中十位男性和十位女性非母语者所犯的错误的两个样本是相互独立的。如果只是随机抽取十位男士和十位女士并让他们参加同一个测试,就不能认为这两个样本是非独立的。

下面两种方式下的样本是非独立的。一是如果在处理之前和处理之后对被试的检验多于一次。在这种情况下,可以把样本处理前的每个分数与样本处理后的每个分数进行有意义的关联,也就是说把每个被试的两个分数关联起来。这样的样本是非独立的,因为,如果某位被试非常聪明且擅长所测的语言,那么这些特点将使他的结果比两次检验的平均数好,尤其是与一个不够聪明、对该语言也没那么熟练且在两次测试中表现不好的被试相比时。考虑到样本是非独立的,这个方式将使处理前-vs-处理后的检验更准确。

第二种使样本非独立的方式也可以通过上面十位男士和十位女士的例子解释。如果十位男士是十位女士的丈夫,那么可以考虑样本是非独立的。因为配偶与随机抽取的人群相比通常更相似:他们通常有类似的 IQ,类似的职业，与随机抽取的人群相比他们待在一起的时间更多，等等。因此，应该把每位丈夫与每位妻子相关联，构成两个非独立样本。

数据点的独立通常是非常重要的标准：许多检验都假设数据点是独立的，而对于很多检验，你必须根据所拥有的样本类型来选择检验类型。

（27）在统计假设中因变量的统计量是什么？

本质上这个问题有五个不同的答案，上文的1.3.2.3也已经提及了。因变量也许包含频率/计数、集中趋势、离散趋势、相关性和分布。

（28）数据的分数或检验统计量看起来怎样？正常情况下，最终可以用一个概率函数描述的某种其他方式或者一种可以被转换而看起来像概率函数的方式或其他别的方式。

（29）搜集到的样本有多大？$n<30$ 还是 $n\geqslant 30$？

这些问题与1.3.4相关，我在那部分还解释了两个内容：首先，如果数据/检验统计遵循一个特定的概率分布，通常可以使用计算起来更简单的参数检验，而如果数据/检验统计不是这样的，那么通常必须使用非参数检验。其次，有了足够大的样本，甚至从一个明显不是正态分布中获得的数据也可以开始看起来是正态的，这样就促使你去使用参数检验。然而，我们做两种类型的检验即使不是最好的也是非常小心或者说是比较保守的。

让我们用一个图形（<sflwr_navigator.png>）使过程更加形象化，你应该已经从随附的网页上下载了这个图形。我们用上文场景中的例子来说明这个图：假设平均接受度判断随着提供判断的被试是母语者或非母语者而变化，前者是定序因变量的平均数，而后者是定类型自变量。

可以从包含*方法*的红色圆形盒子开始。那么上文的场景是一个假设——检验场景，因此开始进入*统计量*。因为上文的场景涉及平均数，所以进入包含*平均数*的蓝色圆形盒子。这样一来，这个假设涉及一个因变量和一个自变量，所以通过1 DV 1 IV进入后边的那个带有检验*独立/差异*的透明盒子。通过包含*平均数*的蓝色盒子到达这个透明的盒子，然后继续进入另外一个包含*信息值*的蓝色盒子。现在作两个决定：首先，这个因变量本质上是定序的。其次,样本是独立的。这样,把箭头拿下来放到左下角,指向一个包含 U 检验的蓝色盒子。这样一来,对上面问题的典型检验将是这个 U 检验,这会在下文讨论,而那个检验的 R 函数也已经出现:wilcox. test。

现在,指向那个盒子的虚线箭头指的是什么意思呢?它指的是如果因变量是定区间/比例标度型的,但违反了 t 检验的其他假设,你也将做一个 U 检验。也就是说,虚线箭头为它们自己内部的首选检验提供了替代检验。

很显然,这是一个简单化的图,没有包含想要知道的每件事情,但我想我能帮助初学者做首选检验,所以我建议你继续使用这本书,你可以为每个部分挑选合适的检验方法并在图形的基础上加以验证。

开始之前,请注意,应该总是按自己的要求用有意义的字符串在自己的数据中对定类型变量进行编码,这样,从文件中读取数据时,R 就能把它们当作因子。我想你已经从随附的网页上下载了数据文件。

进一步学习的建议

Good and Hardin (2012:Ch. 6)关于选择检验统计量

1. 分布与频率

我将在这部分解释如何检验从一个样本所获得的分布和频率与一个已知的分布或另外一个样本是否有显著差异,请分别参照 4.1.1 和 4.1.2。在这两个部分中,我们都是从定距型变量开始的。

1.1 分布拟合

1.1.1 一个定距型因变量

这部分将讨论如何比较一个定距型因变量的分布与一个已知变量的分布,判断二者是否有显著差异。我将主要关注频率最高的情况,即检验一个变量是否是正态分布的情况,如上文 1.3.4 中所述,很多统计技巧要求正态分布，所以你必须知道一些类似这样的检验。

我们将以俄语的时态与体的母语习得的情况为例。这里简化了一点，通常可以观察过去式与完成体以及非过去式与非完成体之间相当稳定的相关性。这样的相关性可以用 Cramer's V 值量化，参照 Stoll and Gries(2009)及下文的4.2.1。我们假设研究这个关联性，即 Cramer's V 值在一个小孩身上如何随着时间的推移而发生变化。我们进一步假设你对这个小孩做了17次录音，计算每次录音的 Cramer's V 值，现在要看这些值是否呈正态分布。这样的场景包括：

——一个叫作 TENSEASPECT 的定距型因变量，包含 Cramer's V 值；

——没有自变量，因为没有检验 TENSEASPECT 的分布是否受一些其他因素的影响或与其他因素相关。

你可以用几种方法检验正态性。我们将使用 Shapiro-Wilk 检验。请参考 <sflwr_navigator. png> 了解如何操作。除了定距型数据外，似乎不一定有任何假设，包含下列程序：

程序

——提出假设

——使数据可视化

——计算检验统计量 W 和 *ps*

像往常一样，我们从假设开始：

H_0：数据分布与正态分布没有区别；W = 1。

H_1：数据分布与正态分布有区别；$W \neq 1$。

首先，从 <_inputfiles/04-1-1-1_tense-aspect. csv> 加载数据并创建一个图；左半面板的代码显示如下，也可以用从代码文件中获得的代码创建图的右半面板。

```
> RussianTensAsp <- read. delim( file. choose( ) )¶
> attach( RussianTensAsp)¶
> hist( TENSE_ASPECT, xlim = c(0,1), main = "", xlab = "Tense-Apect correlation",
ylab = "Frequency") # left panel ¶
```

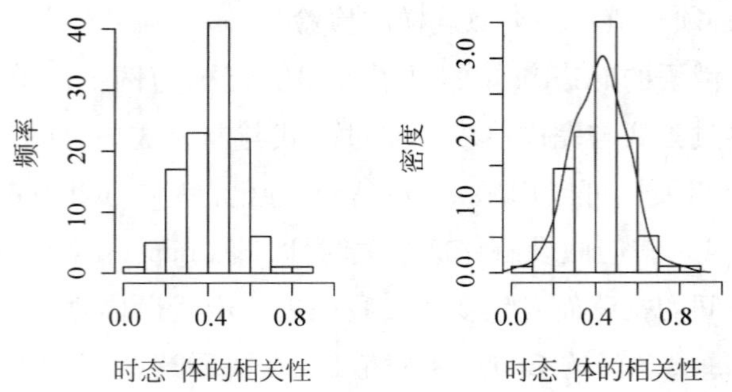

图 39　反应时态-体相关性的 Cramer's V 值直方图

乍一看,这个很像正态分布,不过,当然得做真实的检验。如果用半手动来计算,Shapiro-Wilk 检验相当麻烦,这就是为什么不会在此讨论它手动计算的原因,这与所有其他单因子检验不同。但这个计算在 R 里也并不会更简单。相关的函数是 shapiro. test,只需检验一个参数,一个接受检验的向量。

```
> shapiro. test(TENSE_ASPECT)¶
Shapiro-Wilk normality test
data:TENSE_ASPECT
W = 0.9942,p-value = 0.9132
```

这是什么意思?这个简单的结果告诉我们一个重要的道理:通常,想要获得一个显著的结果,即一个比 0.05 小的 p 值,因为这才允许你接受 H_1。然而,在此你也许实际上期望得到一个非显著的结果,因为正态分布的变量通常很容易处理。这个原因又一次成为证伪范式的潜在逻辑。当 $p<0.05$ 时,你拒绝 H_0 而接受 H_1。但在此你"想要"H_0 是正确的,因为 H_0 规定数据呈正态分布。获得一个 0.9132 的 p 值,这意味着不能拒绝 H_0,因此,考虑数据是正态分布的。你因此会在论文的结果部分对这个结果总结如下:"根据 Shapiro-Wilk 检验,这个小孩测量时——体相关性的 Cramer's V 值与正态分布没有显著性差异:$W=0.9942$;$p=0.9132$"。在小括号里或在冒号之后,你通常提及所有能有助于决定是否接受 H_1 的统计量。

除了 Shapiro-Wilk 的检验外，也可以使用 Kolmogorov-Smirnov 检验拟合度。这个检验要求函数 ks. test，这个比 Shapiro-Wilk 更灵活，因为它能够检验出比正态性更多的内容，也能应用于拥有超过 5000 个数据点的向量。检验 Cramer's V 值的正态性，把这些值作为第一个参数，然后为了正态性给你要检验的分布命名为"pnorm"，接着，为了定义正态分布的参数，得提供 Cramer's V 值的平均数和标准差：

```
> ks. test(TENSE_ASPECT,"pnorm",mean = mean(TENSE_ASPECT),
sd = sd(TENSE_ASPECT))¶
One-sample Kolmogorov-Smirnov test data:TENSE_ASPECT
D = 0.078,p-value = 0.4752
alternative hypothesis:two-sided
```

结果与上文一致：数据与正态性没有显著差异。你也得到警告，因为 ks. test 假定输入的所有值中没有两个值是一样的，但这里有些值，如 0.27、0.41 和其他值等出现过不只一次。下面是解决这个问题的应急策略。

进一步学习的建议

——除了上面的函数，还有 fBasics 库的函数 jarqueberaTest 和 dagoTest

——检验多变量常态性的 mvnormtest 库的函数 mshapiro. test

——为分位数—分位数图设计的函数 qqnorm 及其文件编制

——Crawley (2005:100f.), Crawley (2007:316f.), Sheskin (2011:Test 7)

1.1.2 一个定类型因变量

我们打算在这部分回到 1.3 的那个例子，即英语中小品词出现在不同的位置的现象。

(30) a. He picked up the book.（动词—小品词—直接宾语）

b. He picked the book up.（动词—直接宾语—小品词）

如你所知，通常两种结构都可以接受，而母语者通常也没有办法解释他们为什么喜欢其中的一个。因此人们期待两个结构出现的频率都一样，而这正是下一步要检验的。这个方案包括：

——一个定类型因变量，结构：*动词—小品词—宾语* vs. 结构：*动词—宾语—小品词*；

——没有自变量，因为没有调查结构的分布是否取决于别的因素。

这些问题通常用卡方检验进行研究，这是最重要和应用最广泛的检验之一。因为没有自变量，检验所观察到的和期望的分布之间的拟合度，这会让你想起3.1.5.2。这个检验就是卡方拟合度检验，包含以下步骤：

步骤

——提出假设

——计算描述统计和使数据形象化

——计算你将期待的特定 H_0 的频率

——测试检验的假设：

——所有观察相互之间都是独立的

——80%的预期频率≥5[①]

——所有预期频率都>1

——计算所有所观察频率对卡方的贡献

——计算检验统计量 χ^2，*df*，和 *p*

这里的第一步非常简单。如你所知，H_0 通常假定数据是随机/均匀分布的，这意味着两种结构发生的频率一样多，就像公平抛掷硬币很多次将获得大致等同的分布一样，因此：

H_0：结构的两个变量水平频率是一样的，如果发现样本中有差异，这个差异只是随机变异：*n*V Part DO = *n*V DO Part。

① 阈值为5是最常提及的事情之一。有不少研究显示卡方检验相当稳定即便这样的假设是不成立的。尤其，如这里的情况一样，当 H_0 假定预期的频率一样高时（参照 Zar 1999:470）。但为了让事情简单，我坚持最普通的保守阈值5，并请你去参考 Zar 研究中所引用的文献。如果数据违反了这个假设，那么像这里一样有两个组时，你必须计算一个二项分布检验或者有三个或更多组时，必须计算一个多项检验；参照进一步学习建议。

H_1:结构的两个变量水平频率是不一样的:$nV\ Part\ DO \neq nV\ DO\ Part$。

请注意这是一个双侧 H_1,没有提供这个差异的方向。接着,你将收集一些数据并计算这两个结构的发生频率,我会缩短这个步骤并使用 Peters (2001)中报告的频率。她的实验用主体描述图片并获得表 19 中所展示的结构频率。

表 19　所观察到的 Peters (2001)结构的频率

动词—小品词—直接宾语	动词—直接宾语—小品词
247	150

显然,人们更喜欢使用小品词紧跟在动词后的结构。乍一看,就这些数据而言,H_0似乎不可能是正确的。

这里有个重要的补充说明:看类似表 19 的内容,初学者通常说,哦,好的,我们定距型数据是 247 和 150。但这为什么是错误的呢?

THINK BREAK

因为表 19 给你显示的不是原始数据而是已经汇总的数据。没有定距型数据,这只是个定类型数据的定比汇总,因为 247 和 150 这两个数字汇总了结构这个定类型变量两个水平的频率,这也许可以通过用表格显示向量/因子获得。把两者区分开来的策略是,在概念上设想原始数据都像在 1.3.3 讨论的那样,按变量呈现案例。该案例在这种情况下是这样的:

表 20　表 19 中的数据(按变量呈现案例)

案例	结构
1	vpo
2	vpo
247	vpo
248	vop
	vop
397	vop

这个格式中结构变量显然是定类型的。因此,不要把定距型对定类型数据的汇总与定距型数据混在一起。

在评估的第一个步骤中,我们应该看一下数据图。第一个概率创建一个散点图。因此,首先输入两个频率,先输入频率数据,再输入频率数据绘图的名称,然后创建一个散点图或条形图,方法如下:

```
> VPCs <- c(247,150) # VPCs = "verb-particle constructions"¶
> names(VPCs) <- c("V-Part-DO","V-DO-Part")¶
> dotchart(VPCs,xlim = c(0,250))¶
> barplot(VPCs)¶
```

现在的问题是这个偏好是具有统计意义的,还是只是偶然产生的。根据以上的程序,现在必须计算 H_0 的频率。这时候很容易计算:因为总共有 247 + 150 = 397 个结构,应该有两个同等大小的群组构成,用 397 除以 2:

```
> VPCs.exp <- rep(sum(VPCs)/length(VPCs),length(VPCs))¶
> VPCs.exp ¶
[1] 198.5 198.5
```

现在必须检查是否能在此做卡方检验,但所观察的频率很显然大于 5。我们假定 Peter 的数据点实际上是独立的,因为我们将假定每个结构的使用者不同。我们因此也可以开始进行卡方检验,这个计算相当直接,在(31)中已经汇总了。

$$(31)\ \textbf{\textit{Pearson chi-squared}} = x^2 = \sum_{i=1}^{n} \frac{(\textit{observed} - \textit{expected})^2}{\textit{expected}}$$

也就是说,对于频率图的每个值,通过下列方式计算所谓对卡方检验有贡献的因素:(i)计算所观察和预期的频率之间的差异,(ii)把这个差异值乘方,(iii)又用预期的频率去除这个乘方后的值。这些对卡方贡献的因素总和就是统计的卡方检验。在此大约是 23.7。

$$(32)\ \textbf{\textit{Pearson}}x^2 = \frac{(247-198.5)^2}{198.5} + \frac{(150-198.5)^2}{198.5} \approx 23.7$$

```
> sum(((VPCs-VPCs.exp)^2)/VPCs.exp)¶
[1] 23.70025
```

显然，这个值随着所观察和期待频率之间的差异增大而增大，因为那时分子变大。那也意味着当所有观察的频率与所有预期的频率相对应时，卡方变成0：这时分子为0。因此，可以把我们的统计假设简化如下：

$H_0: \chi^2 = 0.$

$H_1: \chi^2 > 0.$

但是单凭卡方值本身并不能表明这些差异是否达到统计显著。怎么处理这个值呢？在电脑普及之前，卡方值通常用来检验结果在卡方表格中是否有意义。这样的表格在列中通常有三个标准显著水平，而在行中是不同数目的自由度（*df*）。这里，*df* 指的是类别的数量减1，即 $df = 2 - 1 = 1$，因为当我们有两个类别时，一个类别频率可以自由变化但另外一个是固定的，因此我们可以获得所观察元素的数量，在此是397。表21是三个这种显著水平的卡方表格，$df = 1 \sim 3$。

表21　$P_{双侧}$ = 0.05，0.01，和0.001而 $1 \le df \le 3$ 的临界 X^2 值

	p = 0.05	p = 0.01	p = 0.001
df = 1	3.841	6.635	10.828
df = 2	5.991	9.21	13.816
df = 3	7.815	11.345	16.266

实际上可以用函数qchisq算出这些值。此函数要求三个参数：

——*p*：你需要为其获得临界的卡方值的 *p* 值；

——*df*：你需要为其获得临界的卡方值的 *p* 值的df值；

——lower.tail = FALSE：指示R只用卡方分布曲线下面区域的参数，这个曲线在所观察的卡方值的右边/大于卡方值。

```
> qchisq(c(0.05,0.01,0.001),1,lower.tail=FALSE)¶
[1] 3.841459 6.634897 10.827566
```

更高级的用户在代码文件中找到生成表 21 中所有因子的代码。一旦你有这样的表格,通过确定其在自由度的观察数目上是否大于不用表格显示出来的卡方值,就可以检验观察到的卡方值。从最小的表格卡方值开始,把你观察到的卡方值与这个表格的卡方值进行比较,而只要观察值比表格值大,那你会继续这么做。在此,首先检查的是观察到的卡方值处于 5% 时是否显著,这很显然是显著的,因为 23.7 > 3.841。因此,可以检查其处于 1% 时是否仍然显著,这次也仍然是显著的,因为 23.7 > 10.827,因此可以拒绝 H_0。通常可以在结论部分这样报告结果:"根据卡方拟合度检验,两个动词—小品词结构的频率分布与预期的偏差非常大($\chi^2 = 23.7$; $df = 1$; $p_{\text{two-tailed}} < 0.001$):观察到小品词紧跟动词后结构的情况有 247 次,虽然预期只有 199 次,而小品词紧跟在直接宾语后的情况只有 150 次,虽然预期也是 199 次。"

如果处理更大和更复杂的数据,半手动的计算方式就变得非常麻烦,而且错误概率大,这就是我们将把这一切稍微简化的原因。首先,当然可以直接通过卡方值用 qchisq, viz. pchisq 的镜像功能直接计算 p 值,这要求有上述三个参数:

```
> pchisq(23.7,1,lower.tail = FALSE)¶
[1] 1.125825e-06
```

可见,我们一步步比较表 21 中获得的显著水平已经确认:p 确实比 0.001 小得多,即 0.00000125825。不过,还有一个更简单的方式:用函数 chisq.test 完成所有的检验。在当前的情况下,这个函数最多要求三个参数:

——x:包含观察频率的向量;

——p:带预期百分比的向量,注意不是频率!

——correct = TRUE 或 correct = FALSE:当样本大小 n 很小时($15 \leq n \leq 60$),有时建议一个所谓的连续校正(Yates 之后);correct = TRUE 默认设置[1]。

以下这种情况是比较容易操作的:你已经有一个包含观察频率的向量,样

---

① 想要获得更多的选择,请参照? chisq.test¶, formals(chisq.test)¶ or args(chisq.test)¶。

本的大小 n 比 60 大得多,而且预期的概率来自 H_0。因为 H_0 认为两个结构的出现频率是一样的,而因为只有两个结构,预期概率的向量只包含两次 1/2 = 0.5。因此:

```
> chisq. test( VPCs,p = c(0.5,0.5))¶
Chi-squared test for given probabilities
data:VPCs
X-squared = 23.7003,df = 1,p-value = 1.126e-06
```

你获得的结果与手动计算的结果一样,但这一次你也立刻得到一个 p 值。没有同时获得的是预期的频率,但这些也很容易获得。函数 chisq. test 计算的内容比返回的多。它返回了一个数据结构,一个所谓的清单,因此可以给这个清单命名然后检查它的内容,输出没有显示这个内容:

```
> test <- chisq. test( VPCs,p = c(0.5,0.5))¶
> str( test)¶
```

因此,如果要求预期的频率,只需用一个 $ 和想要的清单成分的名称检索它们,当然获得的是自己已知的结果。

```
> test $ expected¶
[1] 198.5 198.5
```

最后我要指出的是,上述方法计算的是双侧检验的 p 值。R 里有很多检验,可以确定想要的是单侧还是双侧检验。不过这不能用于卡方检验。如果你需要 $p_{单侧}=0.05$ 而 $df=1$ 的临界卡方值,那么必须计算 $p_{双侧}=0.1$,而 $df=1$ 的临界卡方值,可以用 qchisq (0.1,1,lower. tail = FALSE) ¶ 计算。因为你的先知起作用了,这样一个在预期方向不太极端的结果就足够了(参照 1.3.4 了解更多信息)。同时,这意味着需要卡方值的一个 $p_{单侧}$ 值时,只需要取同一个卡方值的 $p_{双侧}$ 值的一半。在这种情况下,如果 H_1 已经是方向性的,那这就是 p 值。但同样,只有在 $df=1$ 时才有效:

```
> pchisq(23.7,1,lower.tail=FALSE)/2 ¶
```

警告/建议

上文我警告过，获得结果之后永远不要改变自己假设，也不要接着把研究当作“新的”H_1的重要支撑。同样的逻辑不允许把自己的假设从一个双侧检验变成单侧检验，因为$p_{双侧}=0.08$不是想要的结果，这是显著的，而这里对应的是$p_{单侧}=0.04$，即显著的。那一定是受概念上的驱使才选择单侧假设。还有一个极其重要的警告：永远不要像上文一样在百分比的基础上计算卡方检验值，而应该总在“真实”观察的频率基础上。

进一步学习的建议

——计算二元检验的函数 binom.test or dbinom

——检验从预期的频率/百分比偏差的相关频率/百分比的函数 prop.test，参照3.1.5.2

1.2 差异/独立性检验

在4.1.1，我们研究了分布和频率的拟合度检验，现在转到差异/独立性检验。

1.2.1 一个定序/定距型因变量和一个独立样本称名型自变量

现在我们看一个例子：拿两个自变量样本和与它们有关的总体分布进行比较。比如想检验男士和女士在语篇中运用如 kind of 或 sort of 这样的模糊语的频率上是否相同。同样，我们在此只关注总体分布，而不只是平均数或偏差。我们当然也能那么做，但平均数非常相似而方差又可能不同，平均数差异检验也许不能揭示总体分布差异的情况。

我们假定已经录了60段实验合作者之间两分钟的对话，每段都是30个男士中的一位和30个女士中的一位，然后计算这个男被试和女被试所使用的*模糊语*的量。男士和女士在使用*模糊语*的频率分布上是否有差异，这个问题包括：

——一个定类型自变量，SEX：MALE 和 SEX：FEMALE；

——一个定距型因变量：*模糊语*使用的量：HEDGES（*模糊语*）。

两性之间在*模糊语*频率分布上是否有差异的问题用两个样本的 Kolmogorov-Smirnov 检验进行研究，在此又一次检查 <sflwr_navigator. png>：

步骤

——提出假设

——计算描述统计及使数据可视化

——测试检验假设：数据是连续性的

——计算两个样本的累积频率分布，两个分布的最大绝对差异 D 和 p

首先是假设：文本形式是直接的，而统计的版本是基于一个将在下文解释的 D 检验统计量。

H_0：因变量 HEDGES 的分布的变化不取决于自变量 SEX 的水平；D = 0。

H_1：因变量 HEDGES 的分布的变化取决于自变量 SEX 的水平；D > 0。

在做实际的检验之前，我们再次用图形对数据进行检查。首先从 <_inputfiles/04-1-2-1_hedges. csv> 中加载数据，检查数据结构，然后给这些变量命名，我通常不会在这里显示输出结果。

```
> Hedges <- read. delim(file. choose())¶
> str(Hedges)¶
> attach(Hedges)¶
```

如果对大体分布感兴趣，那么可以创建一个条形图。在这种类型的图形中，*模糊语*的频率按性别分开来画，但为了避免把相同的频率叠加到一起而再也不能区分，你也要用参数 method = "jitter" 给每个数据点添加一个小值，这降低了数据点叠加的机会，不过也可以尝试 method = "stack"。那么，在 x 轴上包含那个 x = 0 的意义点。最后,用函数 rug 在 x 轴上按间隔长度 =1 分格,也会有浮动的情况。结果如图 40 所示。

```
> stripchart(HEDGES ~ SEX,method = "jitter",xlim = c(0,25),
xlab = "Number of hedges",ylab = "Sex")¶
> rug(jitter(HEDGES),side = 1)¶
```

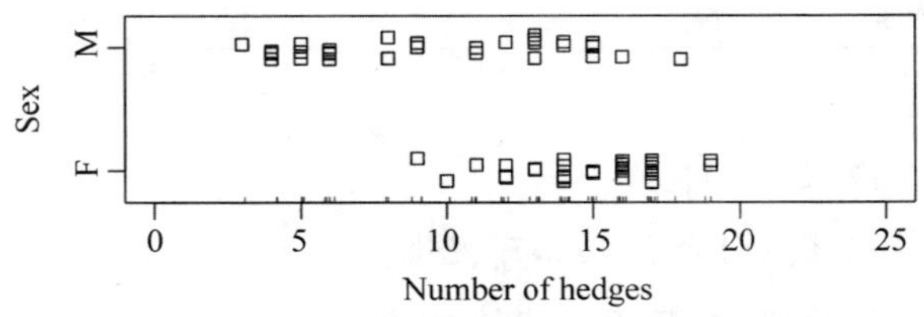

图 40 HEDGES ~ SEX 的条形图

数据的分布差异相当大程度上是立刻显而易见的:女士的值平均起来似乎比男士的稍高且分布更均匀。男士的数据似乎也能分为两类,这种怀疑也能得到图 41 中两个直方图的一些*表面证据*的支持。请注意所有轴的界限定义相同,这样更容易比较。

```
> par(mfrow = c(1,2))¶
> hist(HEDGES[SEX == "M"],xlim = c(0,25),ylim = c(0,10),ylab =
"Frequency",main = "")¶
> hist(HEDGES[SEX == "F"],xlim = c(0,25),ylim = c(0,10),ylab =
"Frequency",main = "")¶
> par(mfrow = c(1,1))¶
```

连续数据点的假设不是确切匹配的,因为频率是离散的,没有 3.3、3.4 等的频率,但 HEDGES 跨越好几个值域,因为我们实际上也可以让这个值浮动以避免连结。为了用 Kolmogorov-Smirnov 检验这些分布差异,这检验包含数据的实证累积分布,首先给数据排列水平:把 SEX 的值按自己需要对应 HEDGES 排列的顺序排列,然后也用同样的方式处理 HEDGES 本身:

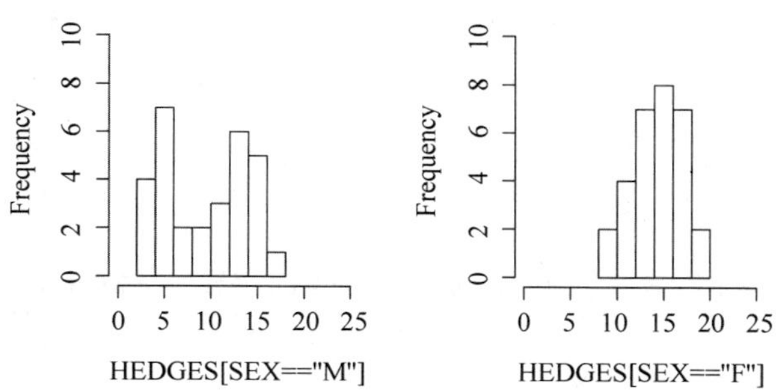

图 41　男士和女士模糊语数量的直方图

```
> SEX <- SEX[order(HEDGES)]¶
> HEDGES <- HEDGES[order(HEDGES)]¶
```

下一步有点儿复杂。现在必须计算*模糊语*两个累积分布的所有差异的最大值。完成这个计算需要三个步骤：首先，你用行中的*模糊语*数量和列中的性别数量创建一个频率表格。这个表格接着作为数据输入到 prop.table，构成一个列百分比表格，这样 margin =2。请参照3.2.1部分，输出结果在此也没有显示：

```
> dists <- prop.table(table(HEDGES,SEX),margin=2);dists¶
```

这个表格显示，男士所有*模糊语*数量的10%是4，但这些当然还不是累积百分比。因此第二步就要把这些百分比转换成累积百分比。可以用 cumsum 来转成两列的累积百分比，甚至还能计算同一行的差异：

```
> differences <- cumsum(dists[,1])-cumsum(dists[,2])¶
```

也就是说，从显示女士值的第一列的每个累积百分比中减去显示男士值的第二列对应的值。最后一步就是确定最大的绝对差异，也就是检验统计量 D：

```
> max(abs(differences))¶
[1] 0.4666667
```

这时也可以在一个表格中观察这个值进行 Kolmogorov-Smirnov 检验;要获得一个显著的结果,计算获得的值必须比图显示的值大。对于两个样本一样大的情况,表22显示双侧 Kolmogorov-Smirnov 检验的临界D值,可以从 Sheskin(2011:表A23)中计算。

表22 双样本的 Kolmogorov-Smirnov 检验的临界D值

	p=0.05	P=0.01
$n_1=n_2=29$	0.3571535	0.428059
$n_1=n_2=30$	0.3511505	0.4208642
$n_1=n_2=31$	0.3454403	0.4140204

D=0.4667 的值不仅是显著的(D>0.3511505),而且是非常显著(D>0.4208642)。因此可以拒绝 H_0 并汇总这个结果:"根据一个双样本 Kolmogorov-Smirnov 检验,在男士和女士的*模糊语*频率分布之间有明显的差异:女士似乎使用更多的*模糊语*,且比男士表现更均匀,男士使用更少的*模糊语*,而且数据似乎可以分为两组($D=0.4667$, $P_{双侧}<0.01$)。"

这个检验的逻辑并不是一直都清晰,但很值得探索。要达到这个目的,我们研究一张图的表征。以下这些行用黑色画出男士及用灰色画出女士的两个实证累积分布函数(ecdf),同时也画出在 x=9 这个点上的一条垂直线,在这里可以发现最大的差异(D=0.4667)。图42中显示让 Kolmogorov-Smirnov 检验做出反应的是不同的实证累积分布。

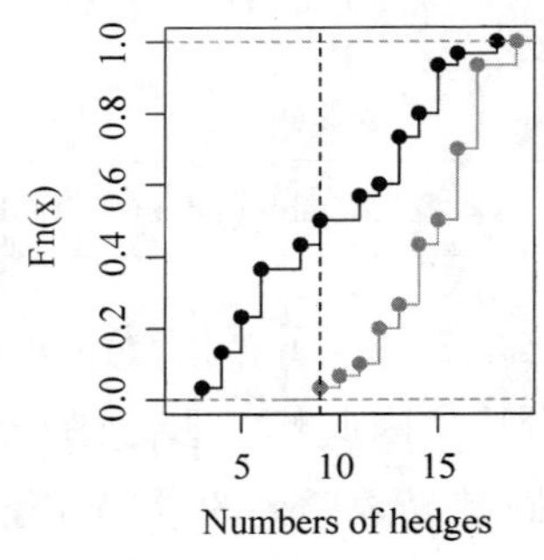

图42 男士(黑色)和女士(灰色)的模糊语数量的实证累积分布函数

```
> plot(ecdf(HEDGES[SEX == "M"]), do.points = TRUE, verticals = TRUE, main =
  "Hedges:men (black) vs. women (grey)",xlab = "Numbers of hedges")¶
> lines(ecdf(HEDGES[SEX == "F"]), do.points = TRUE, verticals = TRUE, col =
  "darkgrey")¶
> abline(v=9,lty=2)¶
```

例如,女士的值较高且更均匀这一事实在图的左半部分表现得尤为明显,这里定位了较低的*模糊语*频率且男士的值已经上升,而女士的值没有上升。超过40%男士的值可以在某一范围内定位,而在这个范围内根本没法获得女士的*模糊语*频率。结果,最大差异在 x =9 这个点产生。男士在这里的曲线已经大大升高而女士的曲线才刚刚开始升高。这也解释了为什么 H_0 假设的 D =0 的原因。如果两条曲线完全相等,那么他们之间就没有差异且 D 变成 0。

上述的解释把事情稍微简单化了。首先,不会总是有双侧检验和大小一样的样本。第二,等值即所谓的连结可以使这个检验及其他检验的计算复杂化。幸运的是,实际上不必担心这个,因为 R 的函数 ks. test 只用一行就能完成这个操作,而且只需要下列参数[①]:

——x 和 y:想要比较其分布的两个向量;

——双侧检验的(默认) alternative = "two-sided" 或 alternative = "greater" 或依赖于你想监测哪个 H_1 的单侧检验的 alternative = "less":参数 alternative = "..." 指的是第一个命名的向量,因此 alternative = "greater" 指的是第一个向量的累积分布函数在第二个的上面。

当你像我们一样做一个双侧检验 H_1 时,输入 R 的程序减少到下面的水平,而获得相同的 D 值和 *p* 值。我在此省略了关于连结的警告,但是同样可以用 jitter 来处理它,参照代码文件。

```
> ks. test(HEDGES[SEX == "M"],HEDGES[SEX == "F"])¶
Two-sample Kolmogorov-Smirnov test
data:HEDGES[SEX == "M"] and HEDGES[SEX == "F"]
D = 0.4667,p-value = 0.002908
alternative hypothesis:two-sided
```

① 不幸的是,函数 ks. test 不把一个公式当作输入参数。

进一步学习的建议

——除了文本中(plot(ecdf(...)))提及的函数,也可以用 plot. stepfun 创建这样的图

——Crawley(2005:100f), Crawley(2007:316f.), Baayen(2008:4. 2. 1 部分), SHeskin(2011:Test13)

1.2.2　一个称名型/定类型因变量和一个称名型/定类型独立样本自变量

在 4.1.1.2,我们讨论了如何检验一个定类型因变量的分布与另外一个已知分布的差异是否显著。也许更常见的情景是检验一个定类型变量的分布是否依赖于另一个定类型变量。

上文研究了两个动词—小品词结构的频率。我们发现的分布与 H_0 不相容。但我们更早些时候也看到还有很多与结构选择相关的变量。其中之一是直接宾语的所指是否是已知的信息,信息从先前的语篇中获得。具体地说,先前的研究发现指向所给参照物的宾语倾向于在小品词之前的位置,而指向新参照物的宾语更倾向于小品词之后的位置。我们将研究这个假设,为简单起见,把其作为一个双侧假设,这项研究包括:

——一个定类型因变量,即*动词—小品词—宾语* vs. *动词—宾语—小品词*;

——一个定类型自变量,即直接宾语所指的已知性,*已知性:已知的* vs. *已知性:未知的*;

——独立的样本,因为我们将在下面的数据中提出一个假设:任何特定的结构选择与任何其他的选择无关。这通常并不明显,而是太复杂了,因此不便于在这里更详细地展开讨论。

像以前一样,这样的问题用卡方检验研究:检验的是自变量的水平是否导致因变量水平的不同频率。独立性卡方检验的总步骤与拟合度检验的步骤非常相似,但将在下文看到预期频率的计算与上文的稍微有些不同,这只是表面的。

步骤

——提出假设

——计算描述统计和使数据形象化

——计算将期待的特定 H_0 的频率

——测试检验的假设：

　　——所有观察相互之间都是独立的

　　——预期频率的 80% 是≥5(参照 n. 17)

　　——所有预期的频率都 >1

——计算所有观察频率对卡方的贡献

——计算检验统计量 χ^2，*df* 和 *p*

这些假设很简单，尤其因为我们应用从上文学习的拟合度的卡方检验：

H_0：因变量结构的水平的频率不会随着自变量已知性水平的函数而变化；$\chi^2=0$。

H_1：因变量结构的水平的频率随着自变量已知性水平的函数而变化；$\chi^2>0$。

为了讨论卡方检验这个版本，我们回到通过 Peters (2001) 获得的数据。事实上，上文的讨论并没有利用所有的 Peters 的数据，因为我省略了一个自变量，即*已知性*。Peters (2001) 研究不只两个结构的频率，她研究我们将在这里讨论的内容，即*已知性*是否与结构相关。在上文所描述的图——描述实验中，操作了变量*已知性*并获得已经熟悉的 397 个动词—小品词结构，如表 23 所示的模型。顺便提一下，这种 2 * 2 表中的单元格通常用字母 a 到 d 表示，a 作为左上角单元(85)，b 作为右上角单元(65)。

表 23　Peters (2001) 观察的结构频率

	已知性：已知	已知性：未知	总行数
V DO PART 结构	85	65	150
V PART DO 结构	100	147	247
总列数	185	212	397

首先,我们用图探讨这个数据。从 <_inputfiles/04-1-2-2_vpcs. csv> 中加载数据,创建一个带两个向量的表格,并获得数据分布的第一视觉印象。请参照图 43。

```
> VPCs <- read. delim(file. choose())¶
> str(VPCs);attach(VPCs)¶
> Peters. 2001 <- table(CONSTRUCTION,GIVENNESS)¶
> plot(CONSTRUCTION ~ GIVENNESS)¶
```

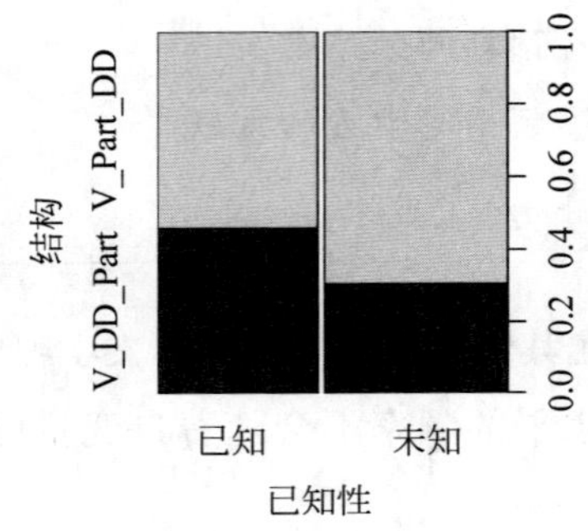

图 43 结构 ~ 已知性的马赛克图(Mosaic)

显然,涂色不同的区域在行间/列间的大小也不同。为了检验这些差异的意义,我们需要从 H_0获得的预期频率。但是我们如何计算 H_0所预测的频率? 这是一个核心问题,我们将详细讨论。

我们假定 Peters 已经获得表 24 中的总数。遵循 H_0的分布看起来会是怎样的呢? 在上文 4.1.1.2,我们说 H_0通常假设相等的频率。因此,你也许可以正确地假定预期的频率是那些在表 24 中表示的。所有的临界总数都是 100 且每个变量都有两个相等的频率水平,因此我们在每个单元中有50 个水平。

表 24 虚拟的 Peters (2001)观察的结构频率

	已知性:已知	已知性:未知	总行数
V DO PART 结构			100
V PART DO 结构			100
总列数	100	100	200

表 25　虚拟的 Peters (2001) 预期的结构频率

	已知性:已知	已知性:未知	总行数
V DO PART 结构	50	50	100
V PART DO 结构	50	50	100
总列数	100	100	200

我们的统计假设将不只停留在陈述是否$\chi^2=0$:

H_0:$n_{\text{V DO Part \& Ref DO}}$ = 已知 = $n_{\text{V DO Part \& Ref DO}}$ ≠ 已知 = $n_{\text{V Part DO \& Ref DO}}$ = 已知 = $n_{\text{V Part DO \& Ref DO}}$ ≠ 已知。

H_1:如 H_0,但是至少有一个"≠"而不是一个"="。

但生活并没有那么简单,例如,当我们考虑,(a)如 Peters (2001)一样,不是所有的被试都回答所有的问题,或者(b)自然观察的数据并不都是那么理想地达到平衡。因此,在 Peters 的真实数据中,只是简单假定相等频率是没有意义的。换句话说,H_0看起来与表 24 不一样,因为表 23 的总行数显示*已知性*的不同水平不是等同频率的。如果*已知性*对结构没有影响,你会期待*已知性*每个水平的两个结构的频率能确切反应整个样本中两个结构的频率。那意味着,所有边际总计即行/列总数必须保持一致,因为它们反应所研究元素的数量,边际总计的比例决定每一行和列的单元频率。有一系列与这有关的相当复杂的假设,如下所示:

H_0:$n_{\text{V DO Part \& Ref DO}}$ = 已知:$n_{\text{V DO Part \& Ref DO}}$ ≠ 已知 ∝
$n_{\text{V Part DO \& Ref DO}}$ = 已知:$n_{\text{V Part DO \& Ref DO}}$ ≠ 已知 ∝
$n_{\text{Ref DO}}$ = 已知:$n_{\text{Ref DO}}$ ≠ 已知
$n_{\text{V DO Part \& Ref DO}}$ = 已知:$n_{\text{V Part DO \& Ref DO}}$ = 已知 ∝
$n_{\text{V DO Part \& Ref DO}}$ ≠ 已知:$n_{\text{V Part DO \& Ref DO}}$ ≠ 已知 ∝
$n_{\text{V DO Part}}$:$n_{\text{V Part DO}}$。

H_1:如 H_0,但是至少有一个"≠"而不是一个"="。

换句话说,不能简单地说:"有 2 * 2 = 4 个单元,我假定每个预期的频率是 397 除以 4,也就是说,大约等于 100。"如果你那么做,上面一行的总数将接近 200,但那并不正确,因为只有 150 类结构:*动词—宾语—小品词*。因此,必须把这个信息,即只有 150 种类型的结构:*动词—宾语—小品词*,包含在预期频率的计算中。用百分比是最简单的方式：有 150/397 种结构情况：*动词—宾语—小品词*，即 0. 3778 = 37. 78%。那么，有 185/397 种已知性情况：已知，即 0. 466 = 46. 6%。如果两种变量各自是相互独立的，那么它们共现的概率是 0. 3778 * 0. 466 = 0. 1761。因为这个概率应用的共有 397 种类型，变量水平的这个组合的预期频率是 397 * 0. 1761 = 39. 91。这个逻辑可以简写为(33)。

$$(33)\ n_{expected\ cell\ frequency} = \frac{rowsum \cdot colimmsum}{n}$$

如果把这个逻辑应用于每个单元，可以获得表 26。

表 26　Peters (2001)的预期结构频率

	已知性:已知	已知性:未知	总行数
V DO PART 结构	69.9	80	150
V PART DO 结构	115.1	131.9	247
总列数	185	212	397

可以立刻看到这个表格与上述 H_0相对应：每一行和列中的值比率正好是行总数和列总数各自的值。例如，69. 9 到 80. 1 到 150 的比率与 115. 1 到 131. 9 到 247 的比率以及 185 到 212 到 397 的比率是一样的，在其他方面也是一样。因此，H_0不是“所有单元比率都是一样的”，而是“单元频率的比率是一样的，是相互间的以及各自的临界总数。”

计算预期频率的这个方法可以应用到任何复杂度的频率表格。请参看 Gries (2009b:5. 1)。但我们如何检验这些是否与观察到的频率有足够大的偏差呢？幸运的是，我们不需要这么复杂的假设，而是可以用更简单的上面用过的版本 $\chi^2 = 0$ 和 $\chi^2 > 0$，独立性的卡方检验与你已知的拟合度的卡方检验是一样的：对于每个单元，计算对卡方的贡献(contribution)以及把那些概括起来获得卡方检验的统计。

像以前一样，卡方检验只能用于假设拟合的情况。预期的频率足够大，而为了简单起见，我们在此假定每个被试只提供一个句子，因此观察是各自独立的：例如，一些被试在某一场合只提供一个特定的句子这一事实，并不

会影响任何其他被试的构想。我们因此可以像上文说的一样继续计算在共同公式基础上对卡方的贡献总数,在此重复如(34):

$$(34)\ Pearson\ x^2 = \sum_{i=1}^{n} \frac{(observed - expected)^2}{expected}$$

结果如表27所示,而对卡方的所有贡献的总数,卡方自己本身,是9.82。不过,我们再次需要自由度的数量。对于双维表格及当预期的频率像这里一样在观察频率的基础上计算,自由度的数量如(35)①一样计算。

表27　对Peters(2001)的数据卡方检验的贡献

	已知性:已知	已知性:未知	总行数
V DO PART 结构	3.26	2.85	
V PART DO 结构	1.98	1.73	
总列数		9.82	

$$(35)\ df = (no.\ of\ rows - 1) \cdot (no.\ of\ columms - 1) = (2-1) \cdot (2-1) = 1$$

有了卡方值和 *df* 值,你可以在一个卡方表格中检查结果,如下面的表28,与表21一样。如上文所述,如果观察到的卡方值比表格列的 $p = 0.05$ 在要求的 *df* 值上大,那么可以拒绝 H_0。在此,卡方值不仅比临界的 $p = 0.05$ 且 $df = 1$ 大,也比 $p = 0.01$ 且 $df = 1$ 大。但是,因为卡方值没有比10.827大,实际的 *p* 值是0.01和0.001之间的某个数:结果是非常显著,但还不是高度显著。

表28　$p_{双侧} = 0.05, 0.01$,和0.001而 $1 \leq df \leq 3$ 的临界 X^2 值

	$p = 0.05$	$p = 0.01$	$p = 0.001$
$df = 1$	3.841	6.635	10.828
$df = 2$	5.991	9.21	13.816
$df = 3$	7.815	11.345	16.266

幸运的是,如果在R内构建函数,所有这些操作都会更容易,或者也可以像以前一样只计算 *p* 值:

① 在我们的例子中,预期的频率是在边际总计中从观察频率计算的。如果计算的预期频率不是从你的观察数据计算而从其他的分布计算,df的计算方式将变为:df = (行数 * 列数) - 1。

```
> pchisq(9.82,1,lower.tail = FALSE)¶
[1] 0.001726243
```

或者用函数 chisq.test 逐步进行,要达到这个目的,最重要的参数是:

——x:为其做了卡方检验的双维表格;

——correct = TRUE 或 correct = FALSE;参照上文看校正①。

```
> test.Peters <- chisq.test(Peters.2001,correct = FALSE)¶
> test.Peters ¶
Pearson's Chi-squared test
data:Peters.2001
X-squared = 9.8191,df = 1,p-value = 0.001727
```

这是获得预期频率或卡方值的方式:

```
> test.Peters $ expected ¶
                GIVENNESS
CONSTRUCTION    given       new
V_DO_Part       69.89924    80.10076
V_Part_DO       115.10076   131.89924
> test.Peters $ statistic ¶
X-squared
9.819132
```

你现在知道已知性与结构相关,但你还不知道那个效应有多大,也不知道是什么变量水平组合导致了这个结果。即使你也许忍不住想用卡方值或 p 值的大小去量化效应的大小,但不能那样做,因为卡方值取决于样本的大小。我们经常看到如下情况:

```
> chisq.test(Peters.2001 * 10,correct = FALSE)¶
Pearson's Chi-squared test
```

① 为了进一步选择,再次参照? chisq.test ¶ . 也要注意输入 summary(Peters.2001)¶ 时发生什么。

```
data:Peters.2001 * 10
X-squared = 98.1913,df = 1,p-value < 2.2e-16
```

这对于效应大小当然是个不利条件,仅样本变得更大,并不意味着这些值之间的关系也会变化。例如,通过关注百分比的比率保持不变的情况你可以很容易证实这一点。因此,效应大小通常用一个相关系数量化,在 $k \times 2/m \times 2$ 表格中,这个相关系数被称为 φ,而 $k \times m$ 表格在 k or $m > 2$ 的情况下这个系数被称为 Cramer's *V*,这归入 0 和 1 之间的范围内,0 = 没有相关;1 = 完美相关,不受样本大小的影响。φ / Cramer's V 的值可以根据(36)中的公式计算:

$$(36)\ \boldsymbol{\emptyset/Cramer'sV/Cramer'sindexI} = \sqrt{\frac{x^2}{n(min[n_{rows}, n_{colums}] - 1)}}$$

在 R 里,当然可以在一行的代码中完成所有这些操作:

```
> sqrt(test.Peters $ statistic/
sum(Peters.2001) * (min(dim(Peters.2001)) - 1))¶
X-squared
0.1572683
```

考虑到理论上的值域,这是相当小的效应①。相关性也许不是随机的,但也不会很大。

然而,效应量另外的量度方式只能用于2 * 2 的表格中的方法,也就是所谓的优势比。*优势比*告诉你一个可能性,即一个变量水平的概率如何随着另一个变量水平变化而变化的可能性。某一事件 E 的优势与(37)中的分数相对应。

$$(37)\ \text{odds} = \frac{PE}{1-PE}\left(\text{你用 odds} = \frac{PE}{1-PE}\text{从优势中得到概率}\right)$$

如表 23 里的 2 * 2 表格的优势比是两个优势的比率,或者用 1 除以那个

① 从0 到1 的理论值域确实只是在特定情况下才有可能,但对这个值的解释仍然富有启发性。

比率,取决于你是研究事件 E 还是事件 $\neg E$(不是 E)),如(38)中的:

$$(38)\ \textbf{\textit{odds ratio for Table23}} = \frac{85}{100} \Big/ \frac{65}{147} = 1.9223$$

用语言来表述:当直接宾语的所指是已知信息时,结构:*V DO PART* 的概率是(85/185)/(1 - 85/185) = 85/100 = 0.85,而当直接宾语的所指是未知信息的,那么这个结构的概率就是(65/212)/(1 - 65/212) = 65/147 = 0.4422。这反过来就意味着结构:*V DO PART* 在直接宾语的所指是已知比未知时的概率要大 0.85/0.4422≈1.9223 次。由此可见,它也遵循了在没有交互作用的情况下的优势比≈ 1[①]。

表 27 也显示哪个变量水平组合对显著相关贡献更大:对一个单元的卡方贡献越大,那个单元对总体卡方值的贡献就越大;在我们的例子中,这些都相当小,没有一个超过 $p = 0.05$ 的卡方值且 $df = 1$,即 3.841。在 R 里通过如下计算可以获得特定因素对卡方的贡献:

```
> test.Peters $residuals ^2 ¶
                    GIVENNESS
CONSTRUCTION   given        new
V_DO_Part      3.262307     2.846825
V_Part_DO      1.981158     1.728841
```

也就是说,给 Pearson 的残差乘方。可以从下面的计算中获得 Pearson 的残差,表示每个单元的影响方向:负值/正值意味着观察的值分别比预期的值小或大。

```
> test.Peterst $residuals ¶
                    GIVENNESS
CONSTRUCTION   given        new
```

① 通常,你会发现 5.3 详细介绍了优势比的对数。当两个变量不相关时,*优势比*的这个记录是 log1 = 0,且正/负相关导致正/负优势比记录,这通常更容易解释。例如,如果有两个*优势比*如优势比$_1$ = 0.5 而优势比$_2$ = 1.5,那么不能立刻靠直觉判断哪个优势比影响更大。优势比的记录,即 log 优势比$_1$ = -0.693 而 log 优势比$_2$ = 0.405,立刻会显示前者更大,因为它离 0 更远。

```
V_DO_Part        1.806186    -1.687254
V_Part_DO       -1.407536     1.314854
```

因此,考虑到这对卡方的贡献很小,如果想获得进一步结论,那么可以只说那个变量对显著性结果贡献最大的是 CONSTRUCTION (结构):V DO PART 和 GIVENESS (已知性):GIVEN (已知),这通常是靠观察而不是预期获得的频率,但单个单元在此的影响确实非常小。

用函数 assocplot 可以获得一个非常有趣且富有启迪意义的图,这个函数的最相关参数是在调查中的那个二维表格:在图 44 这个表格中,"盒子的区域与观察的频率和预期的频率的差异成比例。"在虚线上的黑色长方形表示观察到超过预期频率的观察结果;虚线下面的灰色长方形表示小于预期频率的观察结果;盒子的高度与上面的 Pearson 残差成比例,而其宽度与预期频率的平方根成比例。注意我不只是画了表格,还转置了表格,这是用 t( )做出来的。这样做是为了使图的行/列组织与原先的表格相对应:

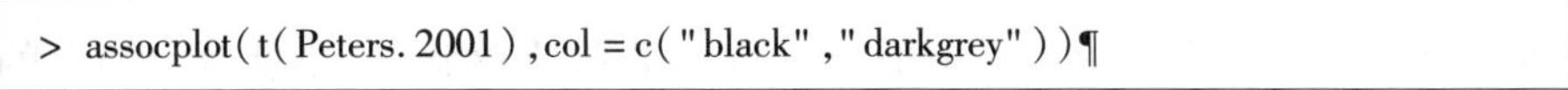

```
> assocplot(t(Peters.2001),col=c("black","darkgrey"))¶
```

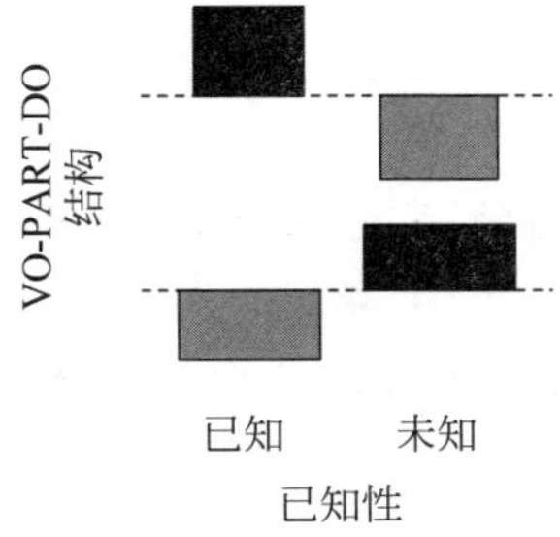

图 44　CONSTRUCTON(结构)~GIVENNESS(已知性)的联合图

图与表格混合是研究数据的有趣方法之一。图 45 中的表格/图与表 23 的结构一样,但数字中所画的大小直接反应残差的大小,即大一些的数字比小一些的数字从预期频率偏差的更多,这里大些和小些的概念通过画图的尺寸大小来理解;涂色和符号表示观察频率从预期频率偏差的大小:黑色表示正残差而灰色表示负残差。因为没有更好的表达术语,我把这个称为交叉制表图。

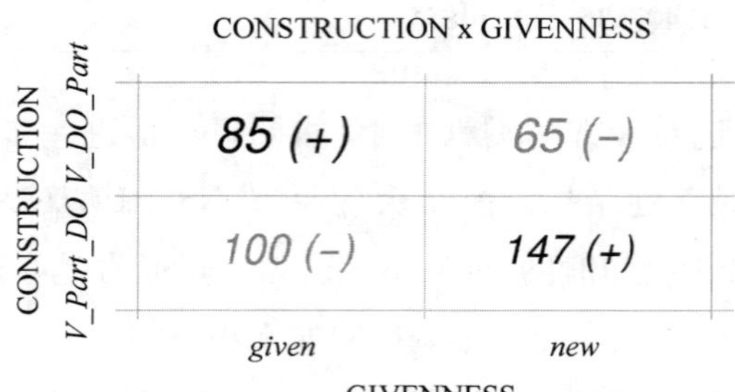

图 45　CONSTRUCTION(结构)~GIVENNESS(已知性)的交叉制表图

可以这样汇总所有结果:未知信息的宾语首选动词—小品词—直接宾语的结构,而不是选择动词—直接宾语—小品词的结构。而已知信息宾语则偏好相反的结构类型。根据独立性的卡方检验,这个相关性非常显著($\chi^2=9.82$;$df=1$;p 双侧 <0.002),但是效应并不是高度显著($\varphi=0.157$,优势比 = 1.9223)。

我最后强调,上面的步骤再次为双侧检验提供了 p 值。在 $2*2$ 的表格例子中,可以执行一个如上文 4.1.1.2 中讨论的单侧检验,但不能为 $df>1$ 的表格做单侧检验。

进一步学习的建议

——制作其他类型图的函数 dotchart、vcd 库的 mosaic 和 ade4 库的 table. cont

——通过另外一种方式同时计算方差检验和效应量的函数 vcd 库中的 assocstats

——制作更综合表格的 gmodels 库的函数 CrossTable

——函数 chisq. test 和函数 fisher. test 的参数 simulate. p. value = TRUE,当预期频率对于一个常规方差检验来说太小时,可以使用的函数

——用来检验哪个观察的行或列的频率在两两检验中各不相同的 Marascuilo 程序,参照 Gries 将要出版的著作,他将讨论如何从一个更大的表格检验一个子表

——Crawley(2005:85ff),Crawley(2007:301ff),Sheskin(2011:Test16)

警告/建议

再一次警告:永远不要在百分比的基础上计算方差检验,而是在"真实的"观察频率上计算!相信我,重复这个是有原因的……

顺带提一下,方差检验还有一个非常有用的应用。请参阅 Zar(1999:23.4)和 Sheskin(2011:691ff.)。有时在同样的现象上有几个同形的2 * 2 表格,也许因为你发现另外一个资源也讨论同类型数据。你那时也许想知道数据是否非常相似,实际上可以把这些数据合并或混合成一个单一的数据集。下面是那类问题的文本假设:

H_0:不同数据的集中趋势不会互不相同,$\chi^2_{异质性}=0$。

H_1:不同数据的集中趋势互不相同,$\chi^2_{异质性}\neq 0$。

要探索这个方法,我们把 Peter 的数据与 Gries (2003a)进行比较。可以把后者用函数 matrix 直接输入 R,这需要观察频率的向量,这个以列式方式显示,还需以先行后列的方式观察列数和维度的名称:

```
> Gries.2003 <- matrix(c(143,53,66,141),ncol=2,
dimnames=list(CONSTRUCTION=c("V_DO_Part","V_Part_DO"),
GIVENNESS=c("given","new")))¶
> Gries.2003¶
             given    new
V_DO_Part    143       66
V_Part_DO    53       141
```

一方面,这些数据看起来与 Peters (2001)不同,因为在这里,当已知性是已知时,*结构V_DO_PART* 出现的频率是*结构V_PART_DO* 的三倍,而不如 Peters 的数据所说的更少的频率。另一方面,这个数据也非常相似,因为在两种情况下已知直接宾语增加了*结构V_DO_PART* 的概率。对联合图的直接比较使数据似乎非常相似,这两个联合图的相似度有多大? 在此没有显示联合图数据,但可以用下面的代码绘制图形。

```
> par(mfrow = c(1,2))¶
> assocplot(t(Peters.2001))¶
> assocplot(t(Gries.2003))¶
> par(mfrow = c(1,1))¶
```

然而,你不会确切地去比较联合图中盒子的大小,而只是对比一下总的趋势。因此我们转到异质性卡方检验。异质性卡方值是根据原始表格的总卡方值与合并图的卡方值之间的差异计算出来的,因此它们必须是同形的,而且是用多个自由度来评估的,这个自由度指的是所有合并表格的自由度总和与那个合并的表格的自由度之间的差异。这似乎很复杂,实际上并非如此。下列代码应该可以更清晰地呈现这种计算。首先,计算从 Gries (2003a)获得的数据的卡方检验:

```
> test.Gries <- chisq.test(Gries.2003,correct = FALSE)¶
> test.Gries ¶
Pearson's Chi-squared test
data:Gries.2003
X-squared  =  68.0364,df  =  1,p-value  <  2.2e-16
```

接着,计算原始表格的总卡方值:

```
> test.Peters $ statistic + test.Gries $ statistic ¶
X-squared
[1] 77.85552
```

然后,计算组合表格的卡方值:

```
> chisq.test(Peters.2001 + Gries.2003,
correct = FALSE) $ statistic ¶
X-squared
[1] 65.87908
```

接下来计算异质性卡方值及其自由度,用 $ parameter 获得 *df* 值:

```
> het.chisq <- 77.85552 - 65.87908 # 11.97644 ¶
> het.df <- 1 + 1 - 1 # 1 ¶
```

如何获得这些结果的 p 值呢?

```
> pchisq(het.chisq,het.df,lower.tail = FALSE)¶
[1] 0.0005387742
```

从这两个研究获得的数据显示相同的总趋势,已知宾语增加了结构 *V_DO_PART* 的概率,但它们相互间仍然有很大差异($\chi^2_{异质性} = 11.98$;$df = 1$;$p_{双侧} < 0.001$)。那怎么会发生呢? 因为不同的效应大小,Peters 数据的优势比是 1.92,但在 Gries 的数据中,它几乎是其三倍大小,这也是你要写在结论部分的内容。我们会在第 5 章再回来讨论这个例子。

```
> (143/66)/(53/141)¶
[1] 5.764151
```

1.2.3　一个称名型/定类型非独立样本因变量

独立性卡方检验的核心要求是表格中各数据点之间是相互独立的。不过有时也有不同的实际情况。我将在这部分讨论可以用于这类情况的方法。

元语言知识对可接受性判断是否有影响呢? 毕竟用于语言研究的很多可接受性判断是由研究语言学家本身做出来的,而且人们很可能会问自己不依赖没有语言学知识的被试者的判断,而依赖拥有元语言知识的语言学家的判断是否是明智的。这是高度相关的,因为研究已经证明,指望那些在语言表达上深究的语言学家的判断,会与那些通常不考虑语言表达的外行人的判断有很大差异。请参照 Spencer(1973)、Labov (1975)、Greenbaun(1976)。对于公认的超级简单案例,可以问 100 个没有语言学知识的单纯母语者去评判一个句子是“可接受的”还是“不可接受的”。在评价做出来之后，你可以告诉被试这项研究要研究的是什么现象以及哪个变量影响了句子的可接受性。然后再次让这些被试对这些句子进行评价。现在的问题是，被试刚获得的元语言知识是否会让他们改变自己的评价，如果是，会如何改变？这个问题包含：

——一个定类型因变量，即*之前：可接受的* VS. *之前：不可接受的*；

——一个定类型因变量，即*之后：可接受的* VS. *之后：不可接受的*；

——非独立样本，因为每个被试做出两个评价。

对于这样的场景，你可以使用 McNemar 检验或 Bowker 检验，请参照下文。这个检验与上文 4.1.1.2 和 4.1.2.2 中讨论的卡方检验相关，包含下列步骤：

步骤

——提出假设

——计算你期待已知 H_0 的频率

——测试检验的设想：

　　△所观察的变量水平以成对的方式相关

　　△预期的频率 ≥ 5

——计算检验统计量 χ^2，*df* 和 *p*

首先，假设：

H_0：被试在第二次评价任务中做出判断的两种可能方式的频率与在第一次评价任务中的一样；$\chi^2 = 0$。

H_1：被试在第二次评价任务中做出判断的两种可能方式的频率与在第一次评价任务中的不一样；$\chi^2 \neq 0$。

要了解这个检验，我们使用在表 29 中汇总的虚拟数据，可以从文件 <_inputfiles/04-1-2-3_accjudg. csv> 中读取。表 29 显示判断已经有很大变化：在 100 个评价的句子中，只有 31 + 17 = 48 个句子在两种评价中是一致的,这个句子数量甚至没到一半！但现在想弄明白 52 个判断变化的方式是否有显著差异。

```
> AccBeforeAfter <- read.delim(file.choose())¶
> str(AccBeforeAfter);attach(AccBeforeAfter)¶
```

表 29　可接受性判断虚拟研究的观察频率

		之后		
		可接受的	不可接受的	**总行数**
之前	可接受的	31	39	70
	不可接受的	13	17	30
	总列数	44	56	100

McNemar 检验只涉及被试改变了自己主意的情况,如输入表格中的列 b 和 c 所示。如果这些是均匀分布的,那么被试改变他们主意的 52 种情况的预期分布就如表 30 所示。

表 30　可接受性判断虚拟研究的预期频率

		之后		
		可接受的	不可接受的	**总行数**
之前	可接受的		26	
	不可接受的	26		
	总列数			

从这个表格可以看到这两个频率都比 5 大,因此确实可以做 McNemar 检验。如以前,根据(40)中的公式得到 *df* 值,使用目前已经熟悉的(39)中的公式计算卡方值。在(40)公式里,k 是行/列的数量:

$$(39)\ x^2 = \sum_{i=1}^{n} \frac{(observed - expected)^2}{expected} = 13$$

$$(40)\ df = \frac{k \cdot (k-1)}{2} = 1$$

可以像以前一样在熟悉的卡方表格类型中查阅这个卡方值。又像以前一样,如果计算的卡方值比相关的 *df* 值为 $p = 0.05$ 的表格显示的值更大,可以拒绝 H_0。可见,卡方值对于 H_0 来说太大了,所以我们接受 H_1。

表 31 $p_{双侧}=0.05, 0.01$,和 0.001 而 $1 \leqslant df \leqslant 3$ 时的临界 χ^2 值

	$p=0.05$	$p=0.01$	$p=0.001$
$df=1$	3.841	6.635	10.828
$df=2$	5.991	9.21	13.816
$df=3$	7.815	11.345	16.266

用这个方法可以在结果部分报告你的发现:“根据 McNemar 检验,100 个被试中有 52 个在他们被告知实验目的之后,改变其判断的方式与偶然性有很大差异:在第二次评价任务中,‘可接受的’判断的数量变小了很多($\chi^2=13; df=1; p_{双侧}<0.001$)。”

在 R 里这个操作也更简单。需要函数 mcnemar. test,通常需要两个参数:

——x:你想要测的二维表格;

——correct = FALSE 或 correct = TRUE(默认的):当变化的数量 < 30 时,建议连续校正。

```
> mcnemar.test(table(BEFORE,AFTER),correct = FALSE)¶
McNemar's Chi-squared test
data:table(BEFORE,AFTER)
McNemar's chi-squared = 13,df = 1,p-value = 0.0003115
```

汇总和总结当然是一样的,但给 k * k 表格(k >2)做的这个检验有时被称为 Bowker 检验。

进一步学习的建议

——Sheskin(2011:Test20)关于 McNemar 检验,你可以用 dbinom 计算它的确切选择

——作为 Cochran 对 McNemar 检验对一个纯二分变量的三个或多个测量扩展版的 Sheskin (2011:Test 26),这在 R 只需要几行代码,你为什么不尝试写这样的函数?

——检验二进制序列随机性的 tseries 库中的函数 runs. test()

2. 离散性

有时,我们不仅要研究分布的总体特征,还要研究定义的更仔细的分布特征。最明显的两个特征是分布的离散性和集中趋势。本部分关注变量的离散性特征,即方差或标准差;下一部分讨论其集中趋势的量度。

了解一些研究问题是有用的,例如,两个分布是否有同样或相似的离散性。换句话说,两种分布在它们平均数周围以相似还是相同的方式扩散?我们早在3.1.3.6中谈论过这个主题。但是为了再次解释这一点,请看图46。

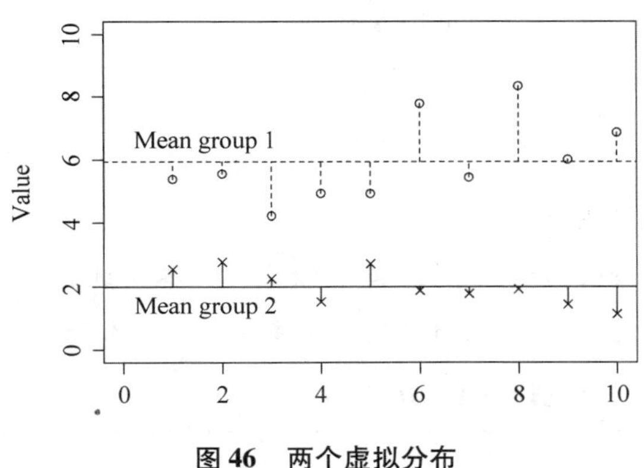

图46 两个虚拟分布

图46显示了两组分布:一个用空心圈表示10个值的组和另外一组用叉号表示10个值的组。这些组的平均分用两条横线表示,第一组用的是虚线,每个点从组平均数的偏离用垂直线表示。这时很显然,这些组不只是在它们的平均数($mean_{group\ 2}$ = 1.99;$mean_{group\ 1}$ =5.94)上不同,在离散性上也不一样:第1组从它们平均数的偏离点比第2组对应的值大得多。虽然这种差异在图46中很明显,它在其他情况下要更难识别,这就是为什么我们需要一个统计检验的原因。我们在4.2.1讨论如何检验一个定距型因变量的离散性与一个已知的离散性的值之间是否具有显著差异。我们在4.2.2讨论如何检验一个定距型因变量的离散性在两组中是否有明显差异。

2.1 一个定距型因变量的拟合度检验

再举个例子说明这个检验，我们回到上文关于俄语时—体模型的母语习得数据。上文4.1.1.1研究一个孩子使用的时和体与时间的推移之间如何相关的问题。我们假定你现在想检测这个小孩的值来自的总体变化性与另外一个你已经有记录的孩子的数据是否具有显著差异。我们也假定你发现另外这个孩子有0.025的变化值。

这个问题涉及以下变量，用如下描述的卡方检验进行研究：

——一个定距型因变量，即变量*时体*，包含Cramer's V值；

——没有自变量，因为你不是检验变量*时体*是否受一些其他东西的影响或与其他东西是否相关。

> **步骤**
>
> ——提出假设
>
> ——计算描述统计
>
> ——测试检验的设想：其方差受检验的样本所选自的总体是正态分布的，至少计算其方差的样本本身是正态分布的
>
> ——计算检验统计量χ^2，*df*，和*p*

像往常一样从假设开始：

H_0：新研究的这个小孩的数据变化与早些时候研究的小孩的数据变化之间没有区别；新小孩的sd^2*时体* = 已经调查小孩的sd^2*时体*，或者新小孩的sd^2*时体* = 0.025，或两个变化之间的比率是1。

H_1：新研究的这个小孩的数据变化与早些时候调查的小孩的数据变化之间有区别；新小孩的sd^2*时体* ≠ 已经调查小孩的sd^2*时体*，或者新小孩的sd^2*时体* ≠ 0.025，或两个变化之间的比率不是1。

从 <_inputfiles/04-2-1_tense-aspect. csv> 中加载数据。

```
> RussianTensAsp <- read. delim( file. choose( ) )¶
> str( RussianTensAsp) ; attach( RussianTensAsp) ¶
```

下一步,必须检验这个卡方检验的设想以及这些数据实际上是否呈正态分布。我们已经在上文详细讨论过这个问题,因此我们很容易运行这个检验。

```
> shapiro. test(TENSE_ASPECT)¶
Shapiro-Wilk normality test
data:  TENSE_ASPECT
W = 0.9942,p-value = 0.9132
```

正如上文的4.1.1.1,获得0.9132 的 p 值意味着你不能拒绝 H_0,你可以考虑数据是正态分布的,也可以计算这个卡方检验。首先计算你想与先前的结果对比的样本变化:

```
> var(TENSE_ASPECT)¶
[1] 0.01687119
```

要检验这个值与已知的 0.025 变化是否有显著差异,得计算如公式(41)里的卡方统计。

$$\textbf{(41)}\ x^2 = \frac{(n-1)\cdot samplevariance}{populationvariance}$$

这个卡方值有 n－1＝116 个自由度。在 R 里计算如下:

```
> chi. squared <- ((length(TENSE_ASPECT) -1) * var(TENSE_ASPECT))/
0.025  ¶
> chi. squared ¶
[1] 78.28232
```

像往常一样,可以自己创建那些临界值或者在一个熟悉的表格类型检查这个卡方值。

```
> qchisq(c(0.05,0.01,0.001),116,lower. tail = FALSE)¶
```

表 32 $P_{双侧}$ =0.05,0.01,和 0.001 而 115 ≤*df*≤ 117 的临界 X^2 值

	$p=0.05$	$p=0.01$	$p=0.001$
$df=115$	141.03	153.191	167.61
$df=116$	142.138	154.344	168.813
$df=117$	143.246	155.496	170.016

因为获得的值 78.28 比相关的值 142.138 小得多,两个变化之间的变化不显著。可以用如下方式计算确切的 p 值:

```
> pchisq(chi.squared,(length(TENSE_ASPECT) -1),lower.tail =
FALSE)¶
[1] 0.9971612 ¶
```

可以这样概括这个结果:"根据卡方检验,这个新调查的小孩的变化(0.017)与早些时候调查的小孩的变化(0.025)没有显著差异: $\chi^2=78.28$; $df=116$; $p_{双侧}>0.05$。"

2.2 一个定距型因变量和一个定类型自变量

在"检验离散性"领域中也许更常见的场景是这样的,即检验两个样本或两个变量是否显示了同样的立场,或至少没有显著差异的两个离散性。因为离散性的差异也许不是你目前要花很多时间去考虑的概念,我们来研究社会语音学领域的例子。Gaudio (1994)研究异性恋和同性恋男士的音域。关键问题不是平均音域,而是其变异性,可以用这个例子清楚地解释这样的变异性如何变得有趣。在该研究中,四个异性恋和四个同性恋男士被要求大声读出两篇文章,获得的录音放给 14 个被试听,让他们猜说话者中哪些是异性恋而哪些是同性恋。有趣的是,这些被试几乎能清晰辨别这种性别倾向。唯一不显著的相关性本身就可以作为一种可能性解释,即同性恋男士在其中的一个文本类型中显示更宽的音域。这个结果与变异性/离散性相关。

以二语习得研究领域为例,我们假定你想研究一种语言的母语者与该语言的高水平学习者在寻找同义词的任务中的表现有何不同,给母语者和

学习者都提供一些词，然后说出这些词的同义词。你现在也许对确切的同义词数量不感兴趣，也许学习者水平太高以至于这些数量实际上在两组里都非常相似，但也许对这些学习者是否在他们考虑自己所能答出的所有同义词的时间总量上显示了更多的差异感兴趣。这个问题包括：

——一个定距型因变量，即 SYNTIMES，被试需要思考及说出同义词的时间；

——一个定类型自变量，即 SPEAKER：*学习者*和 SPEAKER：*母语者*。

这种问题用所谓的检验方差同质性的 *F* 检验来研究，包含下列步骤：

步骤

——提出假设

——计算描述统计及使数据形象化

——测试检验的设想：

△其变化性受检验的样本所选自的总体已经是正态分布的或至少计算其方差的样本本身是正态分布的

△样本是各自独立的

—计算检验统计量 F、$df1$、$df2$ 和 p

首先，提出假设。注意 H_1 是无方向性的/双侧的。

H_0：学习者需要用来想出同义词的时间与母语者所用的时间没有很大的差异；方差的比率 $F=1$。

H_1：学习者需要用来想出同义词的时间与母语者所用的时间差异很大；方差的比率 $F\neq1$。

我们以 <_inputfiles/04-2-2_synonymtimes. csv> 中的数据为例，这是虚拟的：

```
> SynonymTimes <- read. delim( file. choose( ) )¶
> str( SynonymTimes) ; attach( SynonymTimes)¶
```

计算两个被试群组的方差并在图 47 中显示数据。两个群组的变异性似乎很相似:盒子大小非常相似,但涉及的范围有点儿区别;要了解用更精确ecdf图的一些额外信息,请参照代码文件。

```
> tapply(SYNTIMES,SPEAKER,var)¶
Learner   Native
10.31731   14.15385
> boxplot(SYNTIMES ~ SPEAKER,notch = TRUE)¶
> rug(jitter(SYNTIMES),side = 2)¶
```

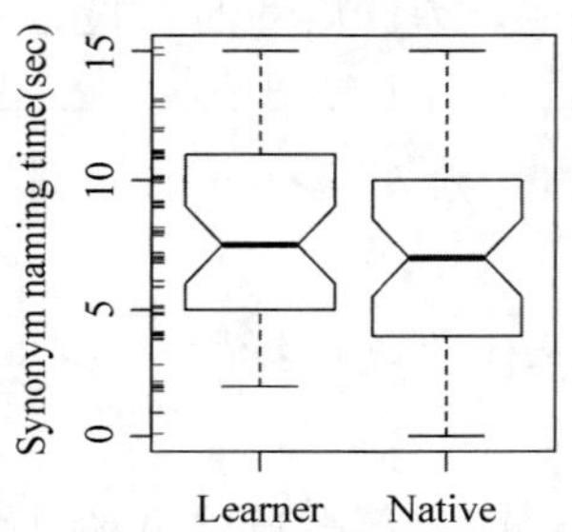

图 47　SYNTIMES(同义词反应时)~SPEAKER(说话者)的箱形图

F 检验要求总体或至少样本是正态分布的。我们再次使用 Shapiro-Wilk 检验,这次用 tapply。没有什么可担忧的:两个样本与正态性都没有很大差异,可以做一个 *F* 检验。这个检验要求计算两个方差的商,传统上说更大的方差就在分子中,当然这也不一定。请看下文。我们现在计算两个方差的比率,结果不是1,但有点接近1。

```
>tapply(SYNTIMES,SPEAKER,shapiro.test)¶
$ Learner
        Shapiro - Wilk normality test
data:X[[1L]]
W = 0.9666,p - value = 0.2791
$ Native
        Shapiro - Wilk normality test
data:X[[2L]]
W = 0.9751,p - value = 0.5119
```

```
> F.value <- var(SYNTIMES[SPEAKER == "Native"])/
  var(SYNTIMES[SPEAKER == "Learner"]);F.value ¶
[1] 1.371855
```

看这个值是否与 1 有很大差距，你还得考虑自由度，甚至两个自由度都要考虑：一个是分子的，一个是分母的。两个都很容易计算，只需用样本大小减去 1 就可以了；参照(42)的公式。

$$(42)\ df_{numerator} = n_{numerator\ sample} - 1;\ df_{denominator} = n_{denominator\ sample} - 1$$

在两种情况下都获得 39，可以在一个 F 表格中检查这个结果。

表 33　$p_{双侧} = 0.05$，而 $38 \leq df_{1,2} \leq 40$ 的临界 F 值

	$df_2 = 38$	$df_2 = 39$	$df_2 = 40$
$df_1 = 38$	1.907	1.8963	1.8862
$df_1 = 39$	1.9014	1.8907	1.8806
$df_1 = 40$	1.8961	1.8854	1.8752

显然，结果不显著：计算获得的 F 值 1.8907 比表格中的 $p = 0.05$ 小。像往常一样，可以用函数 *qf* 自己计算临界 F 值。我们需要四个参数：

——p：你想确定的一些 df 值的 F 临界值的 p 值；

——$df1$ 和 $df2$：你要为其确定 F 临界值的 p 值的两个 df 值；

——参数 lower.tail = FALSE，指示 R 只考虑相关的 F 值上边或右边曲线下的区域。

不过还要讨论最后一件事。我们在上面的 1.3.4 讨论单侧和双侧检验时，指出在单侧检验的图描述中如图 6 和图 8，把向一个方向远离 H_0 的预期时看到的事件概率相加，而在双侧的图描述中如图 7 和图 9，把以两个方向远离 H_0 时看到的事件概率相加。结果显示可以构建方向性 H_1 的先知起作用了，因此，要获得一个显著的结果并不需要那么极端的发现。然而，这意味着想用 lower.tail = FALSE 计算一个双侧 p 值时，需要 p 值为 $0.05/2 = 0.025$。这个值显示哪个 F 值只在于图的一边，如右边那个划出 0.025，但因为一个双侧检验要求在另一边/右边也划出同一区域，这就是预期的 $p_{双侧} =$

0.05 的 F 值。该逻辑可以在图 48 中显示：

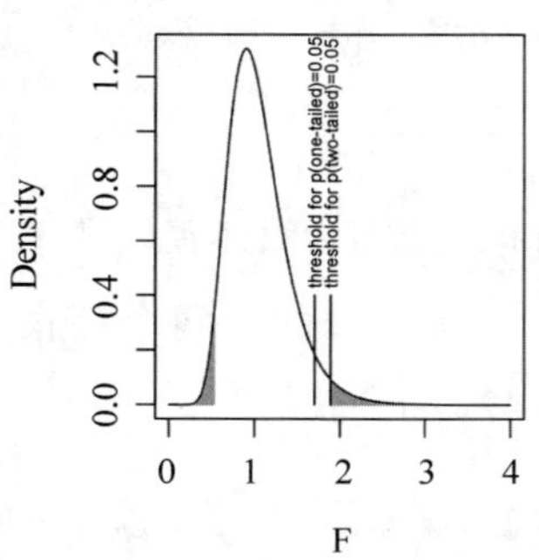

图 48　带 $df_1 = df_2 = 39$ 双侧检验的 F 分布的密度函数

如上所述，对 H_0 的期待是 $F = 1$。右边的垂直线表示需要获得显著的双侧检验 $df_{1,2} = 39$ 的 F 值；1.8907 的 F 值从表 33 已经了解，这意味着如果两个方差中的其中一个是另一个的 1.8907 倍，可以获得一个显著的双侧检验结果。左边垂直线表示需要获得显著的单侧检验 $df_{1,2} = 39$ 的 F 值；这个 F 值是 1.7045，意味着如果预测更大（!）的那个方差比你预测更小的方差大 1.7045 倍，将获得一个显著的单侧检验结果。要自己计算这个双侧检验的 F 值，作为初学者，也许只需输入这些行，然后在表 33 中的所有行以类似的方式继续做就可以了，而代码文件包含生成表 33 中一切数据的代码。

```
> qf(0.025,39,39,lower.tail = TRUE)¶
  [1] 0.5288993
> qf(0.025,39,39,lower.tail = FALSE)¶
  [1] 1.890719
```

观察到的 F 值不管对于方向性的还是无方向性的显著结果都显然太小了：$1.53 < 1.89$。然而，立即计算 F 值的 p 值更有用。因为现在用 *qf*，*pf* 的倒数，所以不能除以 2 而是要乘以 2：

```
> 2 * pf(F.value,39,39,lower.tail = FALSE)¶
  [1] 0.3276319
```

可见,有一个 $p=0.3276$ 的 p 值,$df_{1,2}=39$ 的 F 值约等于 1.37 的结果显然不显著。在 R 中,函数 var. test 很容易照顾到上面所有这些的 F 检验,该函数需要至少两个参数和两个样本。就像很多其他的函数一样,你可以用两种方式处理这种情况:可以给 R 提供一个公式,

```
> var.test(SYNTIMES ~ SPEAKER)¶
F test to compare two variances
data:SYNTIMES by SPEAKER
F = 0.7289,num df = 39,denom df = 39,p-value = 0.3276
alternative hypothesis:true ratio of variances is not
equal to 1
95 percent confidence interval:
0.385536   1.378221
sample estimates:
ratio of variances
0.7289402
```

或者可以用一个基于向量的办法:

```
> var.test(SYNTIMES[SPEAKER == "Learner"],
SYNTIMES[SPEAKER == "Native"])¶
```

如果从 R 里获得的 F 值与自己计算的值不一样也不要困惑。除了错误,R 所输出的值现在是 $1/F$ 值,R 不会自动把更大的方差放在分子,而是把在字母表中排行前面的方差排在分子,这里就是"Learner"在"Native"之前的原因。这个 p 值接着会显示 R 的结果与你计算的结果是一样的。你现在可以把这个总结如下:"母语者找出同义词的时间显示了约比学习者的时间大40%的方差(14.15 vs. 10.32),但根据 F 检验,这个差异不显著:$F=0.73$;$df_{\text{learner}}=39$;$df_{\text{native}}=39$;$p_{\text{双侧}}=0.3276$。"

进一步学习的建议

——Dalgaard (2002:89), Crawley (2007:289ff.), Baayen (2008:Section 4.2.3), Sheskin (2011:Tests 3,11a)

——当数据违背正态性的假设时检验方差的同质性的函数 fligner. test
——要了解比较方差的其他高级的概率，参照 Good and Hardin (2012:100ff.)
——看代码文件找到我要计算这个 F 检验的确切版本写的函数 exact. f. test. indep，当样本很小，也许 <15 时，可以用这个；注意，这个检验可能会花不少时间

3. 平均数

除了卡方检验，使用最频繁的简单显著性检验也许是平均数差异检验。我们将在 4.3.1 中关注拟合度检验，即检验观察的集中趋势量度是否与另外一个已知的平均数有显著差异，可以回头参阅 3.1.5.1；在 4.3.2，我们将讨论一些检验，其中会将两个样本中获得的集中趋势的量度进行互相对比。

3.1 拟合度检验

3.1.1 一个定距型因变量

我们假定再次对*模糊语*的使用感兴趣。早期的研究显示男士和女士在*模糊语*的频率上显示的交流方式不同。我们也来假定从文献中可以了解到，实验中的女士被试者在与实验者的合作者两分钟的交流中平均使用 12 次*模糊语*。你也知道*模糊语*的频率是正态分布的。现在做一个实验记录 30 个女性被试者与男性合作者的两分钟对话，然后像在先前的研究中计算的一样计算同样类型的*模糊语*。当然，我们假定关于所有其他参数，你在做的实验确实是在复制先前的实验。你现在想检验在实验中平均的*模糊语*是否与文献中报告的 12 个值有显著差异。这个问题包括：

——一个定距型因变量，即将与从文献获得的值进行对比的*模糊语*；

——没有自变量，因为没有检验模糊语是否受其他因素的影响。

对于这样的情况，可以用一个单样本 t 检验，包含这些步骤：

步骤

——提出假设

——计算描述性统计

——测试检验的设想:其平均值受检验的样本所选自的总体和已经是正态分布的或至少计算其平均值的样本本身是正态分布的

——计算检验统计量 t,df 和 p

像往常一样,你从假设开始:

H_0:被试与男性合作者在对话中的模糊语平均数与已知的平均数并没有显著差异;你实验中的*模糊语* = 12,或你实验中的*模糊语* - 12 = 0,或 $t = 0$。

H_0:被试与男性合作者在对话中的*模糊语*平均数与先前报告的平均数有差异;你实验中的*模糊语* ≠12,或你实验中的*模糊语* - 12≠0,或$t \neq 0$。

接着从 < _inputfiles/04-3-1-1_hedges. csv > 加载数据:

```
> Hedges <- read. delim(file. choose( ) )¶
> str( Hedges) ;attach( Hedges) ¶
```

然后计算在实验中发现的*模糊语*的平均频率以及离散性量度,参照代码文件中的图:

```
> mean( HEDGES) ;sd( HEDGES) ¶
  [1] 14. 83333
  [1] 2. 506314
```

在文献提到*模糊语*的数量呈正态分布的同时,也还需检验这对于你的数据是否适用:

```
> shapiro. test( HEDGES) ¶
  Shapiro-Wilk normality test
data:HEDGES
W = 0. 946,p-value = 0. 1319
```

检验结果表明是适用的。因此你可以立刻继续使用(43)中的公式。

$$(43)\ t=\frac{\bar{x}_{sample}-\bar{x}_{population}}{sd_{sample}/\sqrt{n_{sample}}}$$

```
> (mean(HEDGES)-12)/(sd(HEDGES)/sqrt(length(HEDGES)))¶
[1] 6.191884
```

要了解这个值什么意思仍然需要拟合度。这很简单,因为 $df=n-1$,即 $df=29$。当在普通的表格类型中查询 $df=29$ 的 t 值时,你计算的 t 值必须比表格中的 df 在 =0.05 这个点上的值大。要计算 p 的临界值,要同时用 qt、p 值和需要的 df 值。因为你做的是一个双侧检验,必须在分布的两边划分 0.05/2 =2.5%,图 49 显示了这种分布。

表 34　$p_{双侧}=0.05,0.01$ 和 0.001,而 $28\leqslant df_{,}\leqslant 30$ 的临界 t 值

	$p=0.05$	$p=0.01$	$p=0.001$
$df=28$	2.0484	2.7633	3.6739
$df=29$	2.0452	2.7564	3.6594
$df=30$	2.0423	2.75	3.646

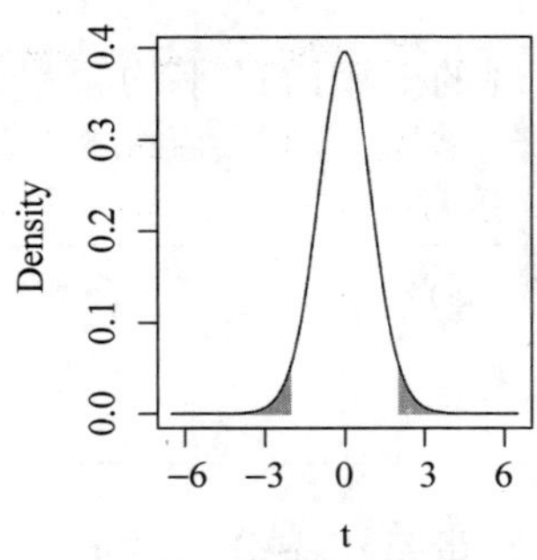

图 49　df =29 的 t 分布的密度函数,双侧检验

因此 $p=0.025$,$df=29$ 的临界 t 值是:

```
> qt(c(0.025,0.975),29,lower.tail=FALSE)¶
[1] 2.045230  -2.045230
```

确切的 p 值可以用 *pt* 计算出来，获得的 t 值是高度显著的：6.1919 不仅比 2.0452 大，而且甚至比 $p=0.001$ 和 $df=29$ 的 t 值还大。也许已经猜到因为 6.19 的 t 值在图 49 中远远落在右边的灰色空格。

```
> 2 * pt(6.191884,29,lower.tail = FALSE)¶
  [1] 9.42153e-07
```

也就是说，与参加实验的男性合作者说两分钟话的女性被试平均使用了 14.83 次模糊语，标准差为 2.51。根据单样本 t 检验，这个平均数远远大于先前在文献中记录的值。女性被试与参加实验的男性合作者说话的情况：$t=6.1919$；df = 29；$p_{双侧}<0.001$。

在 R 中有合适的函数，只需要一行。这个相关的函数 t.test 需要下列参数：

——X：包含样本数据的向量；

——mu = …，x 的样本平均数与之相比较的总体平均数；

——双侧检验默认的 alternative = "two-sided" 或 alternative = "greater" 或 alternative = "less" 其中之一，取决于你想检测哪个 H_1：你指派给 alternative 的值表明样本平均数与总体平均数的关系。

```
> t.test(HEDGES,mu = 12)¶
One Sample t-test
data:HEDGES
t = 6.1919,df = 29,p-value = 9.422e-07
alternative hypothesis:true mean is not equal to 12
95 percent confidence interval:
13.89746   15.76921
sample estimates:
mean of x
14.83333
```

获得已知的 14.83 的平均数和 *df* 及我们半手动计算的 t 值。此外，我们获得确切的 p 值和没有包含 12 这个值的平均数的置信区间。

> **进一步学习的建议**
>
> Baayen (2008: Section 4.1.2), Sheskin (2011: Test 2)

3.1.2 一个定序型因变量

我们在前面部分讨论了一种检验可以检测从一个正态分布总体获得的样本平均数与已知的总体平均数是否有差异。这部分讨论另外一种检验，可以在数据违背正态性的假设时或它们不是一开始就是定距型时使用。我们将通过研究一个有趣的形态学现象探讨这个检验，即削减型构词过程。在这个过程中，通常两个词的一部分合并成一个新词。有两种类型：混合和复杂剪辑。(44a)中显示混合的一些著名例子，而(44b)则提供复杂剪辑的一些例子；在所有的例子中，来源词进入新词的字母用下划线标明。

(44) a. ***brunch*** (***breakfast*** × ***lunch***), ***motel*** (***motor*** × ***hotel***), ***smog*** (***smoke*** × ***fog***), ***foolosopher*** (***fool*** × ***philosopher***)

b. ***scifi*** (***science*** × ***fiction***), ***fedex*** (***federal*** × ***express***), ***sysadmin*** (***system*** × ***administrator***)

对这些造词的研究也许会产生一个问题，即这样的词构成在与源词有多大程度的相似度。测量词的相似性有很多种方式，而我们要在这里用的这个是所谓的 Dice 系数。可以参阅 Brew and McKelvie(1996)。你可以用两个简单的步骤计算两个词的 Dice 系数。首先，把词分裂成字母或因子或双字母组合。对于 motel(motor × hotel)，可以获得：

——*motor*: *mo*, *ot*, *to*, *or*;

——*hotel*: *ho*, *ot*, *te*, *el*.

接着还要计算每个词有多少个双字母组合在另一词里出现。在这种情况下有两个：motor 中的 ot 也在 hotel 这个词中出现，因此，hotel 中的 ot 也在 motor 中出现①。用 2 这个数字除以双字母组合的数量就得到 Dice 系数：

---

① 这样的计算在 R 里很容易自动完成而且可以计算成百上千个单词。例如，如果向量 a 包含一个单词，这一行返回所有这个单词的双字母组合：substr(rep(a, nchar(a) - 1), 1:(nchar(a) - 1), 2:(nchar(a)))¶；要了解更多这样的应用，参照 Gries(2009a)。

(45) $Dice_{motor \& hotel} = 2/8 = 0.25$

换句话说,Dice系数是共享双字母组合做所有双字母组合中所占的比例,因此是定距型的。我们现在要研究这样的问题,即是否进入削减词构词过程的源词之间比普通词之间更相似。我们假定你知道这个随机选择词的平均Dice系数是0.225,标准差为0.0809;中位数是0.151,四分间距为0.125。这些数字已经表示这个数据可能不是正态分布的①。

这个研究包括:

——一个定距型因变量,即源词的SIMILARITY(相似性),这将与已知的平均数和中位数相比较;

——没有自变量,因为没有检验SIMILARITY是否受一些其他因素的影响。

假设应该是直截了当的:

H_0:进入削减型构词程序的源词平均SIMILARITY与随机选择词对的已知平均数没有显著差异;源词的Dice系数=0.225,或者源词的Dice系数-0.225=0。

H_1:进入削减型构词过程的源词平均SIMILARITY与随机选择词对的已知平均数有差异;源词的Dice系数≠0.225,或者源词的Dice系数-0.225≠0。

这里要研究的数据在<_inputfiles/04-3-1-2_dices.csv>里是Gries(2006)中研究的数据类型。

```
> Dices <- read.delim(file.choose())¶
> str(Dices);attach(Dices)¶
```

从这个汇总统计中,已经可以推断随机选择的词的相似性不是正态分布的。我们因此可以假设这对于源词的样本也是真实的,不过当然也可以检验这个假设。可以参照一个图的代码文件:

① 要了解真实的数据,参照Gries(2006)。我在那一项研究中,计算了1000个随机选择的单词所有可能的499,500个对数的Dice系数。

```
> shapiro.test(DICE)¶
Shapiro-Wilk normality test
data:DICE
W = 0.9615,p-value = 0.005117
```

这个 Dice 系数不是正态的,但却是呈对称分布的,如 ecdf 所示。这样,即使 Dice 系数是定距型的,且虽然样本大小 >30,但也许你为了谨慎就不用那个单样本 t 检验,而是使用那个中位数的所谓单样本符号检验,该检验包含下列步骤:

步骤

——提出假设

——计算观察值和预期平均数之间的差异的符号频率

——计算错误频率的 p

首先换个方式陈述这个假设,这里只提供未知统计假设:

H_0:中位数$_{\text{源词 Dice 系数}}$ = 0.151 ($median_{\text{Dice coefficients of your source words}}$ = 0.151)

H_1:中位数$_{\text{源词 Dice 系数}}$ ≠ 0.151 ($median_{\text{Dice coefficients of your source words}}$ ≠ 0.151)

接着计算描述统计量:中位数及其四分间距。显然,观察的中位数 Dice 系数比 0.151 稍高,0.151 是随机选择词对 Dice 系数的中位数,但是要猜测这个差异是否会变得显著是不可能的。

```
> median(DICE);IQR(DICE)¶
[1] 0.1775
[1] 0.10875
```

对于单样本符号检验,首先确定在预期的中位数之上或之下各有多少观察值,因为如果预期的中位数能很好地概述观察数据,那么 50% 的观察数据会在预期的中位数上而 50% 应该在其下面。注意:必须意识到这意味着从预期中位数的确切偏差大小并不在考虑之内,只研究观察值是大于还是小于预期的中位数，而不是研究大或小的程度。

```
> sum(DICE >0.151);sum(DICE <0.151)¶
[1] 63
[1] 37
```

100 个观察值中有 63 个大于预期的中位数，其余的小于预期的中位数，因为你预期的是 50，这似乎在源词中观察的 Dice 系数远大于那些随机选择词的这个系数。这个问题也可以像以前一样用图处理，使用 1.3.4.1 的图 7 所显示的函数 dbinom 及其逻辑。图 50 表明在 100 个尝试中获得的所有可能结果的概率，因为研究 100 个削减型构词法。首先，考虑图 50 的左半面板。

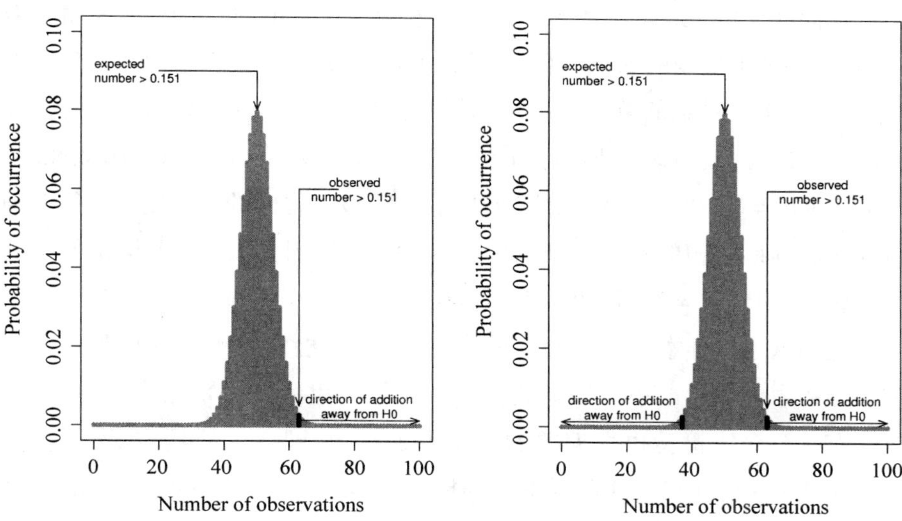

图 50　100 个二项试验检验的概率分布

根据 H_0，可能只估计 50 个 Dice 系数比预期的中位数高，但却发现了 63 个。这样，把观察结果的概率添加到从 H_0 中偏离的所有概率中，黑条表示 100 中的 63 个，甚至更极端，即发现 100 个 Dice 系数中有 64，65，……，99，100 个比预期中位数大的概率。从左半面板得到的这些概率加起来约等于 0.006。

```
> sum(dbinom(63:100,100,0.5))¶
[1] 0.006016488
```

但还没完成呢,就如你可以在图 50 左半面板所看到的一样,目前只包含了从 H_0一个方向的偏离,但 H_1是非方向性的,即双侧的。因此必须也尽可能包含从 H_0往另外一个方向偏离的事件概率:100 个中有 37,36,……,1,Dice 系数比预期的中位数小,如在图 50 右半面板中显示的一样。概率加起来的是一样的,因为二项式概率的分布在 $p=0.5$ 左右是对称的。

```
> sum(dbinom(37:0,100,0.5))¶
[1] 0.006016488
```

你同样期待 100 个中的 50 个,但观察到 100 个中的 63 个,如要做个双侧检验,必须把发现的 63 到 100 次更大 Dice 系数的总概率添加到发现 0 到 37 次更小 Dice 系数的总概率中。你接着得到的 0.01203298 的 $p_{双侧}$值是显著的。可以总结:"100 个削减型词形带来了 0.1775 的平均源词相似性,中位数为 IQR =0.10875。100 个源词中有 63 个彼此之间的相似度大于针对随机词对所预期的相似度。根据双侧符号检验,这与随机词对平均相似性的偏离较大,中位数 =0.151,IQR 范围 =0.125:$p_{二项式}=0.012$。"

记住这个单样本符号检验仅使用名义信息,检验每个数据点是否比预期参照的中位数大或小。如果数据的分布像这里的一样是相当对称的,那么还有一个交错检验也把偏差的大小考虑在内,即至少使用定类型信息。这个所谓的单样本带有正负号的排列检验,可以用函数 wilcox.test 计算。除了要检验的向量之外,下列参数是相关的:

——Alternative:说明你要检验的是哪个 H_1的字符串:默认的是"two.sided",其他可能用于单侧检验的值是"less" or "greater",这个指定第一个命名的向量如何与指定参照的中位数相关;

——mu =...:根据 H_0预期的参照中位数;

——exact = TRUE,如果想计算确切的检验,只是样本比 50 还小且没有连结时或 exact = FALSE,如果一个渐近检验是足够的;默认的值总计为后者；

——correct = TRUE（默认的）是延续的校正或 correct = FALSE 非延续的；

——conf. level:0 和值之间一个指定置信区间大小的值；默认值是0.95。

因为有一个非方向性的 H_1，只通过接受 alternative 的默认环境做一个双侧检验：

```
> wilcox. test(DICE,mu =0. 151,correct = FALSE)¶
Wilcoxon signed rank test
data:DICE
V = 3454. 5,p - value = 0. 001393
alternative hypothesis:true location is not equal to 0. 151
```

这个检验确认了先前的结果：单样本符号检验只关注偏差的方向，而有正负号排列的单样本检验也考虑这些偏差。这表明削减型词形的源词相互之间比从随机选择的词源所预期的更相似。不过，这应该促使确保所提出的假设正是自己感兴趣的，然后再使用要求的检验。

进一步学习的建议

——Baayen（2008:Section 4.1.2），Sheskin（2011:Test 9b,6）

3.2 差异/独立性检验

大多数情况都要求检验两组数据是否有不同的集中趋势。就如上文讨论的一样，有几个因素决定选择哪个检验：

——样本的类型：非独立或独立，参照1.3.4.1和第4章的开头部分；

——因变量测量的水平：定距型 VS. 定比型；

——定距型因变量的分布：正态 VS. 非正态；

——样本大小。

在这一章的开头重复这个讨论：即因变量是定距型的同时也是正态分布的或者两个样本大小都大于30，变量间的差别是正态分布的，然后通常可以根据要求对独立的或非独立的样本选择做 t 检验，也可以对非独立样本做 Wilcoxon 检验，或许做计算量很大的确切检验。需要这个决定过程是因为独立样本的 t 检验要求样本是正态分布时，可以看到即使潜在的分布不是正态的，多于 30 个元素的样本也可以是正态分布的。因此，如果数据满足两个条件中的一个条件，有时这是足够的，虽然不是保守的。严格意义上说，独立样本的 t 检验也要求同质方差。我们也将检验这个，但我们将讨论可以处理异构方差的一种 t 检验版本，即 Welch 之后的 t 检验。

3.2.1 一个定距型因变量和一个定类型独立样本自变量

独立样本 t 检验是最常用的检验。我们以语音研究领域的一个例子为例来研究这个问题。假定想要研究第一个男士和女士不同的共振峰频率无方向性 H_1，这个相当琐细，你设计一个实验，记录男士和女士对一个集合相关的词和/或音节的发音，然后分析这个记录。这项研究包含：

——一个定距型因变量，即 F1-FREQUENCIES，你会对这个变量的平均数感兴趣；

——一个自变量，即 SEX（性别）：Male（男性） vs. SEX：FEMALE（女性）；

——几个独立样本，因为如果每个被试只提供一个数据点，数据点相互之间没有关系。

将用于这个场景的检验即独立样本 t 检验，包括下列步骤：

步骤

——提出假设

——计算描述性统计并使数据形象化

——测试检验的设想：

△其平均值受检验的样本所选自的总体是正态分布的，至少在这个总体中计算平均数的样本本身是正态分布的，尤其当样本 $n<30$ 时

△样本选自的总体的方差或至少样本的方差是同质性的

△样本是各自独立的

——计算检验统计量 t，df 和 p

同样从假设开始。

H_0:男士的平均 F1 频率与女士的平均 F1 频率一样:$mean_{F1\text{男士频率}} = mean_{F1\text{女士频率}}$,或 $mean_{F1\text{男士频率}} - mean_{F1\text{女士频率}} = 0$,或 $t = 0$;

H_1:男士的平均 F1 频率与女士的平均 F1 频率不一样:$mean_{F1\text{男士频率}} \neq mean_{F1\text{女士频率}}$,或 $mean_{F1\text{男士频率}} - mean_{F1\text{女士频率}} \neq 0$,或 $t \neq 0$。

这里的研究数据有一部分是从对 Apache 的元音进行的类似实验中借来的。首先,从 <_inputfiles/04-3-2-1_f1-freq. csv> 加载数据到 R 里:

```
 > Vowels <- read. delim(file. choose( )¶
1 > str(Vowels);attach(Vowels)¶
```

然后,计算相关的平均数:

```
 > tapply(HZ_F1,SEX,mean)¶
F           M
528.8548   484.2740
 > tapply(HZ_F1,SEX,sd)¶
F            M
110.80099   87.90112
```

要使数据更形象显示出来,可以生成一个箱形图。设定 y 轴的界限,它的值是从 0 到 1000,因此所有值都显而易见了;此外,你用 rug 把女士和男士的值分别绘制到 y 轴的左边和右边;要了解包含带状图另一种方法的代码文件,请参考图 51。

```
 > boxplot(HZ_F1 ~ SEX,notch = TRUE,ylim = (c(0,1000)),
xlab = "Sex",ylab = "F1 frequency");grid( )¶
 > rug(HZ_F1[SEX == "F"],side = 2);rug(HZ_F1[SEX == "M"],side = 4)¶
```

下面的步骤包含测试 t 检验的假设。图 51 表示这些数据满足这些假设。首先,男士和女士的箱形图的数据看起来是正态分布的:中位数在盒子的中间,虚线朝两个方向延伸几乎差不多一样长。第二,方差似乎非常相似因为箱子和凹位的大小非常相似。不过,当然还要用熟悉的 Shapiro-Wilk 做

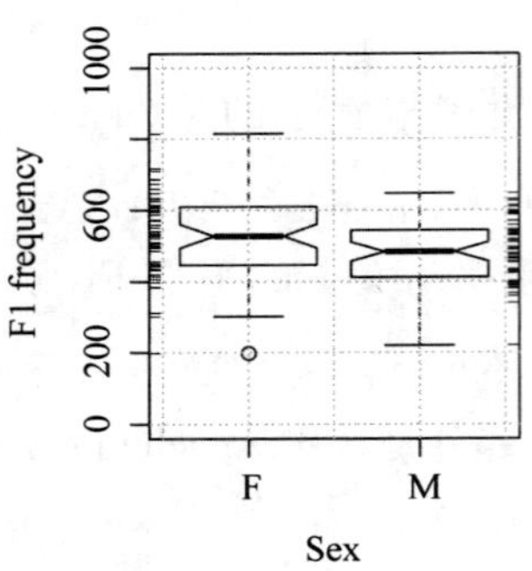

图 51　HZ_F1 ~ SEX 的箱形图

这个检验：

```
> tapply(HZ_F1,SEX,shapiro.test)¶
$F
Shapiro-Wilk normality test
data:X[[1L]]
W = 0.987,p-value = 0.7723
$M
Shapiro-Wilk normality test
data:X[[2L]]
W = 0.9724,p-value = 0.1907
```

数据与正态性区别不大。现在可以用 4.2.2 的 F 检验进行方差齐性检验。我们已经检验过其正态性的假设。这个检验的假设是：

H_0：第一个样本的方差与第二个的一样；$F = 1$。

H_1：第一个样本的方差比第二个的大；$F \neq 1$。

用 R 进行的 F 检验得到如下结果：

```
> var.test(HZ_F1 ~ SEX) # with a formula¶
F test to compare two variances
data:HZ_F1 by SEX
F = 1.5889,num df = 59,denom df = 59,p-value = 0.07789
alternative hypothesis:true ratio of variances is not
equal to 1
```

```
95 percent confidence interval:
0.949093   2.660040
sample estimates:
ratio of variances
        1.588907
```

第二个假设也是满足的:因为置信区间包括1,且 $p > 0.05$,因此方差之间没有显著差异,可以计算独立样本的 t 检验。这个检验包含三个不同的统计:检验统计 t,自由度 df 的数量,当然还得包括 p 值。我们在此讨论的t 检验中的 t 值是根据(46)的公式计算的,这里的 t 检验指的是 Welch 之后的 t 检验。在此,sd^2 就是方差,n 是样本大小,而下标1和2指的是男士和女士的两个样本。

$$(46)\ t = \left| (\bar{x}_1 - \bar{x}_2) \div \sqrt{sd_1^2/n_1 + sd_2^2/n_2} \right|$$

```
> t.numerator <- mean(HZ_F1[SEX == "M"])-mean(HZ_F1[SEX == "F"])¶
> t.denominator <- sqrt((var(HZ_F1[SEX == "M"])/
length((HZ_F1[SEX == "M"]))) + (var(HZ_F1[SEX == "F"])/
length((HZ_F1[SEX == "F"]))))¶
> t.value <- abs(t.numerator/t.denominator)¶
```

获得 $t = 2.441581$。自由度的公式有点复杂。首先,需要计算一个c值,有了c值,可以接着计算 df。计算c的公式如公式(47)所示,而(47)的结果被嵌入(48)中。

$$(47)\ c = \frac{sd_1^2/n_1}{sd_1^2/n_1 + sd_1^2/n_2}$$

$$(48)\ df = \left(\frac{c^2}{n_1 - 1} + \frac{(1-c)^2}{n_2 - 1}\right)^{-1}$$

```
> c.numerator <- var(HZ_F1[SEX == "M"])/length(HZ_F1[SEX == "M"])¶
> c.denominator <- t.denominator ^2 ¶
> c.value <- c.numerator/c.denominator ¶
> df.summand1 <- c.value ^2/(length(HZ_F1[SEX == "M"]) - 1)¶
```

```
> df. summand2 <- ((1-c. value)^2)/(length(HZ_F1[SEX == "F"]) - 1)¶
> df <- (df. summand1 + df. summand2)^ - 1 ¶
```

获得 c = 0.3862634 和 $df \approx 112.195$，接着在普通类型的 t 表格中查找 t 值，参阅表 35，或者计算 t 的临界值，用 *qt*(c(0.025,0.975),112,lower. tail = FALSE)¶；像以前一样，计算一个双侧检验的 $p = 0.025$ 时的 t 值。

表 35① $p_{双侧} = 0.05, 0.01$，和 0.001 而 $111 \leqslant df \leqslant 113$ 的临界 X^2 值

	$p = 0.05$	$p = 0.01$	$p = 0.001$
$df = 111$	1.3816	2.6208	3.3803
$df = 112$	1.9814	2.6004	3.3795
$df = 113$	1.9812	2.62	3.3787

可见，观察的 t 值比列表为 $p = 0.05$ 的值大，但比列表为 $p = 0.01$ 的值小：平均数间的差异显著。确切的 p 值可以用 *pt* 计算，而要做现在的双侧检验，只需输入下面的代码：

```
> 2 * pt(t. value,112. 195,lower. tail = FALSE)¶
[1] 0.01618534
```

可以在 R 里使用带几个参数的函数 t. test，其中前面两个参数可以用一个公式或两个向量的方式呈现，这是相关样本的参数。系列项目除上面两个参数外的其他相关参数：

——alternative：具体指定检测的是哪个 H_1 的字符串：默认的因此可以省略的值是“two. sided”，单侧假设的其他值是“less”或“greater”；R 如以前一样把字母表排序靠前的变量水平，也就是这里的“*F*”，当作参照范畴，因此这个关于男士的值比女士的值小的单侧假设会用 alternative = "greater" 检验；

——默认的独立样本 t 检验的 paired = FALSE，非独立样本 t 检验的

① 由于原著有两个 Table 34，译稿对表 34 以后的所有表格序号进行了调整，因此译稿从表 35 开始所有表格序号均比原著的表格序号大于 1。

paired = TRUE,请参照下一部分;

——当两个样本的方差相等时 var. equal = TRUE 或当它们不等时 var. equal = FALSE;后者是有用的默认值,几乎不应该改变;

——conf. level:一个 0 和 1 之间的值,这具体指定了平均数间差异的置信区间;默认值是 0.95。

因此,要做独立样本的 *t* 检验,可以输入下列两个中的任一变体。得到下列结果:

```
> t. test(HZ_F1 ~ SEX,paired = FALSE)¶
Welch Two Sample t-test
data:HZ_F1 by SEX
t = 2.4416,df = 112.195,p-value = 0.01619
alternative hypothesis:true difference in means is
not equal to 0
95 percent confidence interval:
8.403651   80.758016
sample estimates:
mean in group F mean in group M
         528.8548   484.2740
> t. test(HZ_F1[SEX == "F"],HZ_F1[SEX == "M"],paired = FALSE)¶
```

结果的前面两行提供检验的名称和检验适用的数据。第 3 行列出检验的统计量 *t*,符号是不相关的,取决于哪个平均数从哪个里面被减掉,但它当然也必须为手动计算考虑,*df* 值和 *p* 值。第 4 行说明受检验的 H_1。接着,获得平均数之间差异的置信区间。我们的检验是显著的,因为这个置信区间不包括 0。最后,又获得平均数。

现在把结果总结如下:"在实验中,男士发元音的平均 *F*1 频率是 484.3Hz (sd = 87.9),女士发元音的平均 *F*1 频率是 528.9Hz (sd = 110.8)。根据独立样本的 *t* 检验,平均数 44.6Hz 的差异是统计性显著的,但显著性不是特别强:$t_{Welch} = 2.4416$;$df = 112.2$;$p_{双侧} = 0.0162$。"

我们将在 5.2.2 讨论把这个检验延伸到不只是一个自变量和/或自变量有更多水平的情况。

进一步学习的建议

——Crawley (2007:289ff.), Baayen (2008:Section 4.2.2), Sheskin (2011:Test 11)

从代码文件中看函数 exact.t.test.indep,我编写的计算这个 *F* 检验的确切版本,样本非常小(也许 <15)时你可以使用;注意,这个检验也许需要不少时间(还需要 combinat 库)

3.2.2 一个定距型因变量和一个定类型非独立样本自变量

前面部分解释两个独立样本的平均数检验。该检验的名称表示这个因变量还有个类似的检验,在这部分我们用翻译研究的例子讨论这个问题。假定你想比较英语和葡萄牙语文本的长度以及它们各自译成葡萄牙语和英语的译文。我们也假定你怀疑翻译的文本通常比原文长。这个问题包括:

——一个定距型因变量,即文本的长度(LENGTH);

——一个定类型自变量,即文本源(TEXTSOURCE):原文(*ORIGINAL*) vs. TEXTSOURCE:译文(*TRANSLATION*);

——非独立样本,因为每个译文的长度值与其原文的长度是相关的。

做非独立样本 t 检验需要下列步骤:

步骤

——提出假设

——计算描述统计及使数据形象化

——测试检验的设想:非独立样本对值的差异是正态分布的

——计算检验统计量 t,df 和 P

如往常一样提出假设,但注意这次 H_1 是方向性的:你怀疑原文的平均长度比其译文的短,而不只是长度不同,即更短或者更长。因此,H_1 的统计形式不只包含一个"≠",而是某些更具体的,如"<":

H_0:原文长度与译文长度的平均成对差异是 0;$mean_{成对差异}=0$;$t=0$。

H_1:原文长度与译文长度的平均成对差异小于0;$mean_{成对差异} < 0$;$t < 0$。

特别注意,假设不包含两个样本的值而包含他们之间的成对差异,这些差异如何计算:原文减去译文,而不是其他的方法,因此我们用"<0"。我们将研究从 Frankenberg-Garcia (2004)中获得的数据。她比较了经过选择和编辑的,长度约为1,500词的八篇英语和八篇葡萄牙语文本,然后确定译文。可以从 <_inputfiles/04-3-2-2_textlengths.csv> 中加载数据:

```
> Texts <- read.delim(file.choose())¶
> str(Texts);attach(Texts)¶
```

请注意数据是组织起来的,因此文本及其译文的顺序是一样的:Case 1是英文原文,因此 TEXT 是 1,TEXTSOURCE 是 *ORIGINAL*, LANGUAGE 是 *ENGLISH*,而 Case 17 是其译文,因此 TEXT 又是 1,但 TEXTSOURCE 现在是 *TRANSLATION*, LANGUAGE 是 *PORTUGUESE* 等。首先,计算平均数并创建一个图形。

```
> tapply(LENGTH,TEXTSOURCE,mean)¶
Original   Translation
1500.062   1579.938
> boxplot(LENGTH ~ TEXTSOURCE,notch = TRUE,ylim = c(0,2000))¶
> rug(LENGTH,side = 2)¶
```

平均的译文长度比原文的稍微长些,而两个样本离散性差异很大。显出一点儿偏差是因为原文的长度被"设"为约等于1,500个词,而译文的长度并未受那样的限制。

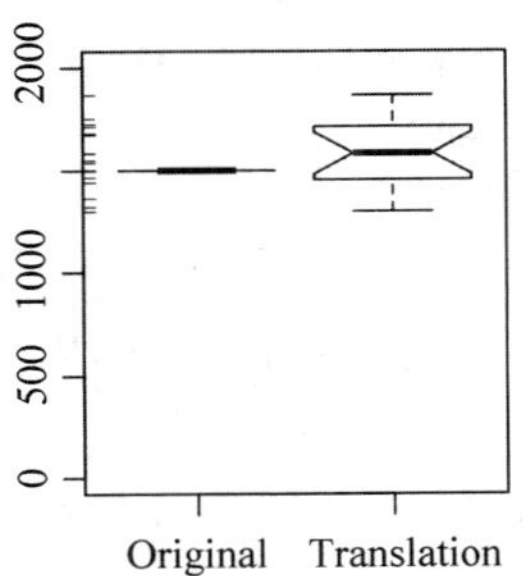

图52　LENGTH ~ TEXTSOURCE 的箱形图

但这实际上是一个糟糕数据图形。为什么呢?

这幅图没有描述来自左边部分的数据点的信息，即原文长度与右边部分的译文长度是相关的！因此，请参照代码文件中三个更好的图形，尤其第三幅图。考虑到受限制的原文长度，这里的差异并没有那么大。但在别的应用中，像上面的因变量箱形图会非常容易误导人。

与独立样本的 t 检验不同的是，非独立样本的 t 检验并没有假定样本值的正态分布或方差齐性，而是成对样本值之间差异的正态分布。可以创建一个包含这些差异的向量，然后通过这个捷径在一行中用 Shapiro-Wilk 来检验它。

```
> shapiro.test(differences <- LENGTH[1:16]-LENGTH[17:32])¶
Shapiro-Wilk normality test
data:differences
W = 0.9569,p-value = 0.6057
```

这些差异与正态性之间没有很大偏差，因此实际上可以做非独立样本的 t 检验。首先，根据(49)的公式计算 t 值，这里 n 是值对的数量。

$$(49)\ t = |\bar{x}_{differences}| \cdot \sqrt{n}/sd_{differences}$$

```
> t.value <- (abs(mean(differences)) *
sqrt(length(differences)))/sd(differences)¶
> t,value
[1] 1.927869
```

其次，计算自由度 df，就是差异的数量 n 减去 1：

```
> df <- length(differences)-1;df¶
[1] 15
```

现在可以计算 $p = 0.05$ 的临界值，这次不是 $0.05/2 = 0.025$，因为已经有

一个方向性的 H_1，在 *df* = 15 或以更复杂的方式创建整个 *t* 表格。

```
> qt(c(0.05,0.95),15,lower.tail = FALSE)¶
[1] 1.753050 -1.753050
```

你可以在这样的 *t* 表格中查询 *t* 值，在此重复如表 36 所示。因为这样的表格通常只列出正值，用的是 *t* 值的绝对值。如图所示，原文及其译文的差异是显著的，但不是非常或高度显著：1.927869 > 1.7531，但1.927869 < 2.6025。

表 36　$p_{双侧}$ = 0.05，0.01，和 0.001 而 14≤*df*≤16 的临界 *t* 值

	p = 0.05	*p* = 0.01	*p* = 0.001
df = 14	1.7613	2.6245	3.7874
df = 15	1.7531	2.6025	3.7328
df = 16	1.7459	2.5835	3.6862

这里也可以计算确切的 *p* 值。因为有个方向性的 H_1，只需要划清在分布的一边曲线下 5% 的区域。遵循 H_0的这个 *t* 值是 0 而你计算的 *t* 值约等于 1.93，因此必须计算从 1.93 到 +∞ 曲线下的区域；参照图 53。因为做的是单侧检验，不需要把 *p* 值乘以 2。

```
> pt(t.value,15,lower.tail = FALSE)¶
  [1] 0.03651146
```

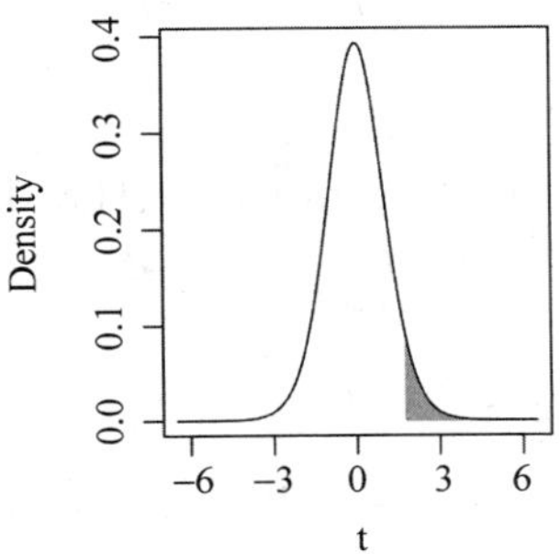

图 53　*df* = 15 的 *t* 分布密度函数，单侧检验

注意，这也意味着只有做单侧检验时这个差异才显著，一个双侧检验的值乘以 2 就不会得到一个显著的结果，因为 $p = 0.07302292$。

现在用 R 做同样的检验。因为已知函数 t. test 的参数，我们可以只集中做与以前有区别的内容，现在有个方向性 H_1，需要做个单侧检验和一个配对比较检验。要做好这个检验，必须首先理解 R 是如何计算差异的。如上所述，R 按字母顺序计算差异“按字母顺序的第一个水平减去按字母顺序的第二个水平”。这就是为什么 H_1 是由上文所描述的方式形成的。因为“Original”在“Translation”之前，我们假设前者的平均数会比后者的小，即差异小于 0。因此，要告诉 R 这个差异“小于”零。

当然，可以使用这个公式或者基于向量的符号。这里显示了公式符号的结果，这两种方式都会带来同样的结果。我们得到的 t 值都是正数，只因为我用 abs，我们还得到 df 值、p 值和置信区间值，因为它不包括 0，这也反应了一个显著的结果。

```
> t. test( LENGTH ~ TEXTSOURCE, paired = TRUE, alternative = "less" )¶
Paired t-test
data: LENGTH by TEXTSOURCE
t = -1.9279, df = 15, p-value = 0.03651
alternative hypothesis: true difference in means is less
than 0
95 percent confidence interval:
-Inf -7.243041
sample estimates:
mean of the differences
 -79.875
> t. test( LENGTH[ TEXTSOURCE == "Original" ], LENGTH[ TEXTSOURCE ==
"Translation" ], paired = TRUE, alternative = "less" )¶
```

结论如下：“通常，原文比译文短 80 个词，这个差异 95% 的置信区间是 -Inf, -7.24)。根据一个非独立样本的单侧 t 检验，这个差异是显著的：$t = -1.93$；$df = 15$；$p_{单侧} = 0.0365$。不过这个影响相对较小：80 个词的差异与只有 5% 的文本长度相对应。”

进一步学习的建议

——Crawley (2007:298ff.), Baayen (2008: Section 4.3.1), Sheskin (2011:Test17)

——看代码文件中的函数 exact.t.test.dep。我用这个函数来计算这个 F 检验的确切版本,当你的样本很小时(也许 <15)可以用这个检验;注意,这个检验也许会花不少时间。对于这个例子,它输出的 p 值几乎完全相同。

3.2.3　一个定序型因变量和一个定类型独立样本自变量

我们在这部分讨论定序数据的两个独立样本的非参数检验,即 U 检验。我在 4.3.2 开头就指出,U 检验不仅用于当要比较的样本包含定序型数据,也用于当它们违背正态分布,这个部分将再次涉及一个例子。在这个例子中,只有这些分布假设的检验让你决定用哪个检验。

在上述 4.3.1.2 研究进入削减型词汇构成的源词的相似性,并检验这些相似性与已知的随机选择词平均相似度之间是否有差异。你使用的数据是 Gries (2006) 中所研究的数据类型,但在上面的例子中,没有讨论源词进入不同类型削减型构词的构成。这正是我们在这里要讨论的,即通过对比源词进入合并词的相似度与源词进入复杂剪辑的相似性。如果两个类型的构词过程因为这个参数而有差异,这首先将实质性促使我们去把它们区别开来。因此,这个例子包含:

——一个定距型因变量,即你对其平均数感兴趣的源词的相似性(SIMILARITY);

——一个名义自变量,即过程(PROCESS):合并(BLEND) VS. 过程(PROCESS):复杂剪辑(COMPLCLIP);

——独立样本,因为任何一对源词的 Dice 系数与源词的其他任何词对没有任何关系。

这类问题通常会用我们在上面讨论的独立样本的 t 检验来研究。根据上面的程序,你首先提出假设。这个假设是非方向性的,因为我们也许没有先验理由来假定某一特定差异：

H_0：合并词源词 Dice 系数的平均数与复杂剪辑过程源词 Dice 系数的平均数一样；$mean_{合并\ Dice系数} = mean_{复杂剪辑\ Dice系数}$，或者 $mean_{合并\ Dice系数} - mean_{D复杂剪辑\ Dice系数} = 0$。

H_1：合并词源词 Dice 系数的平均数与复杂剪辑过程源词 Dice 系数的平均数不一样；$mean_{合并\ Dice系数} \neq mean_{复杂剪辑\ Dice系数}$，或者 $mean_{合并\ Dice系数} - mean_{复杂剪辑\ Dice系数} \neq 0$。

可以从 <_inputfiles/04-3-2-3_dices. csv> 加载数据。如以前一样，这个文件包含 Dice 系数，但现在也在一个附加列中包含每个 Dice 系数的构词过程。

```
> Dices <- read. delim(file. choose( ) )¶
> str(Dices) ;attach(Dices)¶
```

如往常一样，应该由通过用图形式研究数据的方式开始：

```
> boxplot(DICE ~ PROCESS,notch = TRUE,ylim = c(0,1),
ylab = "Dice")¶
> rug(jitter(DICE[PROCESS == "Blend"]),side = 2)¶
> rug(jitter(DICE[PROCESS == "ComplClip"]),side = 4)¶
> text(1:2,tapply(DICE,PROCESS,mean),"x")¶
```

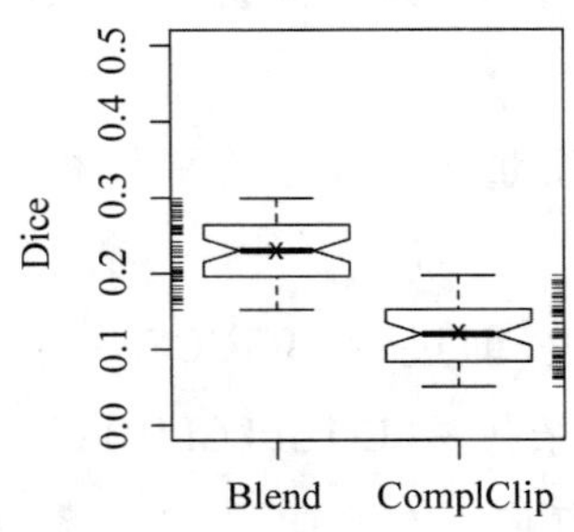

图 54 SIMILARITY ~ PROCESS 的箱形图

像往常一样，这个图已经提供足够多的信息，几乎不需要统计分析了。可能最明显的方面是两个中位数之间的差异，但因为数据是定距型的，你也需要研究平均数。这些已经在图中呈现出来了。以下这些是计算它们的通常代码行;注意两者之间的差异到底有多大。

```
> tapply(DICE,PROCESS,mean)¶
  Blend    ComplClip
  0.22996   0.12152
> tapply(DICE,PROCESS,sd)¶
  Blend       ComplClip
  0.4274985   0.04296569
```

为了检验是否可以在这里使用独立样本的 *t* 检验,我们需要检验它的两个假设:总体中的正态性和方差齐性。因为方差同质性的 *F* 检验假设以正态性为前提,可以从检验数据是否是正态分布开始。图 54 中的须须显示它们不是,这可以通过 Shapiro-Wilk 检验得到支持。

```
> tapply(DICE,PROCESS,shapiro.test)¶
 $ Blend
Shapiro-Wilk normality test
data:X[[1L]]
W = 0.9455,p-value = 0.02231
 $ ComplClip
Shapiro-Wilk normality test
data:X[[2L]]
W = 0.943,p-value = 0.01771
```

因为这些违背了正态性,实际上不能做常规的 *F* 检验来检验独立样本的 t 检验的第二个假设。因此得做方差同质性的 Fligner-Killeen 检验,这不要求数据是正态分布的,在上文的 4.2.2 已讨论。

```
> fligner.test(DICE ~ PROCESS)¶
Fligner-Killeen test of homogeneity of variances
data:DICE by PROCESS
Fligner-Killeen:med chi-squared = 3e-04,df = 1,p-value = 0.9863
```

方差是同质的,但还是违背了正态性。由此得出结论,即便数据是定距型的,即便样本大于 30,计算一个没有做出这些假设的检验,U 检验也许更安全。

步骤

——提出假设

——计算描述性统计并使数据形象化

——测试检验的设想:

△样本是各自独立的

△其集中趋势受检验的样本所选自的总体是均匀分布的①

——计算检验统计量 U,z,和 p

这两个箱形图看起来比较相似,两个组群之间的方差也不具有显著差异,上文也指出过 U 检验也是稳定的,因此我们在这里也使用 U 检验。因为 U 检验只假定定序型数据,现在要计算中位数,而不只是平均数。因此需要调整假设并计算中位数和四分位数的范围:

H_0:合并词源词的 Dice 系数的中位数与复杂剪辑源词的 Dice 系数的中位数一样大;$median_{合并\ Dice系数} = median_{复杂剪辑\ Dice\ 系数}$,或者 $median_{合并\ Dice系数} - median_{复杂剪辑\ Dice\ 系数} = 0$。

H_1:合并词源词的 Dice 系数的中位数与复杂剪辑源词的 Dice 系数的中位数不一样大;$median_{合并\ Dice系数} \neq median_{复杂剪辑\ Dice\ 系数}$,或者 $median_{合并\ Dice系数} - median_{复杂剪辑\ Dice\ 系数} \neq 0$。

```
> tapply(DICE,PROCESS,median)¶
Blend    ComplClip
0.2300   0.1195
> tapply(DICE,PROCESS,IQR)¶
Blend      ComplClip
0.0675   0.0675
```

这里,设想毫无疑问是可以检验的:值之间互相独立,因为不同构词法

① 根据 Bortz, Lienert 和 Boehnke(1990:211)U-检验能很快找到集中趋势测量的差异性,即便违背了这个设想。

之间不会互相影响，图 54 中数据的分布似乎很相似，两种构词程序的 Z 标准化 Dice 值的 Kolmogorov-Smirnov 检验完全不显著（$p = 0.9972$）。

不幸的是，计算 U 检验比很多其他的检验都难处理。首先，把所有的 Dice 系数转换成水平，然后计算每种构词程序的所有级别的总量。接着，把这些 T 值和两个样本大小放到（50）和（51）的公式中计算两种 U 值，较小的那个值就是所要求的检验统计。

```
> Ts <- tapply(rank(DICE),PROCESS,sum)¶
```

$$(50)\quad U_1 = n_1 \cdot n_2 + \frac{n_1 \cdot (n_1 + 1)}{2} - T_1$$

$$(51)\quad U_2 = n_1 \cdot n_2 + \frac{n_2 \cdot (n_2 + 1)}{2} - T_2$$

```
> n1 <- length(DICE[PROCESS == "Blend"])¶
> n2 <- length(DICE[PROCESS == "ComplClip"])¶
> U1 <- n1 * n2 + ((n1 * (n1 + 1))/2)-Ts[1]¶
> U2 <- n1 * n2 + ((n2 * (n2 + 1))/2)-Ts[2]¶
> U.value <- min(U1,U2)¶
```

84 的 U 值可以在一个 U 表格里查询或者可以转变成正态分布的 z 分数，因为大的样本很少有 U 表格①，这个 z 分数通过如下方式计算。首先，用（52）和（53）中的公式来计算预期的 U 值及其离差。

$$(52)\quad U_{expected} = 0.5 \cdot n_1 \cdot n_2$$

$$(53)\quad Dispersion\ U_{expected} = \sqrt{\frac{n_1 \cdot n_2 \cdot (n_1 + n_2 + 1)}{12}}$$

第二，你把这些值与观察的 U 值一起放入（54）的公式中。

$$(54)\quad z = \frac{U - U_{expected}}{Dispersion U_{expected}}$$

① Bortz, Lienert and Boehnke（1990:202 and Table 6）为 $n \leqslant 20$ 提供 U 的临界值，也提到 $n \leqslant 40$ 情况下的临界值的表格的参考值——我至少了解没有更大样本的 U-表格。

```
> expU <- n1 * n2/2 ¶
> dispersion. expU <- sqrt(n1 * n2 * (n1 +n2 +1)/12)¶
> z <- abs((U. value-expU)/dispersion. expU)¶
```

要确定 H_0 是否会被拒绝，在诸如表 37 这样的 z 表格中查询 8.038194 这个值或用 qnorm 计算 $p_{双侧}=0.05$ 时的 z 临界分数，上文 1.3.4.2 曾提过。因为有一个非方向性 H_1，应用与上文一样的逻辑并计算自己所感兴趣的 $p_{双侧}$ 值的一半的 z 分数。

表 37　$p_{双侧}=0$。05，0.01，和 0.001 的 z 分数临界值

z 分数	p 值
1.96	0.05
2.575	0.01
3.291	0.001

```
> qnorm(c(0.9995,0.995,0.975,0.025,0.005,0.0005),
lower. tail = FALSE)¶
[1] -3.290527 -2.575829 -1.959964 1.959964 2.575829
3.290527
```

显然，观察的 z 分数不仅比为 $p_{双侧}=0.001$ 用表格表示的分数大得多，而且与图 55 中的灰色阴影区域差异非常大：中位数的差异非常显著，因为非重叠的凹口是原先就预期到的。此外，你可以用 qnorm 的平常“镜像函数”计算确切的 p 值。

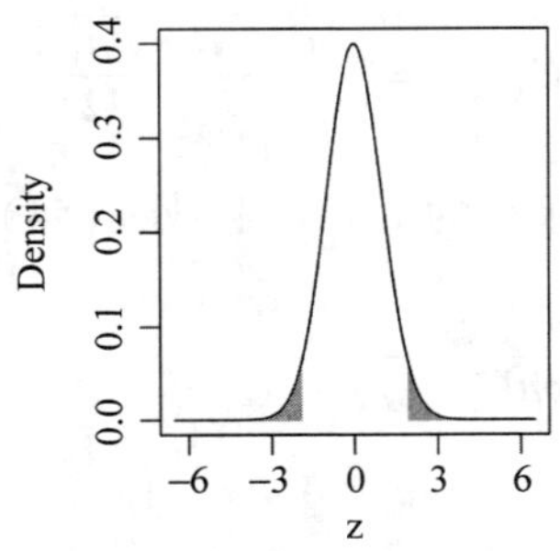

图 55　标准正态分布的密度函数；双侧检验

```
> 2 * pnorm(z,lower.tail = FALSE)¶
[1] 9.117223e-16
```

在 R 里用与 Wilconxon 检验相同的函数 wilcox.test 计算 U 检验，可以再次用一个公式或者两个向量。除了这些参数，下列这些也是有用的：

——alternative：说明你要检验的是哪个 H_1 的字符串。默认的是"two.sided"，其他可能用于单侧检验的值是"less" or "greater"，这些指定了第一个命名的向量如何与第二个命名的向量相关；

——独立样本 U 检验的 paired = FALSE 或非独立样本的 Wilconxon 检验的 paired = TRUE。可参照下一部分；

——如果想要计算确切的检验，exact = TRUE，或如果不想检验时，exact = FALSE。如果没有改变 exact 的 NULL 默认设置及数据集的数据点小于 50 且没有连结时，p 值的确切值会自动计算；

——默认的 correct = TRUE 是延续的校正或 correct = FALSE 是非延续的；

——conf.level：0 和 1 之间的一个值，规定置信区间大小；默认值是 0.95。

这里要用的标准版本是：

```
> wilcox.test(DICE ~ PROCESS,paired = FALSE,correct = FALSE)¶
Wilcoxon rank sum test
data:DICE by PROCESS
W  =  2416,p - value  =  9.072e - 16
alternative hypothesis:true location shift is not equal to 0
```

你获得一个 U 值和一个 p 值。这里的 U 值指的是 W，而 W 不是 U_1 和 U_2 的最小值而是最大值，你获得的值取决于哪个向量或因子水平在字母表里首先出现。这里的 p 值与你的有一点儿不同，因为 R 使用一个稍微不同的算法。现在可以总结："根据 U 检验，合并词词源的中值的 Dice 系数（0.23，IQR = 0.0675）与复杂剪辑的中值 Dice 系数（0.12，IQR = 0.0675）差异非常显著：U = 84（或 2416），$p_{双侧} < 0.0001$。合并词的创建者似乎比复杂剪辑创

建者更关注选择相互之间比较相似的源词。”

进一步学习的建议

Dalgaard （2002：89f.），Crawley （2007：297f.），Baayen （2008：Section4.3.1），Sheskin（2011：Test 12）

3.2.4 一个定序型因变量和一个定类型非独立样本自变量

就像 *U* 检验一样，这个部分的检验有两个主要应用。首先，可能确实有两个定序型数据的非独立样本，就如你有一群被试执行两个评分任务，以检验每个被试第一次评分是否与第二次的不同。其次，也许更普遍的应用是有两个定距型变量非独立样本时产生，但并不能为非独立样本做 *t* 检验，因为它的分布假设不匹配。我们将在这部分讨论后面这种类型的例子。

仿照 Bencini and Goldberg（2000），Gries and Wulff（2005）研究了对应于学英语的德国人给句子分类时，哪些动词或句子结构与分类更相关。他们把四种句子结构和四种动词交叉，得到 16 个句子，每种构造中有一个动词。把每个句子打印在一张卡片上，再把这些卡片发给 20 个高水平的学英语的德国学生，让他们把卡片归成 4 堆，每堆 4 张。设计的问题是这些被试是根据动词还是根据结构进行分类。要确定分类偏好需要对每个被试的 4 堆卡片进行检查，根据一个人至少要移动几次才能创建 4 堆卡片都根据动词分类或都根据结构分类。对这个问题的研究包括：

——一个定距型因变量，即移动（SHIFTS），要创建完全的清楚分类，一张卡要从一堆移动到另外一堆的次数，而我们对这些次数的平均数感兴趣；

——一个定类型自变量，即标准（CRITERION）：结构（CONSTRUCTION）vs. 标准（CRITERION）：动词（VERB）；

——非独立样本因为每个被试“创建”两种移动数据，一个是要创建根据动词的分类，另外一个是要创建根据结构的分类。

要检验类似这样结果的显著性，首先应该考虑一个非独立样本的 *t* 检验，因为已经有两个定距型数值的样本。像往常一样，可以从提出相关假设开始：

H_0：对完全根据动词分类的卡堆重新安排次数与对完全根据结构分类的卡堆的重新安排次数之间的成对差异的平均数是 0；$mean_{成对差异} = 0$。

H_1：对完全根据动词分类的卡堆重新安排次数与对完全根据结构分类的卡堆的重新安排次数之间的成对差异的平均数不是 0；$mean_{成对差异} \neq 0$。

接着，从 <_inputfiles/04-3-2-4_sortingstyles. csv> 中加载 Gries 和 Wulff (2005) 在他们实验中所得的数据：

```
> SortingStyles <- read. delim( file. choose( ) )¶
> head( SortingStyles,3) ;attach( SortingStyles)¶
```

如往常一样计算平均数和标准差并创建一个结果图。

```
> tapply( SHIFTS,CRITERION,mean)¶
Construction    Verb
3.45       8.85
> tapply( SHIFTS,CRITERION,sd)¶
Construction    Verb
4.346505    4.107439
> differences <- SHIFTS[ CRITERION == "Construction" ] -
SHIFTS[ CRITERION! = "Construction" ]¶
> stripchart( differences,method = "stack" ,xlim = c( -12,12) ,
xlab = "Differences: - > construction minus  - > verb" ) ;
abline( v =0,lty =2,col = "grey" )¶
```

注意：因为两个样本不是独立的，我们可以像在上文的 4.3.2.2 一样表述它们之间的差异。接着做非独立样本 t 检验的假设及成对差异的正态性。考虑到图 56，它们显然不是正态的：

```
> shapiro. test( differences)¶
Shapiro-Wilk normality test
data:differences
W  =  0.7825,p - value  =  0.0004797
```

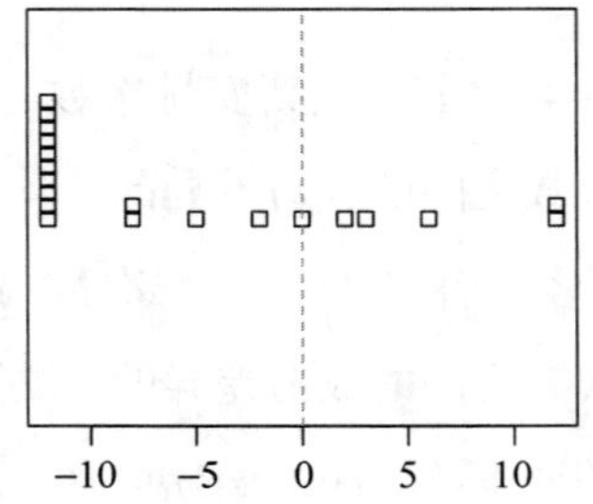

图 56 移动差异的带形图

在此不能用 t 检验。相反,应该计算定类型变量的两个非独立样标本的检验,即 Wilcoxon 检验。

步骤

——提出假设

——计算描述性统计并使数据形象化

——测试检验的设想:

△值对是各自独立的

△其集中趋势受检验的样本所选自的总体是均匀分布的

——计算检验统计 t 和 p

第一步,调整假设到测量的排序水平,接着计算中位数及其四分间距:

$H_0: median_{pairwise\ differences} = 0$

$H_1: median_{pairwise\ differences} \neq 0$

```
> tapply(SHIFTS,CRITERION,median)¶
Construction    Verb
1    11
> tapply(SHIFTS,CRITERION,IQR)¶
Construction      Verb
6.25    6.25
```

这些设想似乎匹配，而值对是各自独立的，因为任何一个被试的分类不会影响其他被试的分类，但是又有点不正式，几乎没有理由假定总体的分布是不同的，尤其因为完全根据动词的分类所获得的大多数值与完全根据结构分类获得的值是互为反面的。因此，需要计算 Wilcoxon 检验。由于篇幅的原因，我们只考虑标准变体。首先，把成对差异的向量转换成水平。你已经计算这个的 Shapiro-Wilk 检验：

```
> ranks <- rank(abs(differences))¶
```

第二步，把差异是负值的所有等级相加得到一个 $T-$ 值，差异是正值的所有等级相加得到 $T+$ 值；两个值中小的那个值就是所需要的检验统计 T：[①]

```
> T.minus <- sum(ranks[differences <0])¶
> T.plus <- sum(ranks[differences >0])¶
> T.value <- min(T.minus,T.plus)¶
```

可以在一个 T 表格（表 38）中查询这个 41.5 的 T 值，但请注意，要得到一个显著结果，那个观察的检验统计必须比表格显示的检验统计小。

表 38 $p_{双侧}=0.05, 0.01$ 和 0.001, $14\leqslant df\leqslant 16$ 的临界 T 值

	$p=0.05$	$p=0.01$	$p=0.001$
$df=19$	46	32	18
$df=20$	52	37	21
$df=21$	58	42	25

41.5 的观察 T 值比 $n=20$, $p=0.05$ 时表格显示的值小，但比 $n=20$ 和 $p=0.01$ 时表格显示的值大：结果是显著的。

我们现在用 R 来做这个检验：已经知道 Wilcoxon 检验的函数，因此我们不需要再次详细讨论。相关的差异是现在指示 R 把样本处理成非独立/成对的。你几乎总是可以用这个公式或基于向量的函数调用。

① 在此所讨论的计算方式是 Bortz(2005)所描述的。它忽视了连接以及差异是 0 的情况；也参照 Shekin(2011:812)。

```
> wilcox.test(SHIFTS ~ CRITERION, paired = TRUE, exact = FALSE,
correct = FALSE)¶
Wilcoxon signed rank test
data: SHIFTS by CRITERION
V = 36.5, p-value = 0.01527
alternative hypothesis: true location shift is not equal to 0
```

R以不同的方式计算检验统计量,但会得到同样类型的结论:结果是显著的,但不是非常显著。"总的来说,20个被试表现出对根据结构分类类型有很强偏好:完全根据结构分类的卡片重新安排的中值数量是1,而要完全根据动词分类的卡片重新安排的中值数量是11,这里都是IQRs=6.25。根据Wilcoxon检验,这个差异是显著的:V=36.5,$p_{双侧}=0.0153$。在这个实验中,当讨论是什么引起分类的偏好问题时,这个句法模型比根据动词分类的特点更显著。"

进一步学习的建议

——Dalgaard (2002:92), Sheskin (2011:Test 18)

4. 相关性系数和线性回归

在这部分,我们讨论在3.2.3所讨论的相关系数的显著性检验。

4.1 积差相关性的显著性

上文描述的积差相关性的手动计算有点复杂,而它的显著性检验没有那么复杂,包含下列步骤:

步骤

——提出假设

——计算描述性统计并使数据形象化

——测试检验的设想：其样本所选自的总体在两个变量特征方面均服从正态分布。但这个标准可能难以检验，参照 Bortz（2005：213f），因此不妨直接假设两个样本均服从正态分布。
——计算检验统计量 *t*，*df*，*p*

我们回到 3.2.3 的例子，当时计算 20 个词长以及对其反应时相关性的相关系数是 0.9337。假定你的 H_1 是非方向性的假设。

H_0：以字母统计的词长与在词汇决定任务中对词的反应时之间是不相关的；r = 0。

H_1：以字母统计的词长与在词汇决定任务中对词的反应时之间是相关的；r≠0。

从 <_inputfiles/04-4_reactiontimes. csv> 中加载数据：

```
> ReactTime <- read. delim (file. choose( ) )¶
> str( ReactTime) ;attach( ReactTime)¶
```

因为我们在上面已经生成一个散点图，可参照图 35 和图 36，我们现在跳过制图。但我们必须检验两个向量是正态性的假设。可以继续一步步前进，输入 shapiro. test（LENGTH）¶ and shapiro. test（MS_LEARNER）¶ 或者用一个更短的变体：

```
> apply( ReactTime[ ,2:3] ,2 ,shapiro. test)¶
$ LENGTH
Shapiro-Wilk normality test
data:newX[ ,i]
W = 0.9748 ,p-value = 0.8502
$ MS_LEARNER
Shapiro-Wilk normality test
data:newX[ ,i]
W = 0.9577 ,p-value = 0.4991
```

这一行代码意味着"取在 apply 的第一个参数中所提及的数据即在数据

框 ReactTime 的第二列和第三列；如果第二参数槽中的数值是 2，逐列研究，如果是 1，就逐行来研究；可以参照 3.2.1 中 prop. table 的符号，并把函数 shapiro. test 应用到这里的每一列”。显然，两个变量与正态性的差异不是特别显著。

要计算检验统计量 t，把相关系数插入 r 和相关值对的数量 n 放到(55)的公式中：

$$(55)\ t = \left| \frac{r \cdot \sqrt{n-2}}{\sqrt{1-r^2}} \right|$$

```
> r <- cor(LENGTH, MS_LEARNER, method = "pearson")¶
> numerator <- r * sqrt(length(LENGTH) - 2)¶
> denominator <- sqrt(1 - r^2)¶
> t. value <- abs(numerator/denominator)¶
```

11.06507 这个 t 值有 $df = n - 2 = 18$ 个自由度。

```
> df <- length(LENGTH) - 2¶
```

如以前的 t 检验，现在可以在一个 t 表格中查询这个 t 值，或者可以计算一个临界值：如果观察的 t 值比表格列的值/临界值高，那么 r 与 0 相差还很远。因为你的 t 值甚至比 $p = 0.001$ 的值大得多，相关性就高度显著了。

```
> qt(c(0.025,0.975),18,lower. tail = FALSE)¶
[1] 2.100922  -2.100922
```

表 39 $p_{双侧} = 0.05, 0.01$，和 0.001，$17 \leqslant df \leqslant 19$ 的临界 t 值

	$p = 0.05$	$p = 0.01$	$p = 0.001$
$df = 17$	2.1098	2.8982	3.9561
$df = 18$	2.1009	2.8784	3.9216
$df = 19$	2.093	2.8609	3.8834

确切的 p 值可以计算如下，不要忘了再次把 p 值加倍。

```
> 2 * pt(t.value,18,lower.tail = FALSE)¶
[1] 1.841060e-09
```

这个 p 值明显比0.001小很多。但你已经怀疑是否还有更容易的方式进行这些操作。不用我们在上面3.2.3中使用的函数cor,而只用带有两个你感兴趣的向量的cor.test。如果有个方向性的 H_1,用alternative = ...具体指定你期待的相关性是小于0的负值还是大于0的正值:

```
> cor.test(LENGTH,MS_LEARNER,method = "pearson")¶
Pearson's product-moment correlation
data:LENGTH and MS_LEARNER
t = 11.0651,df = 18,p-value = 1.841e-09
alternative hypothesis:true correlation is not equal to 0
95 percent confidence interval:
0.8370608  0.9738525
sample estimates:
cor
0.9337171
```

这是与线性回归相对应的经过编辑的结果:

```
> model <- lm(MS_LEARNER ~ LENGTH)¶
> summary(model)¶
Call:
lm(formula = MS_LEARNER ~ LENGTH)
Residuals:
Min          1Q          Median       3Q          Max
-22.1368     -7.8109     0.8413       7.9499      18.9501
Coefficients:
Estimate Std.   Error t      value   Pr( > |t|)
(Intercept) 93.6149       9.9169      9.44    2.15e-08  ***
LENGTH 10.3044        0.9313      11.06   1.84e-09  ***
- - -                                              [...]
Multiple R-Squared:0.8718,   Adjusted R-squared:0.8647
F-statistic:  122.4 on 1 and 18 DF,p-value:1.841e-09
```

我们从底部开始:最后一行包含我们已知的信息。*F* 值是我们经过乘方的 *t* 值;我们发现 18 个自由度和我们计算的 *p* 值。在上面一行,发现已知确定的相关系数以及一个只在后面部分讨论的调整版本,请参照 5.2。现在忽视关于残差标准误删除的行以及 *p* 值的说明,上文显示我们在 3.2.3 计算的截距和斜率及其标准误及 *t* 值和 *p* 值吗? 这些截距和斜率在那些列中被标记为"Estimate",此外,能从上文中认识 *t* 值吗? LENGTH 的 *p* 值表示回归线的斜率是否与 0 相差很大? 截距的 *p* 值表示 93.6149 的截距是否与 0 相差很大? 因为我们在上文已经讨论怎样能自己研究那些问题,跳过残差上的信息,可以用 residuals (model) ¶ 。

最后还要讨论一件极其重要的事情。回顾一下上文,我们用函数 predict 获取每个观察词长预测的反应时,同时也预测未观察词长的反应时。但是,函数 predict 能返回更多的内容,他们也能返回预测的置信区间,也允许显示带有其置信区间的回归线。因为在第 5 章会经常使用这个,我们在此先复习一个例子,包括以下三步:

第一步重复上面的步骤:我们创建了一个包含关于观察词长值域并将其传到 predict 的数据框 preds. hyp,我们用 expand. grid( )按 3.2.3 的方式操作。把这个称为 preds. hyp 以表示这些不是实际观察的词长而是一个假设值域的模型的预测。再次注意 preds. hyp 中的行与 model 中的自变量是一样的名称。

```
> preds. hyp <- expand. grid(LENGTH = min(LENGTH):max(LENGTH))¶
```

第二步也与上面的 3.2.3 类似,但有两个小变化。我们不仅使用 predict 生成从这个数据框获得的 model,而且(i)让 R 计算所有预测的置信区间以及(ii)在 preds. hyp 中预测从 2 到 4 列的置信区间:

```
> preds. hyp[c("PREDICTIONS","LOWER","UPPER")] <- predict(
model,newdata = preds. hyp,interval = "confidence")¶
```

如果现在研究数据框 preds. hyp,将会发现我们得到了一个非常好的结果：这个自变量在 preds. hyp $ LENGTH 列，预测的因变量在 preds. hyp $ PREDICTIONS 列中，而每个预测的置信区间的下限和上限分别在 preds. hyp $ LOWER 和 preds. hyp $ UPPER 列里。

现在第三步包含创建一幅好图。下列代码把很多东西扯在一起还介绍了函数 matlines：

```
> plot(MS_LEARNER ~ LENGTH,xlab = "Word length in letters",
ylab = "Reaction time of learners in ms",pch = 16,
col = rgb(0,0,0,70,maxColorValue = 255));grid()¶
> matlines(preds.hyp[,1],preds.hyp[,2:4],lwd = c(2,1,
1),lty = c(1,2,2),col = c("black","blue","blue"))¶
```

第一行只生成一个常规散点图，唯一新颖的是函数 rgb 的使用，即用一个半透明的灰色阴影以避免过度绘制引起信息丢失。第二行使用 matlines：第一个参数是 preds. hyp 的第一列，提供将要显示行的 x 轴值。第二个参数是 preds. hyp 的 2 到 4 列，提供用独立线条显示的三个集合的 y 轴值：首先是预测的值，在此等于回归线，第二和第三个是置信区间的下限和上限。参数 lwd（行宽）、lty（行类）及 col（颜色）描述行的外观。这种描述是按它们在 preds. hyp 中出现的顺序进行的。运行代码时看到的结果：带有回归线和置信带的散点图。又一次能看到相关性这么高的原因：不仅因为回归线可以很好地汇总数据，置信带在其周围也非常狭小，而且其中很多点都正好在置信带内或者非常接近置信带。

这已经是非常详细的描述了，因为我们将在第 5 章多次使用这个描述，花这点时间是值得的。结论如下："以字母量度的词长和在实验中的反应时相互间是高度正相关的：$r = 0.9337$；调整的 $R^2 = 0.8647$。这个相关性高度显著：$t = 11.07$；$df = 18$；$p < 0.001$。线性回归显示每多一个字母会增多约 10.3 毫秒的反应时。"

在 5.2 中，我们处理在多个变量的情况下线性回归的延长部分，也将讨论回归假设更综合的检验，可以用 plot（model）¶。

4.2 Kendall's Tau 的显著性

如果需要得到 Kendall's tau τ 的一个 p 值，遵循以下步骤：

步骤

——提出假设

——计算描述性统计并使数据形象化

——测试检验的设想：来自两个样本的数据至少是定序型的

——计算检验统计量 z 和 p

同样只用上面 3.2.3 中的例子，我们知道实际上可以用积差相关；再用这个例子只是为了简便起见。现在，如何提出假设已经显而易见了：

H_0：以字母量度的词长与在词汇决定任务中对词的反应时无关 $\tau = 0$。

H_1：以字母量度的词长与在词汇决定任务中对词的反应时有关；$\tau \neq 0$。

对于假设：我们已经知道数据是定序型的，它们甚至是定距型的。再次从 <_inputfiles/03-2-3_reactiontimes. csv> 中加载数据并计算 Kendall'sτ：

```
> ReactTime <- read. delim (file. choose( ) )¶
> str( ReactTime) ;attach( ReactTime)¶
> tau <- cor( LENGTH, MS_LEARNER, method = " kendall" )¶
```

要检验 kendall tau τ 的显著性，计算目前已经熟悉的类型的 z 分数。你把 τ 和值对 n 的数字放到(56)的公式中。

$$(56)\ z = |\tau| \div \sqrt{\frac{2 \cdot (2 \cdot n + 5)}{9 \cdot n \cdot (n-1)}}$$

在 R 里：

```
> numerator. root <- 2 * (2 * length( LENGTH) + 5)¶
> denominator. root <- 9 * length( LENGTH) * (length( LENGTH) - 1)¶
> z. score <- abs( tau)/sqrt( numerator. root/denominator. root)¶
```

```
> z. score ¶
[1] 5.048596
```

可以在 z 表格中查询这个值,参照表 37 或者自己创建这些值。一个显著性双侧检验的 z 分数必须至少划清标准正态分布下 2.5% 的区域:

```
> qnorm(c(0.9995,0.995,0.975,0.025,0.005,0.0005),
lower. tail = FALSE)¶
[1] -3.290527 -2.575829 -1.959964 1.959964 2.575829
3.290527
```

要使一个结果显著,z 分数必须比 1.96 大。因为观察的 z 分数甚至比 5 还大,这个结果是高度显著的:

```
> 2 * pnorm(z. score,lower. tail = FALSE)¶
[1] 4.450685e-07
```

还可以用函数 cor. test 更快获得这个结果。因为 R 使用稍微不同的算法,所以得到稍微不同的 z 分数和 p 值,但对于所有实际目的的结果是一样的。

```
> cor. test(LENGTH,MS_LEARNER,method = "kendall")¶
Kendall's rank correlation tau
data:LENGTH and MS_LEARNER
z = 4.8836,p-value = 1.042e-06
alternative hypothesis:true tau is not equal to 0
sample estimates:
tau
0.8189904
```

这条警告指的是连结,比如长度值 11 不只发生一次。归纳如下:“以字母量度的词长和实验中反应的时间之间是高度正相关的:$\tau = 0.819$, $z = 5.05$; $p < 0.001$。”

4.3 相关关系和因果关系

需要记住一些事情，即便 H_0 被拒绝了，尤其在相关性的领域，不过通常情况也如此。首先，一个人可以经常听到A做相关性陈述，甚至还是显著性的描述："X越多，Y越多"，然后听到B以知道一个例外为理由反对这一相关性。这个论证是有瑕疵的。B所说的理由只有在一种情况下A的陈述是无效的，即如果A考虑的相关性是完美的（$r=1$ 或 $r=-1$）——如果A不是那个意思，而且A永远不这么想，那么即使有一个例外或更多例外，但也许还有一个高度显著的相关性。这个例外或更多例外就是为什么这个相关性不是1或-1而"只是"0.9337的原因。第二，像这样的相关性不一定暗含着因果关系。就如有时候说的，X和Y之间的相关关系是X和Y之间因果关系的必要条件，但还不是充分条件，就如你可以从很多例子中看到的一样：

——努力去扑灭一场大火的消防战士的人数与灭火现场引起的损毁程度之间是正相关的。这个当然并不意味着消防战士到达现场后尽可能地损毁。这个相关性源自第三个，混杂变量——火的大小：火越大，会叫越多的消防战士来帮助灭火*而且*火灾引起的损失更大。

——男子头发的多少与他们的收入是负相关的，而他们的收入只受第三个变量：男子年龄的影响。

——正相关的例子：如一个吸毒者需要疗法戒毒的可能性越大，他死亡的可能性也越大。这并不是因为这个疗法导致死亡——与这个背景的混杂变量都相关的是毒瘾的严重程度：吸毒者的毒瘾越严重，他们需要疗法的可能性越大，但他们已经存在的、即将死亡的可能性也越大。

因此，要谨慎地做出总结。现在应该做第4章的练习了。

进一步学习的建议

——函数 ckappa and lkappa 从 psy 库获得计算 kappa 系数及计算两个或更多评价者在他们对刺激物的评价时保持一致

——计算 Cronbach 的初始值及检验几个变量如何持续测量变量应该反映的构念

——Crawley（2007：Ch. 10），Baayen（2008：Section 4.3.2），Johnson（2008：Section 2.4），Sheskin（2011：Test 28，30，31，32）

——函数 hints 从 hints 库获得获取如何处理一个特定物体的想法

第5章　多因子和多因变量统计方法

一切模型都是错误的,但有些是有用的。

—George E. P. Box

到目前为止,我们只关注了单因子方法,我们研究一个自变量如何达到与一个因变量最紧密相关的方法。多数情况下,这样的程序是一种实证定量研究的开端。但对现象的这种看法通常比较简单:我们处于一个多因子的世界,其中也许没有什么现象是真正单因子的,也许任何事情都同时与几件事情相关。语言现象尤其如此。语言是人类进化引起的最复杂的现象。因此我们将在这部分讨论几种多因子技术。相对于目前讨论的单因子方法这些技术可以更好地处理这类复杂性问题。不过你应该知道,下面每个部分的方法都可以开上一两个学期的课程。因此很遗憾,我不能详细讨论每种方法的每个方面,只能给你提供一些参考和进一步学习的建议。同样,由于这些方法的复杂性,接下来也不会讨论如何进行公式推导和如何计算。

在开始讨论多因子方法之前,还需要很多讨论,包含非常抽象的*交互作用*和*模型选择*概念,这也是5.1的主题。而且,你可以看到这些想法将带来多种相互关联的概念,随后会给出更多实践活动的重要分析策略。

1. 交互作用和模型选择

1.1　交互作用

就如在前一章开头部分所说的,多因子方法包含一个因变量和两个或多个自变量,而不是像第4章那样只讲一个变量。多个自变量并存不仅会带来潜在的有趣发现,还会引发两个或更多自变量如何共同与因变量相关联的问题。

几个自变量和几个因变量可能相关联的方法主要有两个。我们在第1章中包含元素长度的例子的基础上来讨论这个问题。我们再次假定你想要研究在因变量长度(LENGTH)里获得的元素长度是否与下面两个自变量相关,即带有SUBJECT(主语)和OBJECT(宾语)两个水平的变量GRMRELATION(语法关系)和带有MAIN(主句)和SUBORDINATE(从句)两个水平的变量CLAUSETYPE(分句类型)。假定做了一个预备实验,研究分布如表40所示的120个元素。

表40　主语和宾语的虚拟数据集

	GRMRELATION:*SUBJ*	GRMRELATION:*OBJ*	Totals
CLAUSETYPE:*MAIN*	30	30	60
CLAUSETYPE:*SUBORD*	30	30	60
Totals	60	60	120

最后假定你确定所有120个元素的音节长度来计算变量水平组合的平均数——主句的主语、从句的主语、主句的宾语和从句的宾语,计算得到下面的结果:

——所有主语的平均长度,即包含主句和从句的主语平均长度,比所有直接宾语的平均长度短;

——主句中所有组成部分的平均长度,即包含主语和宾语的平均长度,比从句中组成部分的平均长度短。

有趣的是,这些单因子结果能以不同格式出现,回忆3.2.2.2中这些通常指的是主效应。一方面,两个自变量的效应可以是*加和性*的。也就是说,两个变量的组合具备你将从每个主效应预期的效应。因为主语更短,如主句中的组成部分,附加性预测主句主语应该是最短的组成部分,而从句宾语是最长的。这个结果正是H_0所预测的,如图57所示:黑点和灰

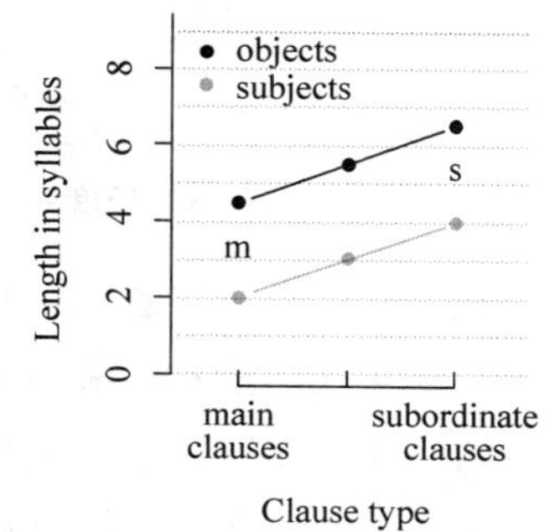

图57　长度~语法关系＊从句类型1的交互作用图

点分别表示这两个语法关系中的宾语和主语的长度,也表示两者交叉的平均数,而“m”和“s”表示两个语法关系中从句元素的平均长度。

这个结果实际上是完全加和性的,因为两行正好是平行的。那意味着,如果我告诉你下列条件:

——主句主语长度减去主句宾语长度的差值是 -2.5 个音节;

——主句主语长度减去从句主语长度的差值是 -2 个音节;

——主句主语长度的平均数是 2 个音节。

那么你可以很快预测从句宾语长度的平均数为:2 +2.5 +2 =6.5。

但是有了完全相同类型的主效应,也有可能两个自变量是*交互作用*的。如果它们对因变量的联合效应不能从它们对同个因变量的单个效应预测的话,两个或更多变量是相互作用的。以图 58 为例。先考虑左半面板。你可以看到仍然有同样类型如主语又比宾语短的语法关系和如主句组成部分比从句组成部分短的从句类型主效应,但现在这些线条不再是平行而是交叉的。

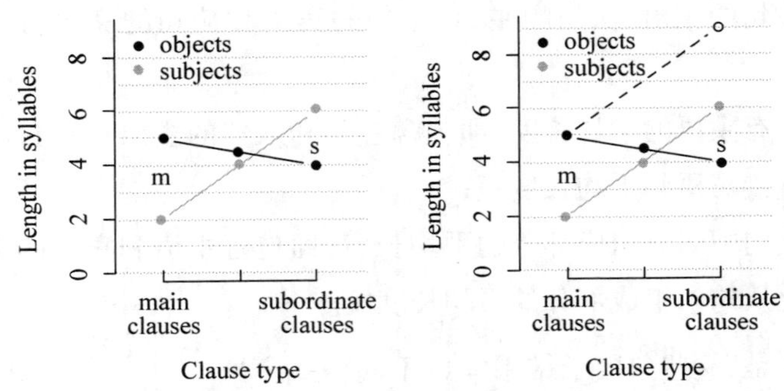

图 58 长度 ~ 语法关系 * 从句类型 2 的交互作用图

这是什么意思? 意思是,如果我告诉你下列条件:

——主句主语长度减去主句宾语长度的差异是 -3 个音节;

——主句主语长度减去从句主语长度的差异是 -4 个音节;

——主句主语长度的平均数是 2 个音节。

那么绝对不能预测从句宾语的平均长度:你会预测 2 +3 +4 =9 个音节,如右半面板中用圆圈结尾的虚线表示,与灰色的平行,然而数据中真正的从句宾语的平均长度是 4 个音节。那是交互作用：你不能用两个主效应预测从句宾语的平均长度，而是需要额外的、把预测从 9“纠正”到 4 的交互作用；对那个交互作用的检验就是检验它是否与 0 有显著差异。

但另外一种类型的交互作用如图 59 所示。我们同样拥有到目前为止比较熟悉的主效应，但即便这些线条没有交叉，这也仍然是如上文的原因一样的交互作用。如果我告诉你下列条件：

——主句主语长度减去主句宾语长度的差值是 -2 个音节；

——主句主语长度减去从句主语长度的差值是 -2 个音节；

——主句主语长度的平均数是 2 个音节。

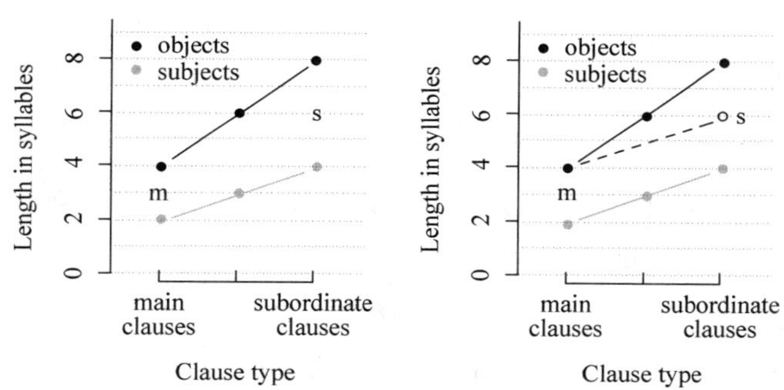

图 59　长度 ~ 语法关系 * 从句类型 3 的交互作用图

那么可以再次预测从句宾语的平均长度：你会预测 2 +2 +2 =6 个音节。这个结果再次在右半面板用虚线表示，与灰色线条平行，但数据中真正的从句宾语平均长度是 8 个音节。

你不能用两个主效应预测从句宾语的平均长度，还需要额外把预测从 6“纠正”为 8 的交互作用，这是一个显著的交互作用效应。

在继续之前，先简单地介绍交互作用的第二个例子，实际上你已经熟悉这个例子了，即使你也许从未这样想过这个例子。上述例子包含平均数，这个包含频率。想象你做一个 60 个 of 属格相对于 80 个 s-的属格的语料库研究，其中试着确定属格选择是否与 NP 所有者的生命性有关，如 John 和 John's car。用一个表格把结果显示给你的同事，但把表格的主体省略，如表 41 所示。如果现在让你的同事在假定数据中没有任何特别事情发生的情况下完善表 41，你的同事也许应该毫无怀疑假设 H_0 并接受卡方检验的逻辑，且根据 H_0 计算预期的频率，如表 42 所示。

表 41　只显示总数的属格选择虚拟数据集

	有生命的所有者	无生命的所有者	总计
of 属格			**60**
s-属格			**80**
总计	**70**	**70**	**140**

表 42　属格选择 1 的虚拟数据集

	有生命的所有者	无生命的所有者	总计
of 属格	30	30	**60**
s-属格	40	40	**80**
总计	**70**	**70**	**140**

那是因为如果你的同事非常明确获得不能假定任何特别的内容，任何与表 42 不一样的变异确实是难以产生的。你的同事也可以创建一些像表 43 的内容，然后说，“总有一点偏差的机会”，但他如何能在没有假定任何特别事情发生的情况下创建表 44？那么“一些特别的东西”可能是个交互作用。

表 43　属格选择 2 的虚拟数据集

	有生命的所有者	无生命的所有者	总计
of 属格	33	27	**60**
s-属格	37	43	**80**
总计	**70**	**70**	**140**

表 44　属格选择 3 的虚拟数据集

	有生命的所有者	无生命的所有者	总计
of 属格	10	50	**60**
s-属格	60	20	**80**
总计	**70**	**70**	**140**

因此，卡方检验场景与根据 H_0 预期频率相对应的东西实际上是由假定

两个变量的*加和性*引起的。一个卡方检验能做的就是评估数据是否从假定没有交互的分布中偏离，所以卡方检验获得的 p 值变成 <0.05，反过来意味着你将拒绝 H_0 并假定*确实有*交互作用。

这也许是个煞费苦心的详细描述，但交互作用的概念是非常重要的，通常是误解的和/或未充分使用的，因此应该理解这个情况绝对是至关重要的。这是因为一个显著的交互作用的出现意味着不能根据表面判断获取交互作用自变量的主效应！在图 58 中，存在宾语比主语长的主效应的同时，交互作用显示这确实只是在主句中是真实的，在从句中情况不同。显著交互作用的这个属性被描述为主效应，就是一个模型中通常包含它们这些基本的交互作用的最主要原因之一。我们马上回来讨论这个议题。

1.2　模型选择

上一部分以一个包含*模型*（model）这个词的句子结束。我们在谈论线性模型和回归时也遇到过的一个词。目前我在没有正式定义的情况下使用了这个词，但也许你凭直觉也能明白我的意思。现在，我想更正式地把一个模型定义为预测因素与一个或多个因变量之间关系的描述，这里的预测因素可以是自变量及其交互作用。这个"描述"很典型，以在 3.2.3 和 4.4 中见过的回归方程形式出现，同时也在图 57、图 58 和图 59 的标题中概括性地表示。在此，回归方程的目的是为了量化预测因子和因变量之间的关系，也为了生成因变量的预测。一个合适的模型开发或者回归方程，被称为建模或模型选择。这一章我们主要关注不同类型的建模。

需要注意的一点是：虽然很短，这一章有望证实在多因子数据的情况下，第 4 章使用的食谱——疗法式的方法已经不起作用了：分析多因子数据通常需要放弃常规路径和一些之前看重的差异，如探索的和假设——检验的方法。复杂数据集的分析更像侦探工作或剥洋葱一样，这种情况下每个步骤都可能有很多方法，我多希望可以声称我已经拥有曾经探究的所有数据集的所有方法。好吧，我们开始来操作！

1.2.1 构建第一个模型

模型选择的第一步是构建第一个模型,尝试模拟预测因子与因变量之间的关系,目前只有一个因变量。但建模中的很多种风险都需要考虑在内。其中一种风险与一些普通的内容相关比如认识因变量的性质:它是二元的?定类型的?数值型的?数值型的只包含特定范围的离差值,如0和按频率出现的正整数,或只是正数但像反应时一样有个水平。

我们只讨论线性建模情境中用函数 lm 的建模,这在因变量是数字并跨越比较大的值域时使用特别频繁。但是,因为线性回归实际上总是预测连续值,把它应用于二元因变量或定类型变量确实不是很合适,虽然这仍然很平常。同样,因为线性回归总是预测负值,用其预测频率也不是特别合适。我们将在下文讨论不同因变量的不同模型;幸运的是,你已经知道的线性模型逻辑的许多东西可以应用于这样的例子了。

第二个风险关注的是预测因子是否用于大多数有用信息值和标度。对于前者,仍然有很多操作要完成,如对连续的预测因子因子化。那意味着,不是直接照现在这样使用连续预测因子,研究者们把预测因子分解成一个只有几个水平的定类型变量,通过用函数 cut 就可以了。但这不仅会丢失很多信息,尤其在不是非常细心的分析之后才分解的情况,还增加了分析的 *df*,因此无形中更难获得显著结果。如果有可能,保持数值变量的数值性也许是个好主意。

对于后者,即标度,意识到不是所有的数值预测因子都应该输入模型是很重要的。例如,频率效应通常也在一个对数标度上进行。这样一来,即使词$_1$ 的频率是词$_2$ 的频率的 10 倍,词$_1$ 在因变量如反应时上的效应也许只被记录为 10 倍强度。因此,我们应该放入回归方程的东西也许是记录频率。想把结果解释得更简单点,也许使用基于 2 的对数是最好的!

第三个风险与这样的事实相关,即也许很多语言学中统计建模是某种类型的一般化线性建模,其中预测因子的效应可以用回归直线在一些数值空间中汇总。然而,预测因子之间的关系也许会因为如何最好地描述它们而有所不同,如图 60 中两半面板的示例一样。强行通过右半面板的数据中画一条回归直线并不是个好办法。

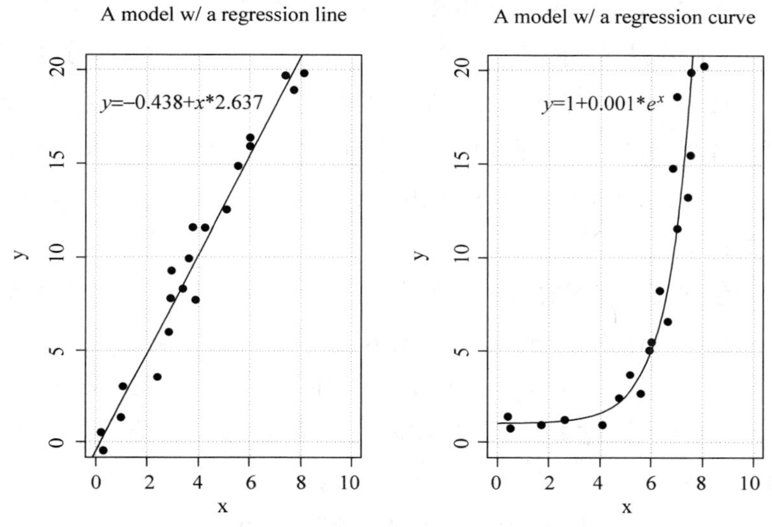

图 60　包含一个回归直线和一个回归曲线的模型

有时，数据也呈现用两个或更多回归直线/曲线等描述的非连续趋势。同样，至少可以说，只穿过这样的数据画一条直线是很冒险的。上面三个风险也有好的一面，即如果按照第 4 章的思路继续操作，你通常不会犯这样的错误。第 4 章几乎每一部分都包含一些视觉化，目的是为了给你大脑灌输一个事实，即探索视觉化应该是任何统计分析的主要和开始部分，而且，合适的视觉化将会揭示成对关系、曲线的趋势和非连续趋势等。

除了这三个风险之外，我还想强调两点。其中一点相当琐碎，另外一点还好。前者是如果你遗漏了重要因素，那你的模型会在说明数据（在建模过程的预测方面）和解释数据（建模过程的解释方面）时做一个糟糕的工作。后者把我们带回到相互作用的概念，更确切地说，带回到在模型中包含交互作用的问题。我们也许可以在这件事上区分三种不同的观点。

第一种观点是应该从一开始就把自变量之间的交互作用包括在内。这是因为，如果在建模方程中不包含相互作用，方程不会自动检验交互作用，你也不知道交互作用实际上可以有助于更好地解释数据；如果只包含非常清楚的理论趋势的交互作用,那么要找到没有预期到的内容会变得更困难;这会使探索性工作渗入到那些通常是假设——检验方法的方式中去。

第二种观点是你仅把基于理论认识上的交互作用包含在内。这虽然有上述劣势,但也有一个优势,即这使得在数据中搜寻获取某些东西变得更难。

第三种观点也许是最常见的:交互作用没有包括在内,因为使用者不清楚概念的重要性,或者糟糕的是使用的软件很难包含交互作用,Varbrul 就是个这样的例子。

是否包含交互作用的问题非常重要,用一个简短例子就可以解释清楚,也许你会把它当作先前的练习。我们假定 80 个学生已经分别参加他们的 L1 (德语)和 L2 (英语)的听写,这 80 个学生来自 A 和 B 两个班的德语母语者,每个班 40 人。这是一个叫 CLASS 的预测因子。接着计算在英语(ENGLISH)和德语(GERMAN)中的错误数量,以确定我们是否能在 L1 中的错误数量和学生所参加的班级的基础上预测 L2 中的错误数量。两个多因子模型也许与数据拟合,其中一个模型具有德语和班级之间的交互作用,另外一个没有这一交互作用。可以回顾下 3.2.2 的内容,(58)中的模型只是符号变体:①

(57) ENGLISH ~ GERMAN + CLASS

(58) a. ENGLISH ~ GERMAN + CLASS + GERMAN:CLASS

b. ENGLISH ~ GERMAN * CLASS

(57) 和(58)模型中的结果分别在表 45 和表 46 中显示。两个模型都是高度显著的,并且确实很好地解释了数据:看看巨大且显著的 R^2 值。但没有交互作用的模型还涉及几个重要的相关问题(参见(57))。首先,这个模型在解释数据方面比(58)里具有交互作用的模型更糟糕:被称为"残差"的行中粗体数字显示了模型未能解释数据中变化性的数量,而你可以在表 45 中看到那个值要高得多;显著性检验显示实际上确定要高得多,这从另外一个角度说明(57)中模型比(58)中的明显糟糕。

① 我不想在此提供数据,但大家将在第 5 章中的某个练习再次看到这个例子。

表45　(57)中的线性模型的结果

	SumSq	Estimate	Std. error	*t*	*p*
Intercept	23.61	2.75	1.52	1.8	0.08
GERMAN	2931.69	**1.75**	0.09	**20.1**	<0.001
CLASS	3010.30	**-8.72**	0.43	-20.37	<0.001
Residual var.	**558.68**				
Overall R^2/p	mult. R^2 = 0.974	adj. R^2 = 0.973	$F_{2.77}$ = 1416	$p<0.001$	

表46　(58)中线性模型的结果

	SumSq	Estimate	Std. error	*t*	*p*
Intercept	24.9	2.82	1.15	2.44	0.017
GERMAN	2461.42	**1.64**	0.07	**24.29**	<0.001
CLASS	0.25	**-0.28**	1.15	-0.25	0.807
GERMAN:CLASS	241.73	-0.515	0.07	-7.61	<0.001
Residual var.	**316.95**				
OverallR^2/p	mult. R^2 = 0.985	adj. R^2 = 0.984		$F_{3.76}$ = 1661	$p<0.001$

第二,回归系数的 *p* 值或估计值有很大差异。最重要的差异在于能更好地解释数据的模型(58)认为,班级本身不显著而只有在交互作用时才会显著,然而解释数据更糟糕的模型如(57)则认为班级是个显著的主效应。这不是一个很小的技术性的问题:班级是个二元变量,这意味着,如果它是显著的,它的系数就是两个班级之间平均数的差异,而德语是个数值变量,这意味着,如果它是显著的,它的系数是回归线的一个斜率。因此,(57)里的模型显示:两个班级学生的语言水平高低通常是不同的,有8.72个不同的错误,但你可以用一个同样的斜率来分析两个班的情况,还可以从德语的数据结果预测英语的情况。如图61右半面板所示,分别把德语和英语放在x轴和y轴上,而班级用字母表示。

但(58)中的模型解释了一些差异很大的内容,即两个班之间的*平均数*没有差异,而班级的 *p* 值很大。不过,德语班级是显著的,但那是什么意思呢?那意味着德语和英语之间的*斜率*在不同班级之间有很大差异,如图61右半面板所示。即使我们没有从上文的第一个评论中看出这个模型更好,但带有各自不同斜率的两条回归线的拟合看起来显然更好。因此,这两个模型告诉我们关于班级的方面,我们还能进行一些迥异的操作……

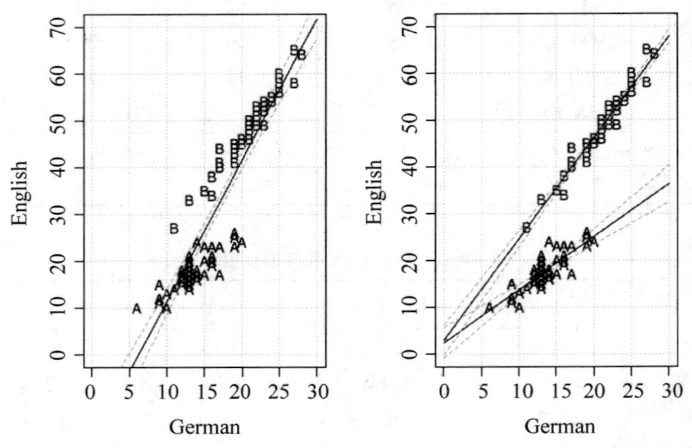

图 61 英语 ~ 德语 + 班级(+ 德语:班级)

与前文所述相关的还有最后一点,两个模型的系数有很大差别,因为它们的预测因子也相距甚远。更糟糕的模型残差在平均数上比更好的那个模型高 36% 。

总的来说,在这种情况下,不考虑交互作用的情况下你还有个模型,表面看起来很棒,因为 R^2 的值很大,且高度显著,但比包含交互作用的模型糟糕得多。这显示了一个关于数据的非常不同的解释,且在"预测"数据点方面也糟糕得多,与这个背景不符,且令人惊奇的是,交互作用通常没有得到合适地采用。

我曾经见惯不怪的是,研究者似乎了解这样的问题,但他们还没把工具装备起来,以很好地应用交互作用或连续的数据,Varbrul 又可以作为一个例子。因此,现在能以怎样的方式来解释交互作用呢?通过把每个独立的模型拟合到每个班级:

(59) $\mathbf{ENGLISH_{CLASS\ A} \sim GERMAN_{CLASS\ A}}$

(60) $\mathbf{ENGLISH_{CLASS\ B} \sim GERMAN_{CLASS\ B}}$

如果我们那么做了,确实会获得两个显著的简单回归和 A 班的正确斜率1.13和B班的2.16。但这为何仍然是个不好的想法呢？

用这个方法你怎么知道这两个斜率之间的差异是否是显著的呢？交互作用并没有在(59)和(60)任何一个模型中出现，因为斜率之间永远不会相互比较。同时因为没法获得一个 *p* 值，所以也不知道那是否有显著差异。曾见过有些会议和论文等把 Varbrul 不同时间段的权重加以比较，而没有检验 Varbrul 在不同时期的权重之间的差异是否显著，或者随着时间推移是否有任何变化。要么必须包含交互作用并为其获得一个 *p* 值，要么至少必须检验斜率的置信区间观察它们是否有重叠。在此，它们没有重叠。

总的来说，我建议你在开始做任何别的事情之前仔细考虑所包含变量的性质，花足够多的时间研究数据，尤其是可视化，而且要非常了解交互作用的潜在重要性。

1.2.2　选择最后的模型

一旦上述问题已经考虑好了，第一个模型就形成了，通常这个模型被称为*最大模型*，即一个包含所有自变量及其所有交互作用的模型，通常仅达到三个自变量的交互作用，因为更高阶的交互作用是极其难以理解的。但是这通常只是起点，因为这个最大模型通常包含对这个模型贡献不够大的预测因子，也因为那个著名的奥卡姆剃刀理论的格言（*entia non sunt multiplicanda praeter necessitatem*：如无必要，勿增实体）本质上要求你放弃那些不能做出相应贡献的，说得更正式些，放弃那些对模型的成功拟合没有足够贡献的内容。

这时的模型选择会受到两个方面的影响：模型选择的*方向*和决定一个预测因子是否能进入模型的*标准*。对于前者，有三种方法：

——*反向选择*：从如上文概述的最大模型开始并相继地检验你是否必须放弃那些对模型贡献不够的预测因子。当再也没有预测因子可以放弃且不会使模型更糟糕或当模型中再没有预测因子留下时，选择的过程结束。预测因子的消除从交互性的最高水平开始，然后按主效应的方向继续向下，但不能放弃一个参与相互作用的预测因子。如果 A:B 的相互作用是显著的，那么甚至都不能删除一个无意义的预测因子 B。

——*正向选择*:从一个非常小的模型开始，然后相继检验你是否能添加预测因子。这个小模型也许正好包含总平均数。当再添加预测因子也不足以提高模型或当所有可以获得的预测因子已经包含在模型中的时候，选择过程就结束了。预测因子的添加从主效应开始往上提高到相互作用。

——*双向选择*:从某个模型开始，通常允许用自动的算法来按规定添加和减少预测因子。

我想第一种方法在语言学中是最常用的，但也有学者认为根本不需要选择模型(参见 Harrell 2001:4.3 或 Faraway 2005:8.2)。

对于后者，当描述什么时候需要添加或放弃预测因子时，我已经有意说得比较模糊了:我总是只说“足够好”。这是因为至少还有两个可能的方式。试想想，谁不想生活很简单:

——*基于显著性的方法*:如果预测因子让模型明显更好，根据这个方法可以把它添加到一个模型;如果删除某个预测因子没有使模型明显变得更糟糕的话，也应该根据这个方法放弃它。

——*基于标准的方法*:例如，AIC (Akaike Information Cirterion)是把一个模型的质量及其所包含的预测因子数量联系起来的量度，因此使奥卡姆的剃刀理论具备可操作性。如果两个解释数据一样好，包含更少预测因子模型的 AIC 会更小。因此，在这个方法里，如果降低 AIC 的话，可以把一个预测因子添加到一个模型里或从模型中删除。

一旦模型选择过程完成，你就会获得所说的最少足够模型，这可以根据以下方式探讨:模型作为总体是否显著和它对数据的解释有多好，那个模型中的每个预测因子对该模型的贡献是什么，它是否显著，它的效应的方向是什么以及它的效应强度有多大。在这冗长但又不可缺少的理论介绍之后，接下来的部分将基于很多实际的例子，讨论所有这类问题，如不同类型的回归模型、主效应、交互作用、模型选择、预测正确性等。5.2 讨论了很多线性回归、ANOVAs 和 ANCOVAs 的线性模型。

进一步学习的建议

——Good and Hardin (2012: Part III) and Crawley (2007: Ch. 9)

2. 线性回归

在3.2.3 和4.4.1，我们研究怎样用皮尔森的积差相关系数 r 和线性回归计算和评价一个定距型自变量和一个定距型因变量之间的相关性。在这部分，我们将这个算法和平价扩展到很多自变量的情况，将探讨的数据包含如何预测说话者在词汇判断任务中对名词的反应时，包含下列变量：[①]

——一个因变量，即在词汇判断任务中对词的*反应时* REACTTIME (RT)，以及该因变量与你所感兴趣的下列自变量之间的相关性。在这个例子里，因变量是反应时的平均数，通常情况因变量不是这样的，只是为了便于解释，在此没有什么影响；

——一个定距型自变量*频率*（FREQUENCY），与他们记录频率相对应（参照 Kučera and Francis 1967）；

——一个定类型自变量*熟悉性*（FAMILIARITY），是概述被试估计的对单词所指内容的熟悉性的指标；

——一个带两个水平的定类型自变量*形象性*（IMAGEABILITY），是概述被试估计单词所指内容的形象性的指标；

——一个定距型自变量*意义性*（MEANINGFULNESS），表示被试对刺激单词的平均意义评估。

① 单词(不是反应时)是从 Baayen 的综合书(2008)里借来的；这些单词的其他特征是从 MRC 心理语言学数据库获得、构成或基于这个数据库修改过来的；要总体了解更多详细的关于变量的信息，参照 <http://www.psy.uwa.edu.au/mrcdatabase/mrc2.html>。

这是我们将用的线性建模过程的总体步骤：

步骤：

——提出假设

——加载数据，为建模准备并测试数据

——计算、选择和解释线性模型

——获取所有预测和作为总体模型的 p 值

——在(i)预测值和(ii)观察值和/或预测值图的基础上解释回归系数/估算值

——测试检验的主要假设：残差的变化性是同质性的，且在样本所取自的总体中，或者，至少在样本自身中是正态分布的；

——残差在样本所选自的总体是正态分布的，即平均数是正态分布的，或者至少在样本自身是正态分布的

在本部分，我们只在已经拟合一个模型后才检验线性建模的一些假设，这是因为只有在获得计算残差的模型时，才能检验残差。这个部分与第4章所讲的差异很大。我的经验是：无论在教学中还是在个人的研究中，在线性建模中最大的困难不是获得显著的结果，而是理解结果中的回归系数和估算值是什么意思。我将交互使用回归系数和估算值这两个术语。下面两点使这个问题更严重了：很少有著作能让初学者理解输出意味着什么，也很少有著作能解释针对线性建模用两种方式讨论输出是什么意思。为解决这两个问题，本部分将帮助你了解六个相当简单的线性模型，它们因为涉及预测因子的差异而有不同，既通过数值又通过可视化的方式向你展示回归系数是什么意思。此外，每个这样的线性模型将会用两种方式计算。一种是一些很不幸现在仍然广泛使用的商业软件应用中常用的标准，另外一种是 R 里的标准方式。

在我们开始建模前，意识到下面的事情对你来说很重要，即如果这是一个真正的研究，你要检验差异性，不需要在数据上运行很多不同的模型，但是像我一样运行很多的重叠假设。我仅仅帮助你了解这些模型，你可以看

到这些是如何配置、解释和可视化的。如果这是一个真正的研究,所要做的和 5.2.7 所讨论的模型选择过程是相似的。

我们从提出假设开始,这将应用于这个部分的所有线性模型。使用决定系数 r^2 的扩展,即与其多重回归等效的多重测定系数 R^2:

H_0:反应时和独立变量预测因子及其交互作用之间没有相关性:$R^2 = 0$。

H_1:反应时和独立变量预测因子及其交互作用之间有相关性:$R^2 > 0$。

现在从 <_inputfiles/05 - 2_reactiontimes. csv> 中加载数据,这样有数据的词就变成了行名,这对于一些图来说是有用的,不过没在这里显示结果:

```
> RTs <- read. delim( file. choose( ) ,row. names = 1 )¶
> summary( RTs )¶
```

这个汇总告诉你这是一个非常小的数据集,真正的研究应该基于更大的数据。此外,我们发现一些非常现实的东西,即一些变量有缺失数据,标记为 NA,它们也应该这样标记。目前,我们将采用一个快速但不完善的解决方案并充分利用一个事实,即 R 的线性建模函数 lm 将自动放弃有缺失数据的模型中的变量。

在我们开始建模之前,通常有两种方式使数据可以为更好的分析做准备。其一是有时候对定距型变量进行 z 标准化是有用的。回顾一下 3.1.4 可知,我们可以用 scale 来完成这步操作,这也许有助于解决共线性的问题,因为你的几个预测因子高度相关的非期望现象;也许有助于解释结果,因为标准化的预测因子的平均数是零,这会使系数的截距和回归系数容易理解。另一方面,它也能使结果更难于理解,因为我们失去了原始单位的标度。因此我们将不在此使用这个,但是记住这个内容在后面部分是一件好事情。

我们要做的第二件事与因子有关。到这一步,大家该知道为什么我在上文讲那么多关于因子的内容了。如果研究汇总的输出,你会发现熟悉性这个因子有按字母顺序排列的水平,但那个顺序与水平所传达的排序信息不兼容。我们需要的是 lo、med 和 hi 或者是 hi、med 和 lo,但不是 hi、lo 和

med。因此，对于熟悉性和形象性，我们用一种合理和均匀的排序方式对它们的水平重新排列：

```
> RTs $ FAMILIARITY < factor(RTs $ FAMILIARITY,levels =
levels(RTs $ FAMILIARITY)[c(2,3,1)])¶
> RTs $ IMAGEABILITY <- factor(RTs $ IMAGEABILITY,levels =
levels(RTs $ IMAGEABILITY)[c(2,1)])¶
> summary(RTs)¶
```

因为我强烈建议任何时候都要在数据基础上做图和表格的研究，如箱形图和 ecdf 图不一定能产生任何别的需要纠正或准备的内容，我们现在加载一些我们将使用的几个函数包。最后，代码文件界定一些我们将使用几次的函数如 se. mean、ci. mean 和 error. bar，只要把代码复制和粘贴到 R，你就能在下面使用这些函数。

```
> attach(RTs)¶
> library(aod);library(car);library(effects);library(gvlma);
library(multcomp);library(rgl)¶
```

2.1 包含一个带两个水平定类型预测因子的线性模型

虽然这第一个线性模型是所有模型中最简单的，但这部分会比较长，因为所有与线性模型相关的东西都是第一次出现。不过，不要泄气，后面其他的内容都会比较短。要检验*形象性*是否与*反应时*相关，我们拟合这个尽可能简单的线性模型的基本信息。但要得到与一些商务软件输出相媲美的结果，我们首先得把 R 计算对比的方式像这里显示的一样设置好，一会儿会有更多解释，然后我们拟合线性模型。在此，我们也用 data 这个参数告诉 R 变量是从哪个数据框来的，然后检查输出：

```
> options(contrasts = c("contr. sum","contr. poly"))¶
> model. 01 <- lm(RT ~ IMAGEABILITY,data = RTs)¶
```

```
> summary(model.01)¶
                                                        [···]
Residuals:
        Min          1Q          Median      3Q        Max
      -84.629     -40.016        2.145     26.975    160.799
Coefficients:
                    Estimate Std.   Error      t value     Pr( >|t|)
(Intercept)         620.666         6.998      88.693      <2e-16 ***
IMAGEABILITY1        12.987         6.998       1.856      0.0693 .
---                                                          [···]
Residual standard error:50.5 on 51 degrees of freedom
(24 observations deleted due to missingness)
Multiple R-squared:    0.06326,          Adjusted R-squared:0.0449
F-statistic:3.444 on 1 and 51 DF,p-value:0.06925
```

我们从底部开始:模型作为一个整体不显著,如 *p* 值所显示的,这个从 *df* = 1.51 的 *F* 值中计算。这里,*pf*(3.444,1.51,lower. tail = FALSE)¶ 。*形象性*和*反应时*之间的多重相关,R^2 的范围理论上在 0 和 1 之间,但在这里是 0.06326,表示该模型的预测因子所能解释的因变量变异的量确实很小。此外,通常报告的值是经过调整的 R^2。R^2 值的调整会给模型中包含的每个预测因子都带来些许障碍。因此,在孤注一掷想要解释更多变异的情况下,如果你要往模型中添加一个无用的变量,那么很有可能无用的变量对随机变异的解释力不管多小都将被那个障碍消耗掉。因此,这个调整把奥卡姆的刮刀理论带入建模。显然,调整了的 R^2 也非常小。还有,要注意一下,R 删除了 24 个观察结果,因为这些观察在模型的变量中带有不适用的信息(NA)。

我们忽略这个残差标准误,简单地跳跃到输出结果的顶端[①],在这里可以获得关于残差的汇总结果,而我们也已经看到残差可能不符合正态分布,无论我们在这里了解到什么都得谨慎解释,稍后回来讨论这个问题。

---

① 残差的标准误是经过乘方的残差总数除以残差 *df*(在 R 里:sqrt(sum(residuals(model.01)^2)/51)得到的商的根。

尽管我们还没有讨论系数是什么意思，但我已经指出了显而易见的因素：它们只是估算值，只是 R 给它们贴的标签，意味着你可以获得它们的置信区间，而形象性的置信区间包含 0 的事实已经表示，不管是什么它都是不显著的，这点随后讨论：

```
> confint(model.01)¶
                    2.5%        97.5 %
(Intercept)       606.617138   634.71498
IMAGEABILITY1      -1.061602    27.03624
```

在转到系数及其 p 值之前，我们再来运行两行代码，这对于不只一个 df 的预测因子，即既不是二元也不是数值的预测因子是非常有用的。不是二元也不是数值即意味着在这里不能得到应用，在这里提及它只是为了一致性。

```
> drop1(model.01,test = "F")¶
Single term deletions
Model:
RT ~ IMAGEABILITY
              Df  Sum of Sq    RSS     AIC    F value   Pr(>F)
<none>                       130059  417.69
IMAGEABILITY   1  8783.6     138843  419.15   3.4443    0.06925 .
---                                                     [...]
> Anova(model.01,type = "III")¶
Anova Table (Type III tests)
Response:RT
               Sum Sq     Df   F value      Pr(>F)
(Intercept)    20060844    1   7866.4268    < 2e-16 ***
IMAGEABILITY       8784    1      3.4443    0.06925 .
Residuals      130059     51                            [...]
```

这些函数是获得预测因子的 p 值的重要方式。第一个，drop1 研究模型中的所有预测因子，检查哪个预测因子在模型选择过程的这个阶段在理论上可以从模型中删除，输出一个删除因子之后的模型与原来模型的差异的

一个 p 值。第二个，Anova 可以从 car 库获得。计算所有预测因子的 p 值。这个预测因子与商务软件默认输出的一样①。可见，两个都输出这个唯一预测因子的已知 p 值。

对于这个输出，我们现在可以转到系数。首先说稍微简单的 p 值，然后再说系数。截距的 p 值通常被忽视，因为它检验截距是 0 的零假设 H_0，但也有一些研究与它相关。预测因子*形象性*的 p 值更有趣。实际上，R 写入*形象性*1，这个随后解释。在这个最简单的例子中，我们的模型只有一个二元预测因子，那里的 p 值与模型总体的 p 值一样，drop1 和 Anova 输出的那个预测因子也一样：0.06925。因此，这个预测因子的效应不显著，从某种意义上说，drop1 的输出最直接地表明这个意思，因为 drop1 主要表明的是"如果你从 modeL.01 中删除*形象性*，那么结果的模型不是那么糟糕（p = 0.06925）。"还可以说回归系数与 0 没有显著性差异。所有这些与你从一个 t 检验中获得的是相同的。

虽然这个模型/预测因子不显著，但我们还会从这个讨论和画图继续，把它当显著的情况一样，因为在这一点上我想展示这样一个模型输出是如何解释和构造的；在 5.2.7 会讨论一个真实的模型选择过程。

因此，最后看看这个估算值是什么意思，截距的 620.666 和*形象性*1 的 12.987。我建议用模型在 4.4.1 预测值的方式解决这个问题：

```
> preds.hyp <- expand.grid(IMAGEABILITY = levels(IMAGEABILITY));
preds.hyp[c("PREDICTIONS","LOWER","UPPER")] <- predict(
model.01,newdata = preds.hyp,interval = "confidence");
preds.hyp ¶
IMAGEABILITY        PREDICTIONS      LOWER       UPPER
1           lo        633.6534      612.5138    654.7929
2           hi        607.6787      589.1691    626.1884
```

① 对平方汇总（type = "III"参数）的议题讨论热烈。我将不会在这里的讨论中包含哪个方法更好，但会用 type = "III"作为与其他软件有可比性的原因，即便 type + "II"也许通常更有用；参看 Crawley（2002：Ch. 18，2007：368ff.），Larson – Hall（2010：311-313），Fox and Weisberg（2011：Sections 4.4，4.6），Field，Miles，and Field（2012：475f.）以及 R 的帮助清单。

因此,model.01 预测,当一个词是低形象性时,人的反应时将会比词是高形象性的情况时慢约 26 毫秒。只是为了清楚起见:这意味着这个模型只是做两个不同的预测:当形象性较低时,总是预测 633.6534 的 RT,而当形象性较高时,总是预测 607.6787 的 RT,这两个预测值也是观察的平均数:试试 tapply（RT,IMAGEABILITY,mean）¶ 。也要注意看一下这两个预测的置信区间有多少是重叠的。

如果我们研究 preds.hyp,你也许已经猜测回归估算值是什么意思了。像我们计算线性模型一样,用总数相对的方式！那么这两个值的含义如下：

——620.666 的截距是因变量平均数未加权的(!)平均数,当它由自变量聚合时。也就是说,620.666 是 633.6534 和 607.6787 的平均数时,这是个未加权的平均数,因为它没有考虑形象性的两个水平不是同等频率的。

——形象性的系数,12.987 就是要添加到截距以获得形象性第一个水平的预测 RT 的值,因此是 1:620.666 + 12.987 = 633.653。因为截距就是多个平均数的平均数,如果你从截距中减去相关系数,你得到的形象性第二水平的预测 RT:620.666 - 12.987 = 607.679。

图 62 形象地显示了这个内容:

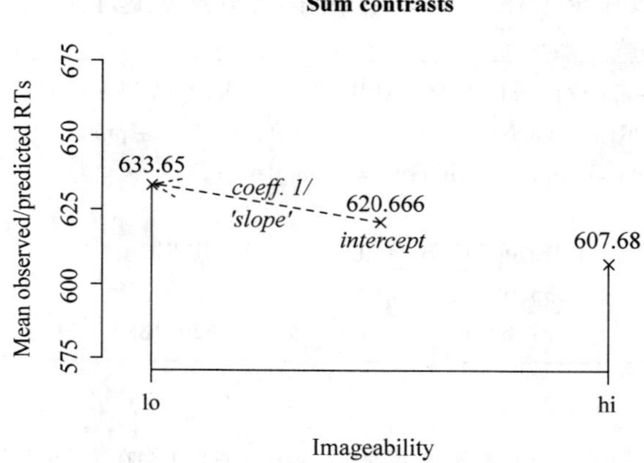

图 62　model.01 累计对比的回归估计

现在，你也许想知道为什么在图62中说"slope（斜率）"。这是因为你可以把截距概念化为x轴值等于0而形象性1为x轴值等于1，这正是线性建模系统内部进行的：对于数值变量，效应被当作斜率，表示预测的y轴值有多少是因为x轴值的每个单位变化而引起变化的，但有了上面的做法，你也可以把因子水平的相关系数（如，12.987）当斜率理解。

最后，这个特定的模型很简单，因此可以在没有任何形象化的情况下理解系数等。这个变化会很快，所以我在这里将介绍两种把数据形象化的方式。可以在代码文件中找到生成图63的代码。左边是平均数的普通柱状图，唯一添加的东西是平均数的置信区间；右边是一个非常容易创建的效应图。

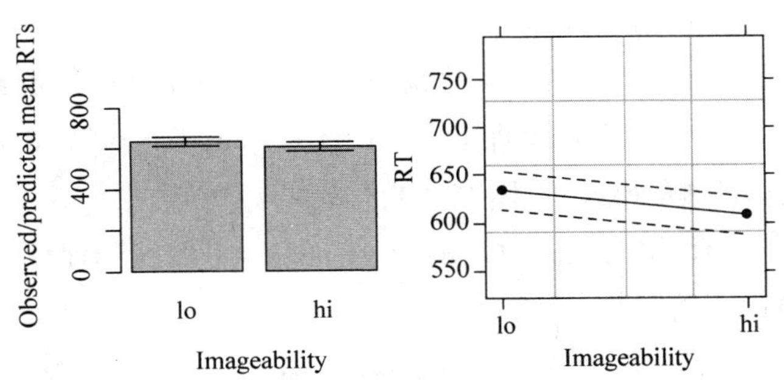

图63 model.01的效应：观察的/预测的平均数的条形图以及它们95%置信区间条形（左半面板）；effects库中的效应图（右半面板）

上面所有这些就是商务软件报告结果的量。不过，R中的标准方式实际上有点不同，幸运的是一点点不同。因为我想让你知道R的标准方法，而那个方法将会帮你理解稍后的逻辑回归。现在很简单讨论一下这个问题。这第二个，执行R的标准方法的唯一真正的差别是现在用R的默认对比数处理对比。如果接着再次创建这个模型，R^2的值、总体的p值，大部分是一样的，但系数不一样：

```
> options(contrasts = c("contr.treatment","contr.poly"))¶
> model.01 <- lm(RT ~ IMAGEABILITY, data = RTs)¶
```

```
> summary(model.01)¶
                                                                    [...]
Coefficients:
                  Estimate Std.    Error     t value     Pr(>|t|)
(Intercept)        633.65          10.53     60.177      <2e-16 ***
IMAGEABILITYhi     -25.97          14.00     -1.856      0.0693 .
---                                                                 [...]
> confint(model.01)¶
```

在我们完成上述这些任务后，你也许立刻知道*形象性*的截距和相关系数代表的是什么了：

——截距 633.65，是因变量的观察/预测平均数，当自变量*形象性*在其第一水平*低*时。

——*形象性*hi，-25.97 的系数就是你添加到截距以获得预测的*形象性*第二水平的 RT 的值即 H_1：633.65 + -25.97 = 607.68；*p* 值显示解决和预测的*形象性*：H_1 的 RT 不显著。

如图 64 所示，如上文所讨论的，x = 0 和 x = 1 的注释促使在图中使用 slope（斜率）这个词。

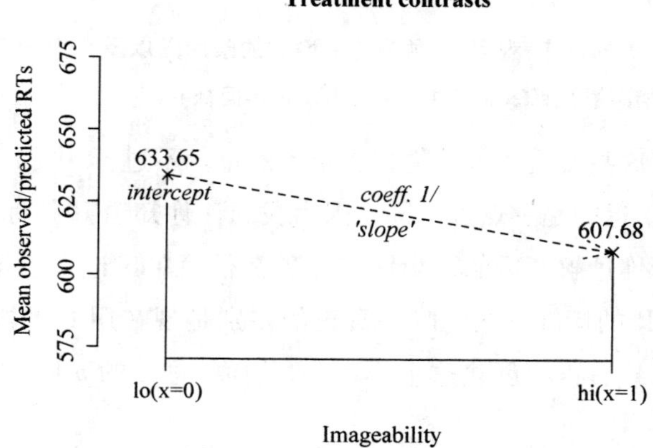

图 64　带处理对比的 model.01 的回归估算

可见，在这个简单的例子中，用两种方法获得不同的系数，但它们实际上是同样的显著性检验。在这里再次用 drop1，可参看代码文件。同样，请注意为了在代码文件中用 wald. test 和 glht 获得相关系数的 p 值，我提供了一些附加代码。你也应该一直运行那个代码，因为后面这个代码会非常有用；随后，你也许想了解 Bretz、Hothorn、Westfall（2011）的相关内容。

你可以将结果概括如下："线性模型拟合反应时作为因变量与'低 VS. 高'的形象性作为自变量。这个模型不显著（$F=3.444, df_1=1, df_2=51, p=0.069$）。只有边缘显著的趋势，即低和高形象性分别与慢和快的反应时对应，这可以在图中显示出来。"

2.2　包含一个带三个水平定类型预测因子的线性模型

因为实际上，我们仍然没做多因子分析，所以在这部分，仍然只包含一个预测因子，但我们通过研究一个带三个水平的预测因子即熟悉性使模型稍微复杂一些，这意味着你再也不能做 t 检验了[①]。首先，这又是个使用总数对比的方法。从现在开始，我再也不会显示所有的结果了：

```
> options(contrasts = c("contr.sum","contr.poly"))¶
> model.01 <- lm(RT ~ FAMILIARITY, data = RTs)¶
> summary(model.01)¶
> confint(model.01)¶
```

这个模型是显著的：总的 p 值 <0.001。因为这也是个只有一个预测因子的模型，你知道现在还是那个预测因子的 p 值。但如果你研究系数的表格，会发现在表格里没有这个值。相反，你会得到一个截距及接下来两个非常不同的 p 值。除了研究这个总的 p 值，当预测因子多于一个时如何获得熟悉性的 p 值？这时需要函数 drop1 和 Anova，因为我们从上文就记住了，在这里，这个唯一的预测因子不只是一个 df，因为它既不是两个水平的定类型预测因子，也不是定距型预测因子。因此，使用 drop1 和 anova：

---

① 偶然的情况会发生，这个部分及前面部分包含有些人认为是 ANOVA 的线性模型，即方差分析。但是因为只有定矩形自变量的线性回归，只有一个定类型自变量的 ANOVA 以及带有定类型和定矩形自变量的 ANCOVA 之间的基础方法是一样的，它们在 R 里都与 lm 拟合，我将不会过多讨论这些方法之间的差异性而是集中讨论它们的共性。

```
> drop1(model.01,test="F")¶
> Anova(model.01,type="III")¶
```

还有熟悉性的 p 值,这次你可以看到基于显著性的方法和基于标准的方法有多匹配:熟悉性是显著的,如果在研究中不考虑熟悉性,将会大幅度增加 *AIC*。

所以,这些估算值是什么意思?同样,我们通过预测值来解决这个问题。结果显示有个很好的顺序效应:随着熟悉性的增加,RT 下降,这是合理的。

```
> preds.hyp <- expand.grid(FAMILIARITY = levels(FAMILIARITY));
preds.hyp[c("PREDICTIONS","LOWER","UPPER")] <-
predict(model.01,newdata = preds.hyp,
interval = "confidence");preds.hyp ¶
```

可以从 preds.hyp 再次猜测这些估算值是什么意思,形象化后如图 65 所示:

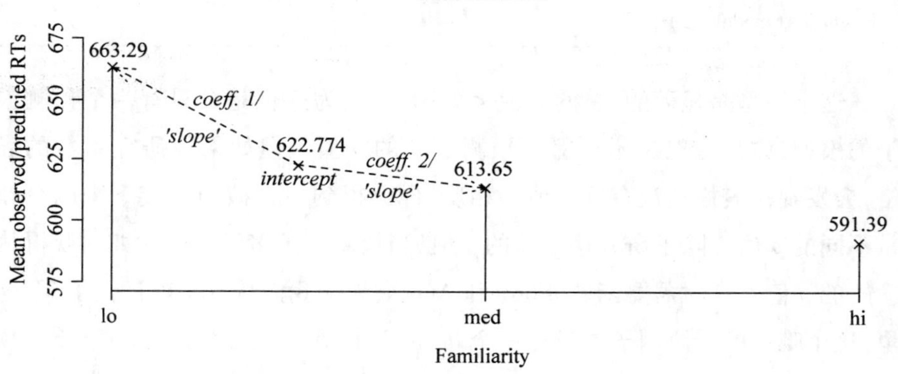

图 65　包含总体对比的 model.01 的回归估算值

——截距 622.774 是因变量平均数未加权的(!)平均数,当因变量由自变量聚合时。也就是说,622.774 是 663.2880、613.6471 和 591.3879 的平均数,这是个未加权的平均数,因为这个数的获得没有考虑形象性的两个水平不是同等频率的；

——熟悉性1 的系数,40.514 是要添加到截距以预测熟悉性第一个水平的 RT 的值,因此是 1；

——熟悉性2 的系数, -9.127 是要添加到截距以预测熟悉性第二个水平的 RT 的值；

——如果从截距中减去熟悉性的两个系数,会获得熟悉性第三个水平预测的 RT。

请注意没有获得截距和预测因子所有水平之间差异的 p 值,有时你也许想在平均数之间的差异上进行各种各样的检验。要解决这个问题可以用函数 TukeyHSD,这是相当保守的方法。

```
> TukeyHSD(aov(model.01),ordered = TRUE)¶
```

这个函数的主要参数是一个由函数 aov 创建的对象,aov 又反过来要求相关的线性模型作为参数,aov 是除 anova 外的另一个选择。这样就获得可以在三个平均数之间做所有三个比较的表格。你获得平均数之间的差异,差异置信区间的下限值和上限值,以及调整了的 p 值,因为你在同组数据上突然进行三个意义检验。为什么 p 值要那样调整?

THINK BREAK

显著性水平的关键就是确保如果你接受一个 H_1,你做错的概率 <0.05。现在,如果在每个 $p=0.05$ 时拒绝两个独立的 H_0,你两次都做对的概率是多少? 是 0.9025,即 90.25%,为什么呢? 你拒绝第一个 H_0 正确的概率是 0.95。但是,当你在两个独立尝试是 $0.95^2=0.9025$ 的基础上拒绝 H_0,那么你总是对的。同样的逻辑就好像有人问你当你滚动两个骰子同时得到两个 6 的概率:$1/6^2=1/36$。在三个独立尝试上拒绝 H_0 时你总是对的概率是 $0.95^3=0.857375$。实际上,如果你研究 13 个 H_0,那么如果拒绝它们所有的 H_0 同时你不犯错的概率实际上是较险地接近 0.5:$0.95^{13}\approx0.5133$,也就是

说，离0.95 相当远。这样，你评估 n 个 H_0 时，每次估计的错误概率不应该是0.05，而应该更小，这样当你进行所有的 n 个检验时，你总是对的，总体概率是0.95。因此，如果你想检验 n 个 H_0，必须用 $p = 1 - 0.95^{(1/n)}$，对于13 次检验，意味着 $p \approx 0.00394$。那么，你在任何一次拒绝对的概率是$1 - 0.00394 = 0.99606$，所有 13 个拒绝对的概率是 $0.99606^{13} \approx 0.95$。Bonferroni 正是一个保守的更短的探试程序，不过实际上太保守了。它只涉及用预期的显著性水平通常是 0.05，除以检验的数量，这里的数量是13 个。计算后获得 $0.05/13 \approx 0.003846154$，这与上文计算的 0.00394 的确切概率非常近。因此，如果在一个数据集上做多个事后检验来调整这个显著性水平，会使你只通过在数据中搜寻的方式获得显著结果变得更难，也会促使你去提前构建合理的 H_1 而不是过多的事后检验。

回到手头上的数据：我们可以看到熟悉性的中级和高级的差异不显著，但另外的两个差异是显著的。那意味着什么呢？

THINK
BREAK

那意味着奥卡姆的剃刀理论要求：现在检验是否需要支撑中高级熟悉度之间的差异或是否必须把两者合并，我们在 5.2.7 做这个检验。

我们又可以创建一些图作为这个模型的最后一步，而这个代码文件将指明如何让这个模型创建像图 63 那样的图形。

我们现在非常简单地探讨一下同样的模型，用 R 默认的处理之后的对比：

```
> options(contrasts = c("contr.treatment", "contr.poly"))¶
> model.01 <- lm(RT ~ FAMILIARITY, data = RTs)¶
> summary(model.01)¶
                                                              [...]
Coefficients:
                 Estimate   Std. Error   t value    Pr(>|t|)
(Intercept)       663.29      13.23      50.118     < 2e-16 ***
```

```
FAMILIARITYmed   -49.64    15.59      -3.185     0.002449 **
FAMILIARITYhi    -71.90    18.72      -3.842     0.000334 ***
---                                                      [...]
> confint(model.01)¶
```

在我们完成了上述这些操作之后,估算值也许就很清楚了:

——当自变量熟悉性在其第一水平是低时,663.29 这个截距是观察的/预测的平均数。

——熟悉性中的系数,-49.64 是添加到截距中以便预测熟悉性的第二个水平的 RT 的值。

——熟悉性高的系数,-71.90 是添加到截距中以便预测熟悉性的第三个水平的 RT 的值。

如图 66 所示,也如上文所讨论的,x =0 和 x =1 的注释有助于促使在图中使用词 *slope*,有两次这样的注释,每个估算一次。因此,从某种意义上说,与以前 5.2.1 都一样,你可以沿着上文的思路概述这部分的模型。

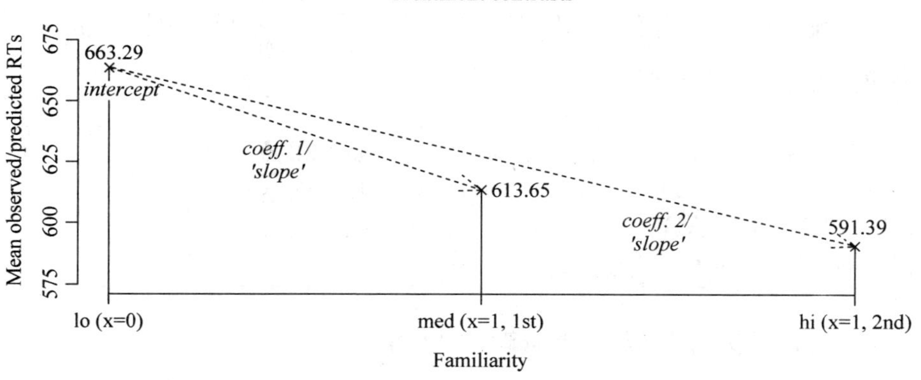

图 66　model.01 包含处理对比的回归估算值

2.3　包含一个定距型预测因子的线性模型

我们仍然只为多因子模型做准备。在前面两个单因子模型中,预测因子都是一个定类型自变量,相应地,其效应是平均数之间的差异。我们将在这部分非常简单地再回顾一下那个定距型预测因子的例子，也就是我们在 4.4.1 讨论的例子。庆幸的是，只有一个定距型预测因子，我们不需要将两种类型进行对比，可以只研究频率和反应时之间的相关性。

```
> options(contrasts = c("contr. sum","contr. poly"))¶
> model. 01 <- lm(RT ~ FREQUENCY,data = RTs)¶
> summary(model. 01)¶
> confint(model. 01)¶
```

到目前为止，我们已经研究了带有 cor. test 和 lm 的例子，因此我不需要再次详细回顾所有的结果。总之，模型因为其唯一的预测因子显著而显著。因为预测因子是定距型的，我们不一定需要下列两行，但需要牢记它们，它们又一次在这里返回同样的 *p* 值。

```
> drop1(model. 01,test = "F")¶
> Anova(model. 01,type = "III")¶
```

要确定这些估算值的意义，我们像以前一样遵循同样的策略，计算从检验范围内获得的预测值：

```
> preds. hyp <- expand. grid(FREQUENCY = floor(min(FREQUENCY)):
ceiling(max(FREQUENCY)));preds. hyp[c("PREDICTIONS",
"LOWER","UPPER")] <- predict(model. 01,newdata =
preds. hyp,interval = "confidence");preds. hyp ¶
```

你可以确认自己已经从上面猜到的内容：

——截距 667.03 是当自变量*频率*是 0 时的预测 RT。

——*频率*的系数，-24.266 指的是每个*频率*单元增加，预测 RT 增加的量，如果是负数，就是下降。

像往常一样，你应该把数据用图表示出来以获得拟合的印象，而代码文件提供一些这类操作的例子。

既然已经包含了最基本的内容，我们就可以继续讨论多因子线性模型。

这个介绍部分也许看起来比较长,但是详细讲述所有的内容之后,事情就变得简单了。

2.4　包含两个定类型预测因子的线性模型

我们从一个模型开始,在该模型中尝试在定类型自变量*形象性*和*熟悉性*以及它们的交互作用即"*形象性*:*熟悉性*"的基础上预测*反应时*。像以前一样,我们从总数对比基础上的一个模型开始,回顾那个使用星号去表示"所有这些主效应和它们的交互作用"的符号:

```
> options(contrasts = c("contr.sum","contr.poly"))¶
> model.01 <- lm(RT ~ IMAGEABILITY * FAMILIARITY,data = RTs)¶
> summary(model.01)¶
> confint(model.01)¶
```

输出变得更复杂,模型作为一个整体是显著的($p = 0.01138$),我们可以看到*形象性*是不显著的,但我们没有*熟悉性*、主效应的 *p* 值及*形象性*:*熟悉性*交互作用的 *p* 值。因此,在我们尝试理解相关系数/估算值之前,快速浏览一下 drop1 和 Anova:

```
> drop1(model.01,test = "F")¶
> Anova(model.01,type = "III")¶
```

这一次,两者输出的内容很多且有所不同。drop1 的输出遵循上文的反向模型选择的逻辑,并只返回那些可以在*这时候*丢弃的预测因子的 *p* 值。因为两个变量有交互作用且模型中没有什么比那更复杂的,你可以放弃那个交互作用,但只要交互作用仍然在模型中,你就不能在这个阶段放弃参与交互作用的任何变量。因此,drop1 只返回"有交互 VS. 没有交互"模型的 *p* 值,因为交互作用是不显著的,从遵循奥卡姆的剃刀理论的角度,我们应该放弃它。

Anova 的输出信息更丰富,返回模型中所有预测因子的 *p* 值;你可以从 summary(lm())输出确认*形象性*的 *p* 值,从 drop1 输出确认交互作用的 *p* 值。

我们现在将不会放弃交互作用,因为我们想给你展示这样的模型输出如何解释和绘图;关于更真实的模型选择过程,请遵循 5.2.7 中的相关陈述。

现在来观察这些预测及其估算值:

```
> preds. hyp <- expand. grid( IMAGEABILITY = levels( IMAGEABILITY),
FAMILIARITY = levels( FAMILIARITY) ) ;preds. hyp[
c( "PREDICTIONS" ,"LOWER" ,"UPPER" ) ] <- predict( model. 01,
newdata = preds. hyp, interval = " confidence" ) ;preds. hyp ¶
```

要了解每个估算值非常详细的定义请参考代码文件。我不会详细解释每个系数,有两个原因:首先,为了节省篇幅。你在代码文件中可以看到估算值的定义可以变得很长很复杂。其次,生成 preds. hyp 的全部意义在于我们没必要研究那么多系数。当然,你仍然应该理解代码文件中的解释,但在实践中,理解一个包含 5 个三因素交互作用和 10 个基于这些系数上的其他预测因子几乎是不可能的。因此,仔细阅读代码文件中关于系数的解释,在那里运行那个代码来证实我的解释,并确认它们在数据中的效应。但目前我们将在其预测基础上探讨这个模型,这表明:

——观察的/预测的平均数没有随着通过*熟悉性*平均获得的*形象性*的变化而有很大变化;

——观察的/预测的平均数随着通过*熟悉性*平均获得的*形象性*的增加而增加;

——交互作用有个暗示,但我们从上文知道它不是显著的,因为当*熟悉性*是低或中等时,从*形象性*低到高的变化缩短了反应时,但如果*熟悉性*是高水平时,会得到相反的效应。

杜凯氏检验即事后检验显示,有一个非常保守的因果关系检验方法,在数据中几乎没有任何显著的内容。我们先使数据形象化——代码文件显示不同类型的图,用线条表示的交互作用图、平均数和置信区间的条形图、平均数的点阵图以及与一个观察中位数和它们的凹口和平均数以及它们的置信区间的彩色箱形图。最后一个是效应图,结果很明显,这个交互作用是不显著的,因为平均数的直线几乎是平行的。

现在，用处理对比来进行同样的分析会有什么结果呢？

```
> options(contrasts = c("contr.treatment","contr.poly"))¶
> model.01 <- lm(RT ~ IMAGEABILITY * FAMILIARITY,data = RTs)¶
> summary(model.01)¶
> confint(model.01)¶
> drop1(model.01,test = "F")¶
```

此外，与上文一样，除了估算值，我已经在代码文件中详细解释了所有的内容含义。但因为理解处理对比对于逻辑回归来说非常重要，我也想在这里对它们进行评论。有两个中心规则，一旦内化，就可以帮助你理解所有处理对比的结果：

(61) 一个预测因子 X 的每个系数/估算值如主效应、交互作用或因子水平等是你必须添加到截距的值，

a. 在定类型变量情况下，预测在 X 相应水平上时因变量的值

b. 在定距型变量情况下，预测 X 一个单位变化引起因变量的值

这是很重要的，所有没在 X 中提及的定类型预测因子被设为它们的第一水平。通常是按字母顺序的第一水平，但它也可以是你最先设定的，就如在这个例子中一样，而所有在 X 中没有提及的定距型预测变量是 0。

(62) 因此，截距是对因变量的预测值，当

a. 在模型中的所有定类型变量被设为其第一水平；

和/或(！)

b. 所有定距型变量都被设为 0。如果使它们集中或 z 标准化，它们会与自己的平均数相对应。

因此产生下列结果：

——当两个预测因子都设为它们第一水平即低水平时，截距就是预测的 RT；

——第二个系数是你所添加到截距以预测 RT 的值，获得这个值的条件是当所提及的预测因子变到这里所指的水平，即形象性从低变到高以及当这里未提及的预测因子保持其在截距中的水平，即熟悉性保持在低状态时；

——第三个系数是所添加到截距以预测 RT 的值，获得这个值的条件是当所提及的预测因子变到这里所指的水平，即熟悉性从低变到中以及当这里未提及的预测因子保持其在截距中的水平，即形象性保持在低状态时，第四个相关系数类似；

——第五个系数是个相互作用的预测因子。因此，要用其做个预测，不是只把这个估计值添加到截距，而是还应该把其中一部分的主效应估算值也包括在内。这样，当形象性是高而熟悉性是中时要预测 RT，把当形象性是高时的第二个系数、当熟悉性是中时的第三个系数以及这个相互作用的第五个系数添加到截距：

```
> 676.30 + -26.11 + -58.94 + 18.91¶
[1] 610.16
```

把这个与 preds. hyp[4,]进行比较，结果是一样的，且同样的逻辑应用到第六个系数。显而易见，为什么检查 preds. hyp 和用图形显示预测值比费力地理解系数表格更容易，尤其因为 preds. hyp 是绘图的基础，这在上面已经做过了。

现在可以像以前一样汇总 model. 01：总体模型统计、预测因子以及它们的 p 值和一个图形。

2.5 包含一个定类型和一个定距型预测因子的线性模型

在上述部分，两个变量都是定类型的，所以所有效应都是调整到平均数。现在我们转到混合变量：一个变量是定类型的即熟悉性，另一个是定距型的即频率。首先进行总数对比：

```
> options(contrasts = c("contr. sum","contr. poly"))¶
> model. 01 <- lm(RT ~ FAMILIARITY * FREQUENCY, data = RTs)¶
> summary(model. 01)¶
> confint(model. 01)¶
```

这个模型很显著($p=0.001728$)，但像以前一样，没有获得所有预测的所有 p 值：可以看到*频率*是显著的，但没有获得*熟悉性*和相互作用的一个 p 值。结果如下：

```
> drop1(model.01,test = "F")¶
> Anova(model.01,type = "III")¶
```

两个都表明这个交互作用是不显著的。回到估算值上：

```
> preds.hyp <- expand.grid(FAMILIARITY = levels(FAMILIARITY),
FREQUENCY = floor(min(FREQUENCY)):ceiling(max(FREQUENCY)));
preds.hyp[c("PREDICTIONS","LOWER","UPPER")] <-
predict(model.01,newdata = preds.hyp,interval =
"confidence");preds.hyp ¶
```

这个数据框不容易处理。考虑到这个表格的长度，我现在先说明如何构建一个更容易处理代码文件的版本。我们可以大致看到这样的趋势，随着*频率*的增加，预测的 RT 减少，但是实际上所需要的就是个表格。但先问个问题：这个交互作用代表什么，又如何用图形表示？

THINK BREAK

如 5.1.2，一个定类型变量和一个定距型变量的交互作用意味着模型中定距型变量的效应不是一个斜率，而是定类型变量有几个水平，定距型变量就有几个斜率。也就是说，这个交互作用反映对斜率的调整。因此，我们给每个*熟悉性*水平的*频率*制作一个有各种不同回归线的图；*熟悉性*的水平通过它们的第一个字母表示。这个图是否已经极其简单了？例如没有包含原始的数据点，这个代码文件提供了多种选择；像往常一样，最简单的方法是那个效应图。

效应图比任何其他的形式都能更高效地显示结果，尤其当添加置信区间来显示交互作用并不显著时。总的来说，这个模型显示频率加快时被试

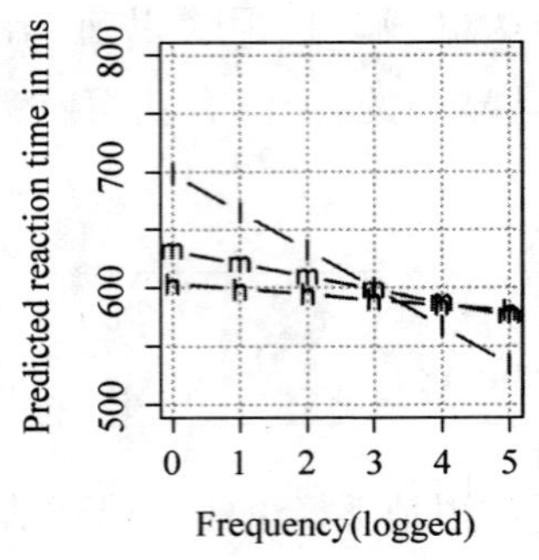

图 67 熟悉性:频率在 model.01 的交互作用

的反应速度,但当熟悉性低比非低水平时尤其明显。在这个模型中的汇总应该包含这种趋势与 p 值等内容。现在我们再次快速看下这个处理对比:

```
> options(contrasts = c("contr.treatment","contr.poly"))¶
> model.01 <- lm(RT ~ FAMILIARITY * FREQUENCY, data = RTs)¶
> summary(model.01)¶
> confint(model.01)¶
> drop1(model.01, test = "F")¶
```

像往常一样,系数发生变化了,它们的变化与(61)和(62)中的规则一致:

——当所有预测都设为它们第一水平或 0 时,即当熟悉性是低而频率是 0 时,截距就是预测的 RT;

——第二个系数是添加到截距以预测 RT 的值,获得这个值的条件是当所提及的预测因子变到这里所指的水平,即熟悉性从低变到中以及当这里未提及的预测因子保持其在截距中的水平,即频率保持在低状态时,第三个系数类似;

——第四个系数是添加到截距以预测 RT 的值,获得这个值的条件是当所提及的预测因子增加一个单位即定矩型的频率从 0 变到 1 以及当这里未提及的预测因子保持其在截距中的水平,即熟悉性保持在低状态时;

——第五个系数是个相互作用的预测因子。因此,要用其做个预测,不是只把这个估计值添加到截距,而是还应该把其中一部分的主效应估算值也包括在内。这样，当*熟悉性*是*中*且*熟悉性*增加1时，要预测RT，得往截距添加当*熟悉性*是*中*时的第二个系数、当*熟悉性*增加1时的第四个系数以及为检测交互作用的RT：

```
> 697.96 + -66.40 + -32.73 + 21.65¶
[1] 620.48
```

把那与preds.hyp[5,]相比，第六个系数也一样。

2.6 包含两个定距型预测因子的线性模型

到这一步，我们的操作不仅越来越严肃有趣，而且具备游戏性。我们准备把*反应时RT* 作为一个包含两个定距型变量即*频率*和*意义性*以及两者间交互作用的函数建模。交互作用使得这个问题有点难处理。两个定类型变量之间的交互作用反映了平均数的调整，而一个定类型变量和一个定距型变量的交互作用反映的是对斜率的调整，那两个定距型变量之间的交互作用是怎样的呢？这个交互作用是一个定距型变量的斜率效应在另外一个定距型变量的各种范围中的变化，这也意味着我们有时候必须考虑三维图：x轴上的一个预测、y轴上的另外一个预测以及z轴上的预测。

因为只有两个定距型变量，我们不需要区别总数和处理对比，所以我们可以开始了。也许也可以粘贴drop1和Anova的命令行，但没有必要，因为每个预测都有一个*df*。

```
> options(contrasts = c("contr.sum","contr.poly"))¶
> model.01 <- lm(RT ~ MEANINGFULNESS * FREQUENCY, data = RTs)¶
> summary(model.01)¶
> confint(model.01)¶
```

虽然没有预测因子是显著的，但这是一个几乎显著的模型，这有点罕见。我们生成preds.hyp，这时候更难处理。因为有两个数字，所以我们要生成两个值域。我们对*频率*的做法和以前一样，但对于*意义性*，不仅使用认证范围内的8个值，这是个任意选择，也可以是20个，而且还有0和1，所以可以解释系数。

```
> preds.hyp <- expand.grid(MEANINGFULNESS = c(0:1,
seq(floor(min(MEANINGFULNESS,na.rm = TRUE)),
ceiling(max(MEANINGFULNESS,na.rm = TRUE)),length.out = 8)),
FREQUENCY = floor(min(FREQUENCY)):ceiling(max(FREQUENCY)))¶
> preds.hyp[c("PREDICTIONS","LOWER","UPPER")] <- predict(
model.01,newdata = preds.hyp,interval = "confidence")¶
> preds.hyp ¶
```

实际上,系数意义一直没有变化;参照(61)和(62):

——当*意义性*和*频率*都是 0 时,截距就是预测的 RT;

——第二个系数是添加到截距以预测 RT 的值,获得这个值的条件是当所提及的预测因子增加了一个单位(即当*意义性*从 0 增加到 1),以及当这里未提及的预测因子保持其在截距中的水平(即*频率*保持是 0 时);

——第三个系数是添加到截距以预测 RT 的值,获得这个值的条件是当*频率*从 0 增加到 1 及当*意义性*保持其在截距的值(即保持是 0 时);

——第四个系数是个相互作用的预测因子。因此,要用其做个预测,不是只把这个估计值添加到截距,而是应该把其中一部分的主效应估算值也包括在内。这样,当*意义性*是 1 且*频率*也是 1 时,要预测 RT,得把所有系数添加到截距。

现在,在实践中你不会往预测的值添加那些与意义性的值相差甚远的值,这会影响画图效果。因此我们用大量的预测创建一个数据框 preds.hyp.for.plot,即所有基于 100 *意义性*和 100 *频率*的值的所有预测,如代码文件中所显示,请注意 seq(…,length.out = …)的使用,以及基于 na.rm = TRUE 的使用来确保 min 和 max 在缺失数据时是没有问题的。

现在,有几个可能性。前面两个显示在代码中,这些代码包含一些内容,限于篇幅,这本书里未能充分展示:函数 plot3d 能够绘制可以旋转的三维图,可以在图上点击并移动鼠标来调整这个坐标系统,参数 col 用函数 grey 把那些依赖于预测值对应的高度的点涂黑(参看? *grey*)。通常,在可以看到的数据里发生变化之前，可以对图形进行不同角度的旋转，不过我建议大部分时间让预测的值停留在垂直的轴上。另外一种图显示你可以使用任何你需要的涂色比例。

虽然这对于解释数据很有用，但实际上不能发表这样的图。因此，有时你不能用图的第三个维度来表示预测值而是用颜色或绘图符号。下面的图是一个包含有意义性和频率分别分布在x和y轴上的散点图，而这个预测值的大小通过亮度表示：灰色部分颜色越轻表明预测的主体反应越慢。

总之，当意义性较低时，预测的RT会随*频率*的增加而减少，随着往上走，观察图左半部分中的灰色部分如何变得越来越暗。同样，尤其是当*频率*较低时，预测的RT会随着*意义性*的增加而减少，这时观察往右边走时图的下半部分如何变得越来越暗。但是，这是一个交互作用中的微小暗示，由三维图中稍微朝上的弓形表示，当*意义性*和*频率*都变得很高时，我们没有获得最快的RT：

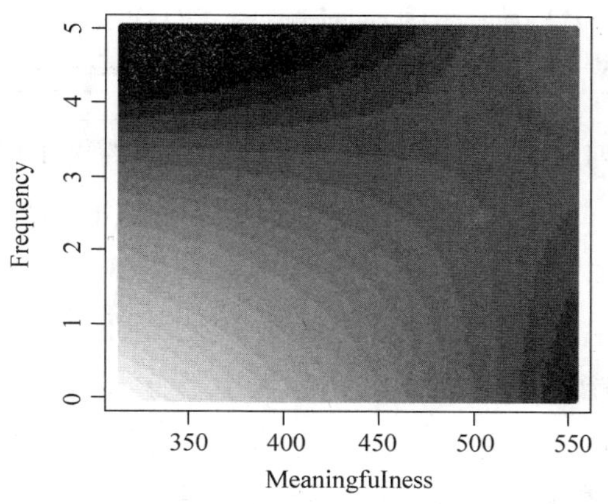

图68　model.01中意义性:频率的交互作用

在右上角部分，数据点不是最暗的。但model.01表明这个交互作用实际上并不显著，这也是必须在结论/讨论部分中说明的内容。

其他好玩的图形可能在包含效应点的代码文件中举例说明。其中这种图形可以把数字用作绘图符号，并充分显示*意义性*和*频率*如何跨越预测在空间的变化。

2.7 包含多个预测因子线性模型的选择过程

目前,我们忽略了两件事。首先,为了便于解释我们已经忽视奥卡姆的剃刀理论:当一个预测即一个主效应或一个交互作用不显著时,我们把它留在模型中并且无论如何也要把它绘制出来。在这部分,我们将研究如何做一个反向的模型选择过程。

其次,我们已经忽视回归假设的检验,因此我们也将在最后部分稍微讨论一下这个问题。在这里我们将探讨的最大模型包含目前所见过的所有自变量,包括它们所有的交互作用直到包含 3 - 因素交互作用;顺便提一下,这只能作为一个讲授用的例子,因为与相对较少的数据点相比预测因子的数量太多了:

```
> options(contrasts = c("contr.sum","contr.poly"))¶
> model.01 <- lm(RT ~ (FREQUENCY + FAMILIARITY + IMAGEABILITY +
MEANINGFULNESS)^3, data = RTs[complete.cases(RTs),])¶
> summary(model.01)¶
```

注意我们如何定义参数 data 以确保只有完成的例子可以进入到这个过程。同时,在谈论的想要包含的主效应、2 - 因素交互作用和 3 - 因素交互作用时必须注意句法:当变量放在小括号中,我们说^3。

结果显示一个总体模型中,如果有一些显著而又有很多不显著的预测因子时,这个总体模型也不会显著。总模型部分显著是因为大量不显著预测因子增加了自由度。这样一来,要获得一个显著的结果更艰难;注意在这个连结中的多元 R^2 和调整 R^2 之间的巨大差异。同样还有个问题,在自然数据中非常普通的问题:我们设计中的一个单元只有一个观察值——熟悉性:高与意义性:低的组合,这会引起相关系数中的 NA,从而导致函数 Anova 没起作用。

```
> Anova(model.01, type = "III")¶
```

可以用三种办法处理这个问题。也许最好的是用 drop1,这通常检验所

有可以在这阶段省略的预测因子,看删除它们是否会使模型明显更糟:

```
> drop1(model.01,test="F")¶
```

就像5.1.2.2所讨论的,drop1只检验最高级别的交互作用,而拥有最高 p 值的交互作用最好第一个就删除掉,*频率:熟悉性:意义性*。

第二个可能性是添加一个Anova参数,这会提供关于哪个交互作用会最先被删除的同样结果和总结。

```
> Anova(model.01,type="III",singular.ok=TRUE)¶
```

最后的可能性也许是最费力的。它包含鉴定可以删除的那四个交互作用,计算四个模型,每个与model.01的差异只是放弃其中一个,也就是说,比较小的模型是更大模型的子模型!接着做一个模型比较来看看这个更小的模型有多糟糕。对所有四个即将被删除的交互作用都做模型之后,你可以删除那个获得最大的不显著 p 值的交互作用。

第一步,生成一个子模型,最好用函数update操作。第一个参数就是你想要改变的那个模型,跟在~.之后,随着你所想操作的一切,如这里的减去一个预测因子:我只是显示前面两个更新;你也应该研究update的帮助,这能用于其他有用的方式。

```
> model.02a <- update(model.01, ~. -
FREQUENCY:FAMILIARITY:IMAGEABILITY)¶
> model.02b <- update(model.01, ~. -
FREQUENCY:FAMILIARITY:MEANINGFULNESS)¶
```

接着,用函数anova,注意这是小写的a!把任何东西的第一个模型与这些子模型相比较。这一次我又只显示前面两个。

```
> anova(model.01,model.02a)¶
> anova(model.01,model.02b)¶
```

最终获得的是最先要删除的那个交互作用。现在要删除那个交互作用,再一次使用 update,并在没有*频率熟悉性:意义性*的情况下把 model.02 定义为 model.01:

```
> model.02 <- update(model.01, ~. -
FREQUENCY:FAMILIARITY:IMAGEABILITY)¶
```

如代码文件所示,这个过程现在会根据需要而重复。你当然只需要运行在代码中显示的其中一个选择。评论:drop1 有时已经输出具有更低交互性程度的预测因子所删除的 p 值,而不是你正在检验的那个值。我们将坚持上文讨论的只针对一个交互性更低的水平,或者如果没有剩下可以删除的更高等级的交互作用,就针对更低等级的交互性来操作(参照代码文件中的顺序)。

在这么多检验之后会获得 model.14,遵循奥卡姆的剃刀理论,这只包含一个*熟悉性*作为预测因子,其他的所有内容都已摒弃。

```
> summary(model.14)¶
                                                              [···]
Coefficients:
                 Estimate      Std. Error     t value     Pr(>|t|)
(Intercept)      619.049        7.145         86.636      < 2e-16 ***
FAMILIARITY 1     33.201       11.619          2.858      0.00644 **
FAMILIARITY2      -5.541        8.445         -0.656      0.51512
---                                                              [···]
Multiple R-squared:0.1711,Adjusted R-squared:0.1343
F-statistic:4.645 on 2 and 45 DF,p-value:0.01465
```

但我们还没有完成呢。*熟悉性*有三个水平,只是也许我们并不需要它们所有的水平,上文的 TukeyHSD (aov(···))已经表示了某些内容。因此我们继续进行模型比较,不再是通过检验剔除变量,现在是剔除变量的水平了。遵循 Crawley (2007:563)的逻辑,我们创建两个新的因子,每个因子合并两个相连的水平并把它们添加到我们的数据框中,以确保我们检验同样数量的例子,然后我们计算两个新的模型,一个包含*熟悉性*的合并版本,接着我们做个 anova 模型对比：

```
> FAMILIARITY. conflat1 <- FAMILIARITY. conflat2 <- FAMILIARITY ¶
> levels(FAMILIARITY. conflat1) <- c("lo","med - hi","med - hi")¶
> levels(FAMILIARITY. conflat2) <- c("lo - med","lo - med","hi")¶
    > RTs <- cbind(RTs,FAMILIARITY. conflat1 = FAMILIARITY. conflat1,
FAMILIARITY. conflat2 = FAMILIARITY. conflat2)¶
```

```
> model. 15a <- lm(RT ~ FAMILIARITY. conflat1,data =
RTs[complete. cases(RTs),])¶
> model. 15b <- lm(RT ~ FAMILIARITY. conflat2,data =
RTs[complete. cases(RTs),])¶
> anova(model. 14,model. 15a)¶
> anova(model. 14,model. 15b)¶
```

结果显示了第一个合并(即那个在 TukeyHSD 检验中也有更高的 p 值的合并)并没有使模型明显更糟糕,但第二个合并却使其更糟糕。因此,可以参考图69显示如何汇总合格模型。参见代码以及? *plotmath* 了解主标题可以如何以斜体、上标等为主要特征：

在这个点上我们暂时不讨论这个模型,先看一下更笼统的那个部分吧。在这种情况下,我们只有一个显著的主效应,在上文有关部分我们讨论了如何绘制两个变量之间的交互作用图。有时候,使用者会提出这样的问题,“好的,但我有个三个变量的显著交互作用。怎样绘制那个交互作用呢?”

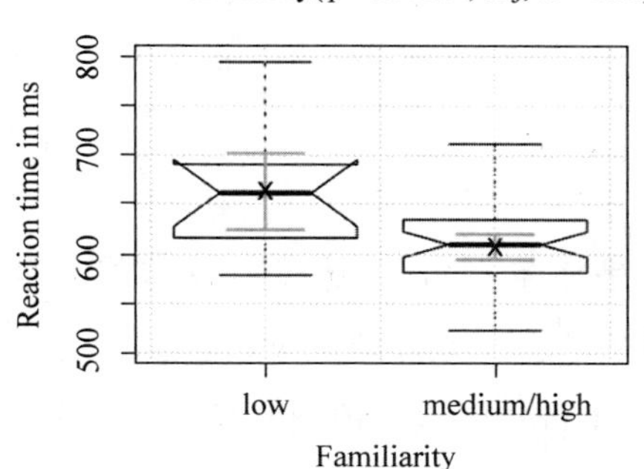

图69　从 model.15 获取的最后一个唯一显著效应

常见的解决方案是你应该在上图的基础上绘制这些内容。例如,如果你有 X,Y 和 Z 三个定类型变量的交互作用,那么就像在 5.2.4 中讨论的一样在 Z 的每个水平上绘制 X:Y。理论上你可以尝试不同的结构,看看哪个图是最容易解释的。例如,想象两个定类型变量 X 和 Y 以及一个定矩型变量 Z 的交互作用。在那种情况下,也许像 5.2.5 中所讨论的那样在 Y 的每个水平上绘制 X:Z 或者在 X 的每个水平上上绘制 Y:Z 等。也就是说,你只是用上文讨论的图来建立更高等级交互作用的模块。

这里有个非常重要的相关问题,即当 X 不是唯一在模型中留下来的预测因子时,如何获得模型中 X 这个预测因子的一些像 preds. hyp 的内容。在这种场合,用上文中 preds. hyp 的方法不是很理想,尤其当模型中的另外一个预测因子,如 Y,其各个水平的频率差异非常不同时,而这在观察数据中经常发生。例如,模型选择过程的 model. 10 包含如下的公式:

```
> formula(model.10)¶
  RT ~ FREQUENCY + FAMILIARITY + IMAGEABILITY + MEANINGFULNESS
+ IMAGEABILITY:MEANINGFULNESS
```

如果你想要提取熟悉性的预测值,那么可以用函数 effect 来创建一个叫 fam 的清单:

```
> fam <- effect("FAMILIARITY",model.10);fam ¶
FAMILIARITY effect
FAMILIARITY
lo          med         hi
653.7191    613.6080    606.0162
```

不过这个结果正是你需要的,从那里提取这些甚至包含置信区间的数字看起来并不那么简单。你必须知道以下内容:

——我们用 expand. grid 创建的预测变量是 fam $x;

——预测的值现在是 fam $fit;

——置信区间的低端在 fam $lower 里;

——置信区间的高端在 fam $ upper 里。

回到 model. 15。在解释已经做过的模型选择过程之前，要做的最后一件事情以及汇总结果是检查关于模型的假设。这可以通过很多方式进行操作，下面两种是比较实际的。首先，你可以检查一些模型诊断的图；其次，你可以从同名软件包中用函数 gvlma 快速浏览全貌。

```
> par(mfrow = c(2,2))¶
> plot(model.15)¶
> par(mfrow = c(1,1))¶
```

左边两个图检验残差的方差是一致的假设。两个都显示 x 轴上拟合的/预测的值与 y 轴上残差的类型的比率。两个图都理想地显示结构较简单的散点云图；在此，我们只有两个合适的值，每个都是熟悉性. conflat1 的一个水平，但没有哪个结构是值的离差从左边到右边增加或减少的：因此这些图看起来还好[①]。几个词被标记为潜在的离群值。左上角的图同样显示残差在预期的 0 的平均数周围很好分布。

残差是正态分布的假设似乎也是匹配的：右上边图中的点应该相当靠近虚线，它们确实是靠近的；同样，三个词被标为潜在的离群值。不过，你当然也可以对残差做一个 Shapiro-Wilk 检验，这也可以获得预期的结果。

最后，图的右下半部分绘制了凭借所谓的杠杆比率的标准化残差。杠杆比率测量的是一个数据点对一个模型的影响有多大，因为它与相关自变量的中心离得很远。如你所见，有几个词带有更大的杠杆比率，而这些都是熟悉性：低的所有情况，在这个小型数据集中，这是一个小得多的数据点数量。我可以简要展示指向模型假设违规的模型——诊断图的例子。下文的图 71 显示上面两个模型图，这是我在研究一个学生的数据时发现的，当时有人建议她把一个像 ANOVA 这样的线性模型应用于她的数据，这可是一个统计顾问的建议！在图的左半面，可以清楚地看到残差范围如何从左边到右边不断增加。在图的右半面，可以看到数据点如何从虚线上大大地偏差，

① 你也可以从 carcar：ncvTest(model. 15)¶ 库中用 ncvTest 返回预期的非显著结果。

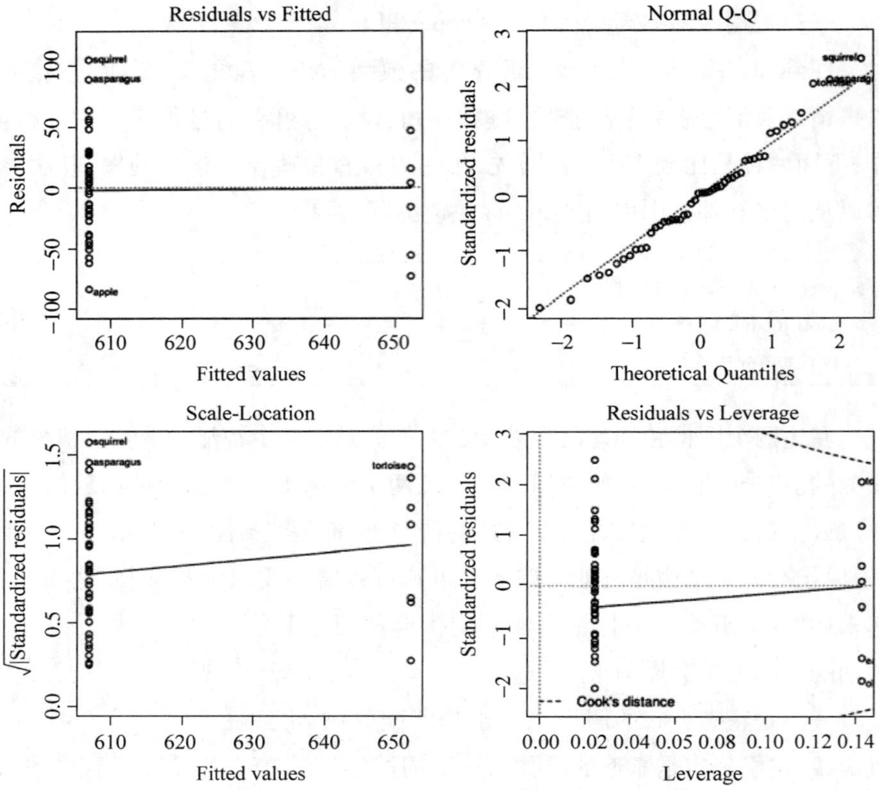

图 70 **model. 15** 的模型诊断

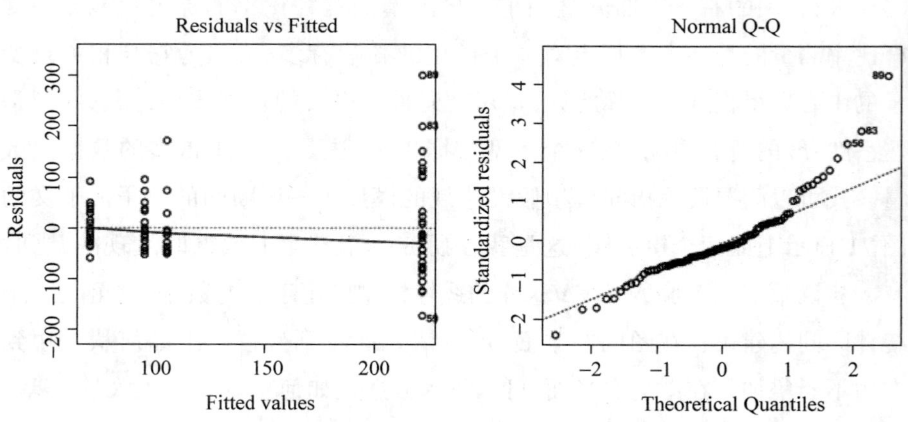

图 71 有问题的模型诊断

尤其在坐标系的右上部分。这些图的警告非常明显。上文提及的函数 gvlma 显示五个中有四个检验的假设是不成立！观察能否恰当地忽略所显示的离群值是个可能跟进方式。讨论的话请参看 Fox and Weisberg（2011：Chapter 6）。

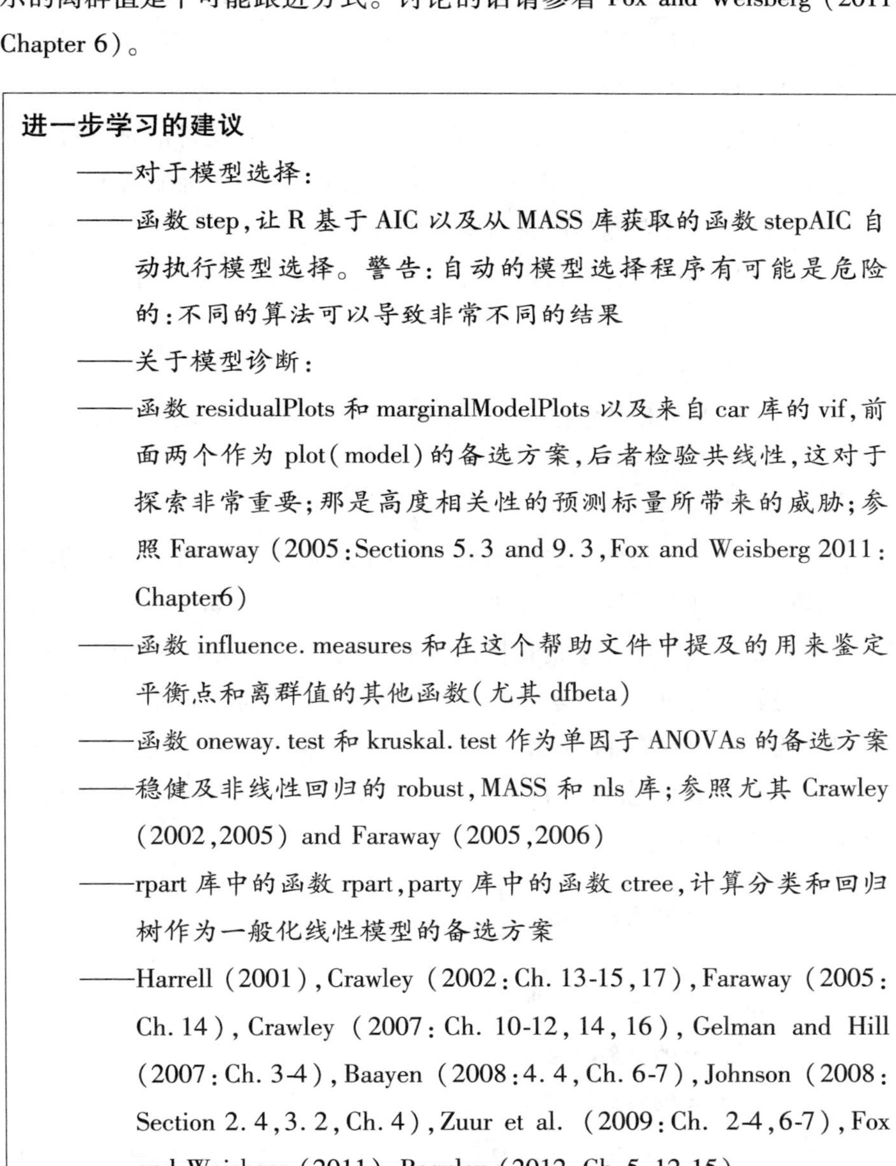

进一步学习的建议

——对于模型选择：

——函数 step，让 R 基于 AIC 以及从 MASS 库获取的函数 stepAIC 自动执行模型选择。警告：自动的模型选择程序有可能是危险的：不同的算法可以导致非常不同的结果

——关于模型诊断：

——函数 residualPlots 和 marginalModelPlots 以及来自 car 库的 vif，前面两个作为 plot(model) 的备选方案，后者检验共线性，这对于探索非常重要；那是高度相关性的预测标量所带来的威胁；参照 Faraway（2005：Sections 5.3 and 9.3，Fox and Weisberg 2011：Chapter6）

——函数 influence.measures 和在这个帮助文件中提及的用来鉴定平衡点和离群值的其他函数（尤其 dfbeta）

——函数 oneway.test 和 kruskal.test 作为单因子 ANOVAs 的备选方案

——稳健及非线性回归的 robust，MASS 和 nls 库；参照尤其 Crawley（2002，2005）and Faraway（2005，2006）

——rpart 库中的函数 rpart，party 库中的函数 ctree，计算分类和回归树作为一般化线性模型的备选方案

——Harrell（2001），Crawley（2002：Ch. 13-15，17），Faraway（2005：Ch. 14），Crawley（2007：Ch. 10-12，14，16），Gelman and Hill（2007：Ch. 3-4），Baayen（2008：4.4，Ch. 6-7），Johnson（2008：Section 2.4，3.2，Ch. 4），Zuur et al.（2009：Ch. 2-4，6-7），Fox and Weisberg（2011），Baguley（2012：Ch. 5，12-15）

3. 二元逻辑回归

在上部分，我们处理线性回归，其中因变量是定距型的，包含很广的值域。但在很多情况下，因变量是定类型的，或者虽然是定距型但其值域≥0以及/或者其值对于频率而言是离散的，或者……因为上文讨论的“正态的”线性模型预测 -∞ 和 +∞ 之间的值，它将预测对于这样的因变量没有多大意义的值。当你想要预测某些东西的频率时，一个 -3.65 预测值意味着什么？对于类似这些情况，使用其他模型，一些可以统归为广义线性模型的回归类型：

——对两个水平定类型因变量的二元逻辑回归；

——对定序型变量的定序逻辑回归和分别为定序型和定类型因变量的多元回归；

——对频率因变量的泊松/计数回归。

要能把一个线性建模方法应用到这样的数据，需要用到一个所谓的链接函数来转变因变量。这个函数把一个线性模型（ -∞ to +∞ ）的预测值域转变到一个更适合因变量的范围。例如，对于一个二元逻辑回归，(63a)中相反的逻辑特转换把从 -∞ 到 +∞ 值域范围的值转到从 0 到 1 的值域，这可以理解为一个预测事件的概率。对于泊松分布，在(64a)中的指数转换把从 -∞ 到 +∞ 的值域范围的值转到从 0 到 +∞ 的值；(63b)和(64b)中的函数以相反的方向转换：

(63) a. x **的反分对数：**$\frac{1}{1+e^x}$

b. x **的分对数：**$\log\frac{x}{1-x}$

(64) a. x **的幂函数：**e^x

b. x **的对数函数：**$\log_{natural}x$

这样操作有好也有坏。坏的是二元逻辑回归较难理解，因为联系函数转换因变量的方式难理解，如你所见，也因为我们可以通过三种不同的方式报告这种回归的结果，这使我们不易理解课本或论文中如何解释方法/结果。幸运的是，一旦你从联系函数中抽象出来，在这部分我们就可以一直用R的默认处理对比，没必要用两种类型的对比。

我们将探讨的数据集包含一个句子中主句和从句的相对顺序这一议题，包括这些变量：

——一个包含两个水平的定类型因变量，即*顺序*：MC（主句）-SC（从句）VS. SC-MC，表示主句是否出现在从句之前；

——一个包含两个水平的定类型自变量*从句类型*：*因果*VS. *时间*，表示从句是因果关系的还是时间关系的；

——两个定距型自变量*主句长度*和*从句长度*，代表主句和从句中词的数量；

——一个定距型自变量*长度差异*，代表主句长度减去从句长度的差值；也就是说，负值表示主句更短；

——一个定类型自变量*连词*，代表用于主句的连词。因为这些数据都来自包含平行语料数据的研究，下面这些就是水平：*ALS/WHEN*，*BEVOR/BEFORE*，*NACHDEM /AFTER*，和 *WEIL/BECAUSE*；

——一个带两个水平的定类型自变量*多于2 个分句*：*没*VS. *有*，表示句子中除了这个主句和从句之外是否还有更多的分句。这可以理解为句子是否不只包含这两个分句的更多复杂性的问题。

二元逻辑回归包含如下的步骤：

步骤

——提出假设

——加载数据、为数据建模做准备、研究数据

——计算、选择和解释逻辑回归模型

——获取所有预测因子和模型作为总体的 p 值

——在(i)预测结果和(ii)预测的概率图表的基础上解释回归系数/估算值

——**检验中的主要设想:**

——数据点和残差的独立性,没有过于有影响力的数据点,没有多重共线性,也没有过度离散

——不到95%的model'2的绝对标准化残差>2

——如果有的话绝对dfbetas和预测因子>1的情况也是很少的

首先,假设:

H_0:*顺序*和预测因子即自变量和他们的交互作用之间没有相关性:

NagelkerkeR^2 =0。

H_1:*顺序*和预测因子即自变量和他们的交互作用之间有相关性:

NagelkerkeR^2 >0。

接着你从<_inputfiles/05-3_clauseorders.csv>加载数据:

```
> CLAUSE.ORDERS <- read.delim(file = file.choose())¶
> summary(CLAUSE.ORDERS);attach(CLAUSE.ORDERS)¶
```

在这种情况下,不会进一步准备数据,这就是为什么数据框已经附加上去了。然而,我们确实想要写两个帮助函数,如上文一样定义error.bar,加载几个数据包,确保我们在使用处理对比:

```
> logit <- function(x) { log(x/(1-x)) }¶
> ilogit <- function(x) { 1/(1+exp(-x)) }¶
> options(contrasts = c("contr.treatment","contr.poly"))¶
```

凭借*顺序*用交叉表格以及变量的spineplots探索数据没有任何危险信号,所以我们可以继续前进。在这部分,我将在书里显示比较小的代码/图,因此请务必遵循代码文件!

3.1 包含两个水平的定类型预测因子的二元逻辑回归

在这部分,我们将考虑主从句的*顺序*是否与*从句类型*相关。像以前一

样，这第一个部分将比接下来的部分长得多，因为这部分是要为将来更复杂的内容奠定基础。

一个带两个水平的定类型预测因子的线性模型可以简化为一个我们已知的更简单的检验——t 检验，同样一个包含两个水平的定类型预测因子的二元逻辑回归也可以简化为卡方检验，因为我们确实已经有两个带两个水平的定类型变量，如 4.1.2.2 所说的：

```
> orders <- table(SUBORDTYPE,ORDER);orders ¶
                    ORDER
SUBORDTYPE mc-sc sc-mc
                    caus    184     15
                    temp     91    113
> chi.orders <- chisq.test(orders,correct = FALSE);chi.orders ¶
Pearson's Chi-squared test
data:orders
X-squared  =  106.4365,df  =  1,p-value  <  2.2e-16
```

两个简单的评价：首先，记住在 4.1.2.2 的比率和优势比的概念。在这部分将从这个表格计算因果关系的从句概率和关于时间的复合从句的主句—从句概率：另外你还可以在此基础上计算出优势比，有时可以获得一个对数化的优势比：

```
> (184/199) / (15/199)¶
[1] 12.26667
> (91/204) / (113/204)¶
[1] 0.8053097
> 12.26667/0.8053097 ¶
[1] 15.23224
> log(15.23224)¶
[1] 2.723414
```

最后，你当然可以陈述一个事实，也就是说，很显然因果关系的从句倾向于在主句之后，而时间关系的从句倾向于在主句之前，比率是：92.46% 的所有因果关系从句，但只有 44.61% 的时间关系从句跟在主句后。换句话说,我们有三个不同的但显然是相互关系的方式即优势,用优势对数和百分比/概率去讨论这个结果,我们马上回来讨论这些问题。

第二条评论与χ^2 的备选方案相关。逻辑回归没有把χ^2 值作为在一个χ^2 检验中计算的值,而是在一个所谓的能产生 G 值的可能性比率检验计算中的值。G 也服从χ^2 分布,在一个只包含一个二元/定类型变量的逻辑回归中,可以通过一种与χ^2 类似的方式计算 G;要了解显示χ^2 与 G 有多相似的示范请参照(65),也可参照代码文件。

$$(65)\ G = 2 \cdot \sum_{i=1}^{n} observed \cdot \log \frac{observed}{expected}$$

```
> 2 * sum(orders * log(orders/chi.orders $expected))¶
[1] 116.9747
```

记住了这个内容,我们现在运行逻辑回归。主要函数是 glm,一个广义线性模型函数,它的参数中也有一个等式和一个数据集,但还有一个参数,一个允许 R 推断你想用为二元逻辑回归使用一个联系函数。回归将返回的相关系数也是估算值,因此我们立刻用 confint 要求置信区间:

```
> model.01 <- glm(ORDER ~ SUBORDTYPE, data = CLAUSE.ORDERS,
family = binomial)¶
> summary(model.01)¶
                                                            [...]
Deviance Residuals:
   Min        1Q        Median      3Q       Max
-1.2706   -0.3959   -0.3959    1.0870    2.2739
Coefficients:
                  Estimate    Std. Error    z value    Pr(>|z|)
(Intercept)       -2.5069     0.2685        -9.336     <2e-16 ***
SUBORDTYPEtemp    2.7234      0.3032        8.982      <2e-16 ***
                                                            [...]
Null deviance:     503.80  on 402  degrees of freedom
Residual deviance: 386.82  on 401  degrees of freedom
AIC: 390.82
                                                            [...]
```

```
> confint(model.01)¶
                          2.5%        97.5 %
(Intercept)          -3.076455    -2.016328
SUBORDTYPEtemp        2.156967     3.352559
```

与 lm 的结果类似但也不全相同。例如,你不会得到一个总的 p 值。但你可以推断只有在唯一的预测因子显著的情况下,模型才会显著,它的置信区间不包括 0。同样,你在底部发现所谓的空变异即非正式指的是总体可变性在数据中的总量,残差变异即非正式意义上的在预测因子已经处理一些变异之后残留在数据中的变异总量,两者之间的差异是 G。如上文所述,G 服从卡方分布,其 df 作为变异性的两个 df 之间的差异,即 1。

因此,模型的总 p 值可以计算如下:

```
> pchisq(503.80 - 386.82,402 - 401,lower.tail = FALSE)¶
[1] 2.899771e-27
```

我们再次发现与顶端的残差相关的汇总统计,在讨论估算值之前,我们运行将有助于我们获取多于一个 df 预测因子的 p 值。

```
> drop1(model.01,test = "LR")¶
Single term deletions
Model:
ORDER ~ SUBORDTYPE
             Df Deviance    AIC     LRT     Pr(>Chi)
<none>          386.82   390.82
SUBORDTYPE 1    503.80   505.80  116.97    < 2.2e-16 ***
---                                                          [...]
> anova(model.01,glm(ORDER ~ 1,family = binomial),test = "LR")¶
Analysis of Deviance Table
Model 1:ORDER ~ SUBORDTYPE
Model 2:ORDER ~ 1
  Resid. Df Resid. Dev  Df   Deviance     Pr(>Chi)
1       401     386.82
2       402     503.80  -1   -116.97     < 2.2e-16 ***       [...]
```

drop1 的唯一变化是我们现在不做 *F* 检验而是用 LR 做可能性比率检验。带 anova 的命令做同样类型的模型比较：它比较 model. 01 与当顺序只是在总截距(1)上回归时的一个最小模型并返回同样的可能性比率检验。我们也可以再次使用 Anova，只需要变换到只做这个检验的总数对比，我们再次得到类似的结果：

```
> options(contrasts = c("contr. sum","contr. poly"))¶
> Anova(model. 01,type = "III",test. statistic = "LR")¶
Analysis of Deviance Table (Type III tests)
Response:ORDER
LR Chisq Df Pr(>Chisq)
SUBORDTYPE   116.97   1  < 2.2e-16 ***                [...]
> options(contrasts = c("contr. treatment","contr. poly"))¶
```

像以前一样，用 wald. test 和 glht 提供一些额外的代码到代码文件中，获得预测因子/系数的 *p* 值。

现在，在系数上我们最后一次用像线性模型一样的方法生成 preds. hyp。但对于广义线性模型，很遗憾 predict 不能输出预测值的置信区间。

```
> preds. hyp <- expand. grid(SUBORDTYPE = levels(SUBORDTYPE));
preds. hyp["PREDICTIONS"] <- predict(model. 01,newdata =
preds. hyp);preds. hyp ¶
SUBORDTYPE PREDICTIONS
  1        caus        -2.5068856
  2        temp        0.2165283
```

现在，这样的结果是什么意思呢？显然，这既不是一个排序选择也不是 0VS. 1 的选择，要理解这些值表示什么意思，你必须(i)再次收集我们在上文讨论关于数据的那三种不同方式：优势和优势比、优势对数以及概率，(ii)必须意识到这些预测值是预测排序的优势对数，而 R 默认预测因变量的第二个水平，即这里的从句—主句。一旦了解这些，就可以用上文所说的内容考虑这些数据的三种方式如何相互关联，如图 72 所示。

这个图显示了结果的三个相邻方面，也显示了 y 轴上三种方式的可能数值范围：从0到+∞的优势，从-∞到+∞的优势对数，以及0到1的概率。这样每个方面都表示偏好、非偏好以及不同范围的效应缺失。在定距型的优势空间中，非偏好是1，而在优势对数空间中，它是0，而对于预测概率它当然是0.5，因为我们有两个选择。大于1的优势、正值的优势对数和>0.5的概率表示偏好，而相反的值表示非偏好。

现在，如果上文的预测值是优势对数，我们可以转变它们来帮助我们理解它们的含义。首先再次显示orders：

```
> orders ¶
           ORDER
SUBORDTYPE  mc-sc   sc-mc
      caus    184      15
      temp     91     113
```

如果preds.hyp包含优势对数，对它们进行反对数/加幂运算应该能给我们提供优势值，这个运算确实也显示了。再次参照图72和代码文件：

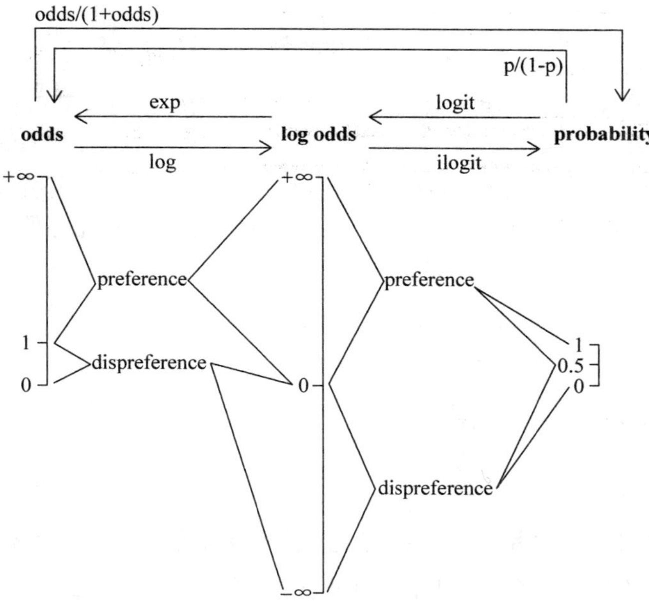

图72　研究来自一个二元逻辑回归的三种方式

```
> exp( -2.5068856) # odds for SC-MC when SUBORDTYPE == "caus"¶
[1] 0.08152174
> exp(0.2165283) # odds for SC-MC when SUBORDTYPE == "temp"¶
[1] 1.241758
```

这也意味着,两个相除可以获得优势比,也可以从系数反对数的计算中获得:

```
> exp( -2.5068856)/exp(0.2165283) # 1/odds ratio from above ¶
[1] 0.06565025
> exp(0.2165283)/exp( -2.5068856) # odds ratio from above ¶
[1] 15.23223
> exp(2.7234)¶
[1] 15.23202
```

同样,如果 preds. hyp 包含优势对数,应用 ilogit 确实可以给我们带来概率。再次参照图 72 和代码文件:

```
> ilogit( -2.5068856) # prob. of sc-mc when SUBORDTYPE = "caus"¶
[1] 0.07537688
> ilogit(0.2165283) # prob. of sc-mc when SUBORDTYPE = "temp"¶
[1] 0.5539216
```

最后,你也可以使用图 72 和 P. 187 上的公式(37)从优势值中获得这些概率:

```
> 0.08152174/(1 +0.08152174)¶
[1] 0.07537689
> 1.241758/(1 +1.241758)¶
[1] 0.5539215
```

逻辑回归使初学者如此困惑的主要原因是,论文或书籍的作者可以用三个方面中的任何一个:他们都是对的,但没有一些像图 72 的内容,就很难看到这些是如何相互映射的。现在自然会产生一个问题,即这三个标度中哪一个是最好的。如往常一样，人们不认同这样去比较，但我将告诉你我在自己的著作及在这里喜欢使用的是哪一个。

我个人不喜欢左边的优势标度。表达偏好 SC-MC 的数值空间是从 1 到 +∞，但对应的非偏好被“夹挤”在 0 到 1 的范围的事实以及这个标度的乘法性质让我非常不喜欢这种情况。优势对数标度有吸引人的地方：它是附加的，而偏好和非偏好的数值空间一样大且在 0 周围对称排列。我不太喜欢这种标度，因为它是个像对数优势一样完全非直觉的标度。而我更喜欢概率标度。我可以站在概率的角度考虑，偏好和非偏好的数值空间一样大且在 0.5 周围对称排列。现在概率似乎没有劣势，但概率确实有劣势，这将可以在 5.3.3 了解到(P. 308f.)，但我仍然喜欢概率。这将是我们在这里使用和绘制的最正确的标度。

我们回到预测并用概率以更简单的方式再来操作这个例子，也要添加置信区间。首先，我们如上文一样创建 preds. hyp 的版本，但这次我们立刻使用 effects 数据包更强大的方法：创建一个包含相关效应(sot)所有结果的客体并从中提取所有相关的信息——唯一预测的水平、预测值以及置信限制，并把 ilogit 应用于数值结果：

```
> sot <- effect("SUBORDTYPE",model.01)¶
> preds.hyp <- data.frame(sot $ x,PREDICTIONS = ilogit(sot $ fit),
LOWER = ilogit(sot $ lower),UPPER = ilogit(sot $ upper))¶
> preds.hyp ¶
SUBORDTYPE   PREDICTIONS   LOWER       UPPER
1       caus     0.07537688   0.0459497   0.1212547
2       temp     0.55392157   0.4851215   0.6207159
```

同样，这些是因变量第二水平的预测概率。因此，当从句是因果关系时模型预测一个更低的 SC-MC 概率，而当从句是时间关系时，模型则会预测一个更高的 SC-MC 概率。因为我们有两个选择，所以把 0.5 作为分界点是很自然的，如图 72，当预测 SC-MC 的概率 <0.5 时，模型预测结果是 MC-SC，否则模型预测结果为 SC-MC。我们可以用这个来确定模型在预测顺序选择时

的作用。首先用 fitted 生成一个向量,包含我们数据中每个数据点的 SC-MC 预测概率;然后,用 ifelse 让 R 决定每个预测概率预测的是哪个顺序;接着,我们用表格列出模型预测的选择和实际的选择,计算两种选择一样的频率有多大:①

```
> predictions.num <- fitted(model.01)¶
> predictions.cat <- ifelse(predictions.num >= 0.5,
"sc-mc","mc-sc")¶
> table(ORDER,predictions.cat)¶
predictions.cat
ORDER      mc-sc    sc-mc
mc-sc        184       91
sc-mc         15      113
> (184 + 113)/length(predictions.cat)¶
[1] 0.7369727
```

这个模型预测结果好吗?你拿这个模型与什么进行比较呢?

THINK
BREAK

并非你所想象的,不应该把它比作一个 0.5 的偶然性精确度,因为有两个排序。而且两个排序的频率是不相同的。MC-SC 的排序频率更高,达到所有数据的 68.24%,所以只是通过总猜测,你也已经得到超过 50% 的正确率。从那个方面看,目前的结果没那么好,这点请参照代码文件中的另一个:从*句类型*仅增加我们约 5% 的正确性。

我们现在也使结果可视化。在这里用两个图来表示,当你运行代码文件中的代码时可以看到这个图的更好版本。图 73 的左半面显示 SC-MC 预测概率的柱形图;右半面显示那些概率的线条图。

① Harrell(2001:248)警告使用分类正确性作为测量一个模型好坏的方式。我们将马上使用更好的测量。

```
> barplot(preds.hyp $PREDICTIONS,ylim = c(0,1),
names.arg = preds.hyp $SUBORDTYPE)¶
> plot(sot,ylim = c(0,1),rescale.axis = FALSE)¶
```

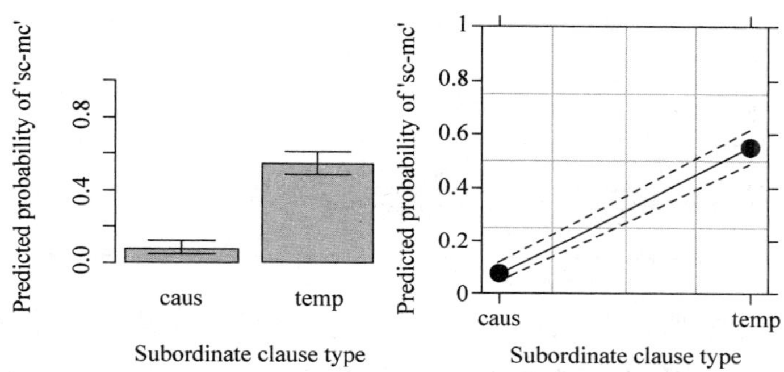

图 73　model.02 的效应：带观察/预测概率及其 95% 的置信区间的柱状图；从右半面板的 effects 库获得的效应图

最后，我想介绍对于所有类型回归模型非常实用的工具，rms 数据包和它的逻辑回归模型的函数 lrm。要使用 lrm 提供的功能，首先运行下面第一行代码是有用的。这样一来，从 rms 获得的函数可以使用关于如变量范围等的基本信息。第二行用函数 lrm 来拟合含有从 model.01 获得的公式的模型。不用具体指定 family，后面当你越来越熟练时，也可以为很多跟进的应用提供几个其他的参数，如下面数据框所示：

```
> dd <- datadist(CLAUSE.ORDERS);options(datadist = "dd")¶
> model.01.lrm <- lrm(formula(model.01),data = CLAUSE.ORDERS,
x = TRUE,y = TRUE,linear.predictors = TRUE,se.fit = TRUE);
model.01.lrm ¶
                                                        [...]
Model Likelihood      Discrimination
Ratio Test           Indexes
```

```
Obs            403    LR chi2       116.97     R2        0.353
mc-sc          275    d.f.               1     g         1.365
sc-mc          128    Pr( > chi2)  <0.0001     gr        3.915
max |deriv| 2e-09                              gp        0.240
Brier            0.159
Rank Discrim.
Indexes
C         0.776
Dxy       0.552
gamma     0.877
tau-a     0.240
Brier     0.159                                              [...]
```

我没有显示所有输出，但应该把 lrm 的一些优势说清楚：获得模型的显著性检验，可以从可能性比率检验中看到；获得一个 R^2 值，通常作为 Nagelkerke 的 R^2，如往常一样，从 0 到 1；获得一个 C 值，这可以用作模型分类质量的一个指示符。这个值从 0.5 到 1，通常认为超过 0.8 的值就是好的，在这我们常常难以达到合格值。顺便提一下，$C = 0.5 + (D_{xy}/2)$。

总结："一个二元逻辑回归表示从句类型和主句与从句的顺序之间显然相关，但相关性不太强（$G = 116.97$；$df = 1$；$p < 0.001$；Nagelkerke's $R^2 = 0.353$，$C = 0.776$）；相对于 68.24% 的偶然性精确度，73.7% 的排序是正确分类的。这个模型预测因果关系类的从句更可能跟在主句后，而时间关系的从句则更可能放在主句前（增加一幅图，也许还可以添加系数方面的信息）。"

3.2 包含三个水平的定类型预测因子的二元逻辑回归

像以前一样，我们将逐级建立回归模型的复杂性。因为我们现在转到包含三个水平的定类型预测因子：连词（CONJ）。同样我现在开始显示更少的输出。模型是显著的，在 $df = 3$ 时可能性比率值是 123.32，这在上文中有过讨论。因为形象性不只包含一个 df，你用 drop1 或代码文件中的其他函数获取一个 p 值，形象性是高度显著的。

```
> model.01 <- glm(ORDER ~ CONJ,data = CLAUSE.ORDERS,
family = binomial)¶
> summary(model.01)¶
> confint(model.01)¶
> drop1(model.01,test = "LR")¶
```

要探索相关系数揭示了什么，你需要预测值。这些预测值显示，als/when 和 nachdem/after 做引导词时更偏向从句—主句的顺序，而 bevor/before 和 weil/because 做引导词时更偏向主句—从句的顺序。在此，不详细解释截距和所有系数的含义，但你应该在代码文件中找到所有这些解释并且仔细阅读！逻辑和一些其他的内容如上文(61)和(62)所解释的一样，系数现在所表示的正是截距，即熟悉性的第一个水平与在优势对数标度上的其他水平之间的差异。

```
> conj <- effect("CONJ",model.01)¶
> preds.hyp <- data.frame(conj $ x,PREDICTIONS = ilogit(conj $ fit),
LOWER = ilogit(conj $ lower),UPPER = ilogit(conj $ upper))¶
> preds.hyp¶
             CONJ  PREDICTIONS     LOWER     UPPER
1        als/when   0.60215054 0.4997995 0.6962850
2 bevor/before     0.39130435  0.2623180 0.5375019
3 nachdem/after    0.60000000  0.4773236 0.7112984
4 weil/because     0.07537688  0.0459497 0.1212547
```

接着我们可以看到模型归类排序有多好用。我们获得比偶然性更大的进步，但 76.18% 看起来似乎进步也不是太大。

```
> predictions.num <- fitted(model.01)¶
> predictions.cat <- ifelse(predictions.num >= 0.5,
"sc-mc","mc-sc")¶
> table(ORDER,predictions.cat)¶
> (212 +95)/length(predictions.cat)¶
```

最后,我们像以前一样使数据可视化,用 lrm 生成一个模型以获取 R^2 和 C,分别是0.369 和0.798 的值。有了这些图和汇总统计,我们现在可以像上文一样在 P. 304 汇总我们的线性模型结果。考虑到时间连词的重叠,严格意义上说,我们也应该检验三个时间连词的细分是否有意义。

```
> barplot(preds.hyp $PREDICTIONS, ylim = c(0,1),
names.arg = preds.hyp $CONJ)¶
> plot(allEffects(model.01), ask = FALSE, ylim = c(0,1),
rescale.axis = FALSE)¶
> dd <- datadist(CLAUSE.ORDERS); options(datadist = "dd")¶
> model.01.lrm <- lrm(formula(model.01), data = CLAUSE.ORDERS);
model.01.lrm ¶
```

3.3 包含一个定距型预测因子的二元逻辑回归

作为最后的单因子逻辑回归,我们现在将转到一个数值预测因子,LENGTH_DIFF。

```
> model.01 <- glm(ORDER ~ LENGTH_DIFF, data = CLAUSE.ORDERS,
family = binomial)¶
> summary(model.01)¶
> confint(model.01)¶
```

为了一致性,你也需要运行 drop1,也许也要运行 Anova/anova,虽然 LENGTH_DIFF 有一个 *df*,因此确实也不是很有必要。

```
> drop1(model.01, test = "LR")¶
```

注意一方面从 summary 获取的输出 *p* 值与另一方面的 drop1、anova 和 Anova 之间略有不同;根据 Fox 和 Weiberg (2011:239),用 drop1 等获取的概率比检验也许更可靠。

模型虽然显著但效应确实看起来非常小。要理解系数,需要创建预测,但这时我们必须更详细讨论这个问题,因为正是在这里逻辑回归结果上,概率方面的轻微劣势就显露出来了。至少在某种意义上，还是像以前一样：截距仍然代表预测排序的概率，当独立变量在其第一水平或者像这里一样是 0 时，你可以在 preds. hyp 里看到这个并把它与 ilogit（ -0. 77673）¶ 进行比较：

```
> lendiff <- effect("LENGTH_DIFF",model.01,
xlevels = list(LENGTH_DIFF = -max(abs(range(LENGTH_DIFF))):
max(abs(range(LENGTH_DIFF)))));lendiff ¶
> preds.hyp <- data.frame(lendiff $ x,PREDICTIONS =
ilogit(lendiff $ fit),LOWER = ilogit(lendiff $ lower),
UPPER = ilogit(lendiff $ upper));preds.hyp ¶
```

同样，LENGTH_DIFF 仍然代表 LENGTH_DIFF 一个单位变化的从句—主句预测顺序概率的变化。但这个变化只有在优势对数上是线性的/一致的，一旦我们在概率标度上对它进行检查，你就可以看到 LENGTH_DIFF 里 1 的变化不会带来概率中同样的变化：当你给 LENGTH_DIFF 增加 1 时

——从 -20 到 -19，这个导致从句—主句的预测概率增加了 0. 006019；

——从 -10 到 -9，这个导致从句—主句的预测概率增加了 0. 0078747；

——从 0 到 1，这个导致从句—主句的预测概率增加了 0. 0096109。

这是因为相反的分对数概率在概率空间里转换不是线性的。我们来观察这个模型能在多大程度上预测排序：

```
> predictions.num <- fitted(model.01)¶
> predictions.cat <- ifelse(predictions.num >= 0.5,
"sc-mc","mc-sc")¶
> table(ORDER,predictions.cat)¶
> (272 +2)/length(predictions.cat)¶
```

从某种意义上说，这个执行是深不可测的：它比偶然性还糟糕，即便效应的方向是有意义的，应该确保你认识到它相当于“短的成分在长的成分之前”？同样，从表格里可以看到模型几乎不能预测从句—主句，因为只有 5 次。要可视化 LENGTH_DIFF 的效应和探讨这个糟糕的运行，我们用 preds. hyp 针对长度差异绘制预测概率图，可以参照图 74。

```
> plot(preds.hyp $LENGTH_DIFF,preds.hyp $PREDICTIONS,
xlim=c(-35,35),ylim=c(0,1))¶
```

可见,在概率空间中获得的不是一条直线回归线而是一条曲线。因此,一言以蔽之,LENGTH_DIFF 的变化有不同的效应,取决于它在哪里发生,而这就是我先前所指出的概率标度的劣势。但考虑到我们可以在 R 中把这样的曲线绘制得如此到位,与那些概率或优势对数标度相比,我更乐意忍受的这样一个劣势。

图 74 也帮助我们理解糟糕的分类精确度。y=0.5 分界点上的横线值只能应用于非常少的点,可以看那些须须。还有个办法尝试迫使回归去进行更多样的预测的一个办法就是选择不是 0.5 的分界点,还有一种可能性是使用所有预测概率的中位数(0.3150244)(参照 Hilbe,2009:7.2.2 的讨论)。

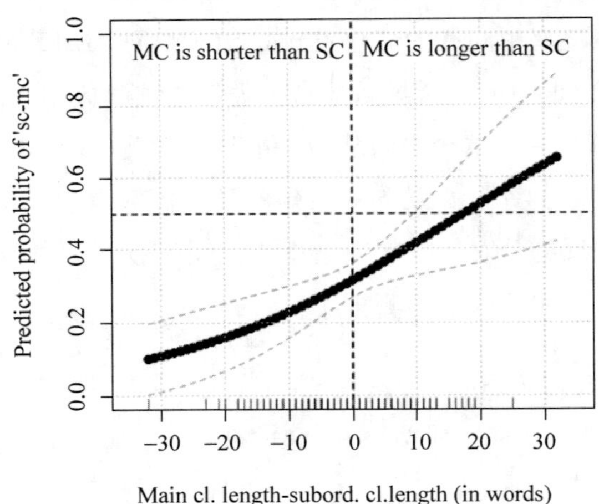

图 74 model.01 的效应:预测概率及其 95% 的置信区间带的散点图

如果你选择 0.5 作为分界值,确实获得范畴预测更平衡的频率,但精确度会大大减少。当你选择 0.42 作为分界值,代码文件显示如何获得一个预测的稍微平衡些的频率而且仍然保持 68% 的正确率;现在,我们将用这个值,而我将放下 ROC 曲线的主题以及它们如何帮助确定你将来研究的分界点。如果你没有给范畴预测选择 0.5 这个"默认"的分界点,那你应该指出选择的是哪个以及为什么选择那个。最后，我们再次用 lrm 做回归以获取确实非常小的 R^2（0.026）和 C（0.603），然后就可以像上文一样汇总的结果。

```
> dd <- datadist(CLAUSE.ORDERS);options(datadist = "dd")¶
> model.01.lrm <- lrm(formula(model.01),data = CLAUSE.ORDERS);
model.01.lrm ¶
```

3.4 包含两个定类型预测因子的二元逻辑回归

我们现在开始讨论一种包含多于一个预测因子的逻辑回归：我们将探索 CONJ 和 MORETHAN2CL 以及它们的交互作用是否影响从句的顺序。因为其中一个预测因子包含多于 1 个 *df*，我们拟合这个模型并立即添加 drop1 和 Anova：

```
> model.01 <- glm(ORDER ~ CONJ * MORETHAN2CL,data = CLAUSE.ORDERS,
family = binomial)¶
> summary(model.01)¶
> confint(model.01)¶
> drop1(model.01,test = "LR")¶
> options(contrasts = c("contr.sum","contr.poly"))¶
> Anova(model.01,type = "III",test.statistic = "LR")¶
> options(contrasts = c("contr.treatment","contr.poly"))¶
```

可以看到 drop1 现在只输出非显著交互作用的 *p* 值，而我们在一个正常的模型选择过程中省略了这个值。我把它放在这里以探索如何理解并用 Anova 使这个交互作用可视化。但我们也获得其他的 *p* 值，只有 CONJ 似乎是显著的。

在预测上只有在使用代码文件中才显示代码，因为在代码文件中有更多的空间去解释代码以及系数的意义，这些通常遵循（61）和（62）中的规则。如果你研究 preds.hyp，weil/because 会显得特别醒目，但输出也显示了为什么交互作用是非显著的：置信区间是巨大的，且从总体上说，这些连词似乎在 MORETNAN2CL 的两个水平上有相似的模式。这些预测又有多好呢?

```
> predictions.num <- fitted(model.01)¶
> predictions.cat <- ifelse(predictions.num >= 0.5,
"sc-mc","mc-sc")¶
> table(ORDER,predictions.cat)¶
> (216 + 93)/length(predictions.cat)¶
```

我们得到近 77.7% 的正确率,这个值又一次至少在偶然性之上。最后,我们像以前一样形象化地呈现数据,并用 lrm 给总的模型检验生成一个模型,概率比为 $\chi^2 = 132.06$, $df = 7$, $p < 0.001$, $R^2(0.392)$ 和 $C(0.82)$。

```
> dd <- datadist(CLAUSE.ORDERS);options(datadist = "dd")¶
> model.01.lrm <- lrm(formula(model.01),data = CLAUSE.ORDERS);
model.01.lrm¶
```

因为现在数据包含一个交互作用,代码会变得比以前稍微复杂,尤其在你没有使用从效应包获取的函数时,而我也只在代码文件中显示这些代码。非显著的交互作用可以使用置信区间和类似的预测频率值的大范围重叠来表示,和其他方面一起,这正是你想在结论部分讨论的内容。

3.5 包含一个定类型和一个定距型预测因子的二元逻辑回归

如 5.2.5,我们现在转到一个例子,包含一个定类型和一个定距型预测因子之间的交互作用,这再次意味着交互作用的相关系数将反映数值预测因子斜率的调整。

```
> model.01 <- glm(ORDER ~ CONJ * LENGTH_DIFF,data = CLAUSE.ORDERS,
family = binomial)¶
> summary(model.01)¶
> confint(model.01)¶
> drop1(model.01,test = "LR")¶
> options(contrasts = c("contr.sum","contr.poly"))¶
> Anova(model.01,type = "III",test.statistic = "LR")¶
> options(contrasts = c("contr.treatment","contr.poly"))¶
```

这一次，两个主效应都是显著的，而交互作用几乎不显著。因此，至少研究交互作用应该是可行的，就像我们无论如何要考虑讲授的目的一样。

我们用平常的方式提出预测，而也许可以再创建一个在我们转到绘图之前检查的更平面的表格，这也是需要谨慎的，如代码文件所示：

```
> intact <- effect("CONJ:LENGTH_DIFF",model.01,
xlevels = list(LENGTH_DIFF = seq( -32,32,length.out =9)))¶
> preds.hyp <- data.frame(intact $ x,PREDICTIONS =
ilogit(intact $ fit),LOWER = ilogit(intact $ lower),
UPPER = ilogit(intact $ upper));preds.hyp ¶
```

现在 preds.hyp2 的更加平面的表征更容易阅读了。你可以看到对于每一个连词，从句—主句的预测概率怎样随着 LENGTH_DIFF 的变化而变化。用图可以很快地使这个结果变得更显而易见。再次仔细阅读代码文件，理解相关系数如何导致这些预测，这些预测又有多好呢？

```
> predictions.num <- predict(model.01,type = "response")¶
> predictions.cat <- ifelse(predictions.num >= 0.5,
"sc-mc","mc-sc")¶
> table(predictions.cat,ORDER)¶
> (228 +83)/length(predictions.cat)¶
```

大约77.2%是正确分类的，0.57 的分界点带来一个更好的值（约 78.2%），但现在这些结果能达到什么效果呢？在这种情况下，所有效应的 p 值至少在 <0.07 时，我们可以把图绘制得很好，这部分基于 preds.hyp.2，因为它有单独的连词列。图 75 就是我们想要创建的，在图的下半面，那些字母就是德文连词的第一个字母。交互作用是显著的，因此你应该集中注意的是交互作用，而不是主效应！代码文件显示这个如何恰到好处地进行；我知道包含很多行，但你应该花点时间看看每一行在进行什么操作，因为一旦获得这个知识，你就可以用这个逻辑解决自己工作中的很多问题。

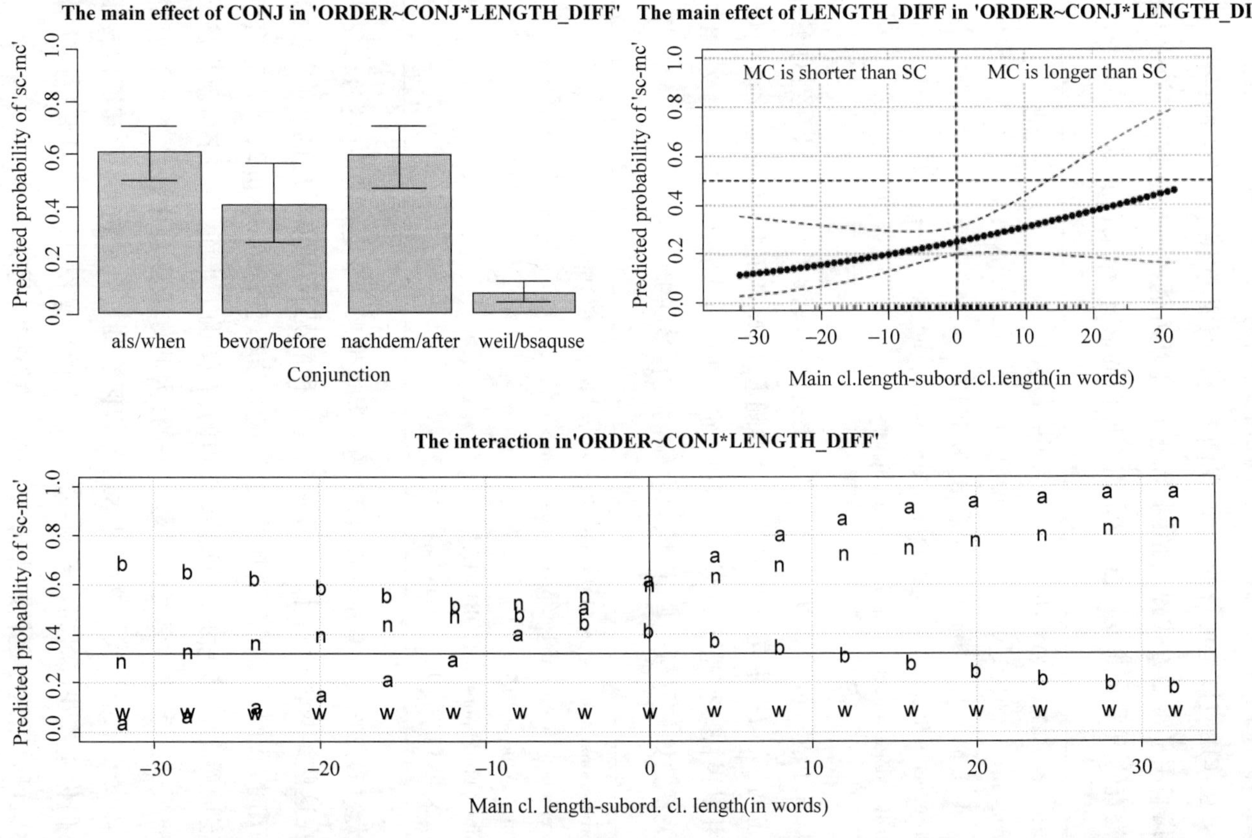

图 75 model. 01 中的所有效应(不过请记住:如果交互作用是显著的,你应该把讨论聚焦在交互作用上,而不是在主效应上)

第一个主效应与上文有一点相似。三个时间连词更倾向于从句—主句，而 weil/because 强烈倾向于主句—从句。第二个主效应也很相似：短的在长的前面。现在交互作用是有趣的。可以做下面三个观察：

——als/when 和 nachdem/after 显示类似的从句—主句平均偏向，两个对 LENGTH_DIFF 的反应，相对于平均水平，都以一种对于短的在长的前面的情况更匹配的方式进行；

——bevor/before 相比于另外两个时间连词不仅不太倾向于从句—主句的顺序，而且相反的趋势也是一样的：当主句变得更长时，它的位置倾向于在从句之前；

——weil/because 从句几乎完全不受长度考虑的影响：不管什么情况都倾向于放在主句后面。

代码文件也包含置信区间交互作用的代码，但那些让图更难读懂，大大削弱了它的目的；用效应图做这个会更理想。上文所有的那些值以及预测因子的 p 值，总体模型（概率比 $\chi^2 = 135.21$，$df = 7$，$p < 0.001$），R^2（0.399）的 p 值以及从包含函数 lrm 的对应模型获得的 C（0.818）将成为结论环节的一部分。

3.6　包含两个定距型预测因子的二元逻辑回归

最后的逻辑回归，像以前一样包含两个定距型预测因子。我们打算检查两个从句的长度是否影响排序选择。第一个问题：这个与检查 LENGTH_DIFF 是否显著相比有何不同？

THINK BREAK

它们是不同的，因为这个检查考虑一个特定的长度差异要从哪里开始：如果 LENGTH_DIFF 是 1，那个值没有揭示它是由分别包含 10 和 9 或者 20 和 19 个词的主句和从句产生的。像往常一样，我们拟合模型，因为两个变量都是定距型的，所以不一定需要 drop1 和 Anova：

```
> model.01 <- glm(ORDER ~ LEN_MC * LEN_SC, data = CLAUSE.ORDERS,
family = binomial)¶
> summary(model.01)¶
> confint(model.01)¶
```

这一切都越来越不显著了。我们继续预测只是为了指导的目的，因为包含跨越很大值域的两个数值，变量 preds.hyp 和更平面一点的 preds.hyp.2 不容易处理。不要忘记阅读相关系数的代码文件解释。接下来，我们检查跨类别的表格，立即使用预测概率的中位数作为分界点：

```
> predictions.num <- predict(model.01, type = "response")¶
> predictions.cat <- ifelse(predictions.num >=
median(predictions.num), "sc-mc", "mc-sc")¶
> table(predictions.cat, ORDER)¶
> (151 + 82)/length(predictions.cat)¶
```

因为这些预测因子的 *p* 值，即使超过偶然性，正确性仍然很低也不足为怪了。但这效应看起来怎样？像以前一样，基本上有两个可能性。首先，又可以用 plot3d 创建一个三维可旋转的图形。我想，代码文件能展示更好的版本，不同颜色和不同字母代表哪个排序是为哪个组合长度预测的，这里的字母指的是第一个分句的第一个字母。交互作用不显著，因为那些字母几乎在一个三维空间中构成一个直平面。图 76 展示了一个更适合公开发表的版本。

*主句长度*和*从句长度*分别在 x 和 y 轴上。当定类型变量是主句—从句时，画一个 m，否则是一个 s。字母越大越暗，模型对于预测的“肯定”性越多，这个预测在某种程度上是基于与分界值相距甚远的预测基础上的。灰色的直线是那条主要的对角线，两个分句在那里的长度一样，黑色的曲线表示每个主要分句长度，预测在那里转化到其他分句的顺序，这也是在那个地方字母的颜色为什么这么浅了。在交互作用不显著的同时，我们再次看到短的在长的前面：当主句较短时，如图的左边所示，那么随着从句变得越来

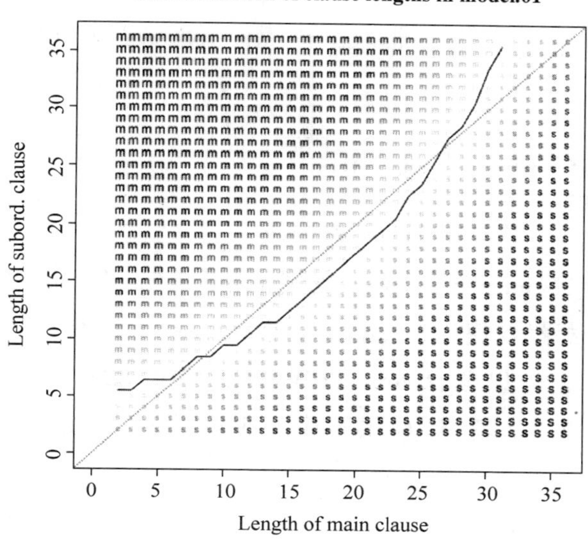

图 76　主句长度:从句长度在 model. 01 中的交互作用

越长,从句会在主句之后,另外一种方法对于从句的长短也适用。效应图显示同样类型的结果,但通过把从句长度分成十个不同的范围,然后画回归线和它们的置信区间的方式。这种图是更容易根据代码创建,但我发现该图没有图 76 那样容易解释。

最后,你将用 lrm 创建模型并把所有的值汇总;当然,所有预测因子在此都是弱显著或不显著,且 R^2 和 C 确实很低,分别是 0.028 和 0.606。

我们现在已经完成不同逻辑回归模型的总体部分。同样,如上文在 P. 267 中提到的,你还没有独立做完所有这些模型,但已完成一个如 5.2.7 的那种模型选择程序。这一章有个练习可以让你为目前的数据构建这种模型,而且结果会对 5.3.5 中的 bevor/before 的非预期行为产生影响。

剩下的确实应该包含的又是如何检验回归模型的假设是否匹配的问题。上文中,我提到三个不同的标准,可以参照 Fox and Weisberg (2011:Ch. 6)。你已经了解检查方差,但过度分散对你来说还是新的。它要求你研究残差偏差的比率以及模型残差的 *df*,这不能比 1 大很多。这个值在这里是 495.58/399 = 1.242。一些参考资料正好提到这个问题,如果获得一个比 1 大得多的值,例如 >2,那么将再次用参数 family = quasibinomial 运行 glm 分析并从那里取值。Baayen (2008:199)把残差 *df* 点的残差偏差卡方检验当作近似值使用:

```
> pchisq(495.58,399,lower.tail = FALSE)¶
[1] 0.0006880771
```

因此,如果这是一个结果显著的真正分析,我们有可能遵循那条建议。我提到的另外标准与模型和 dfbetas 标准化残差的绝对值有关。前者是修正残差的类型。可以参看 Fox and Weiberg (2011:286f.),而 Field, Miles and Field (2012:8.6.7.3)建议不超过 5% 应该 >2 或 <-2。这个容易检验:

```
> prop.table(table(abs(rstandard(model.01)) >2))¶
FALSE          TRUE
0.99751861     0.00248139
```

在这种情况下,甚至不到 1% 是 >2 或者 <-2 的。Dfbetas 的检验也同样直截了当,这反映每个实例从数据移除时一个回归相关系数变化值的多少。同样,在 R 里检验也很简单:

```
> summary(dfbetas <- abs(dfbeta(model.01)))¶
```

结果表明实际上没有绝对的 dfbeta 比 0.1 大,所以这个标准对我们的模型也没有任何问题,不过结果没在这里显示。仔细检查诊断总体来说是模型检查和 R 的重要组成部分,尤其是 car 库中有很多有用的函数能达到这个目的。

进一步学习的建议

——就像在 5.2 中的一样,这也能帮助解释当输入变量集中时的回归系数

——用于 Hosmer-Lemeshow 检验的 ResourceSelection 库中的函数 hoslem. test，如果你想看到一个无意义的结果，可参考 Hilbe2009：Section 7.2

——Field Miles，and Field（2012：Section 8.8.2）关于分对数的线性假设

——Pampel（2000），Jaccard（2001），Crawley 2005：Ch. 16），Crawley（2007：Ch. 17），Faraway（2006：Ch. 2，6），Zuur，Ieno，and Smith（2007：Section 6.1），Gelman and Hill（2007：Ch. 5），Baayen（2008：Section 6.3），Baguley（2012：Ch. 17）

4. 其他类型的回归

上文两种类型的回归模型是语言学中最常用的。我将在这部分介绍其他类型的模型，目前为止还没有广泛应用，但不久的将来一定会：定序逻辑回归即这里的因变量、带3+水平的定类型因变量的多元回归以及泊松回归，因变量在这里代表的是频率变化。解释的逻辑将会如上文一样，但鉴于篇幅的原因非常简短。具体说来，在对每个部分及其数据进行简短介绍之后，我将只讨论本书中每个回归的一个例子，即两个自变量的情况，一个是定类型的，一个是定矩型的。但代码文件将讨论每种类型的六个回归模型，就像以前一样，所以能很均匀地处理所有模型。因此我推荐你加载数据，阅读本书中的相关章节，遵循代码文件中六个例子中的第五个，然后也探讨基于代码文件的其他例子。

4.1　包含一个定类型和一个定距型预测因子的定序逻辑回归

我们将要探索处理定序逻辑回归的例子，该例子与一件事情有关，哪一个自变量能允许我们预测：以英语为外语的学习者会选择哪三个不同的期末考试或任务，这项研究包括这些变量：

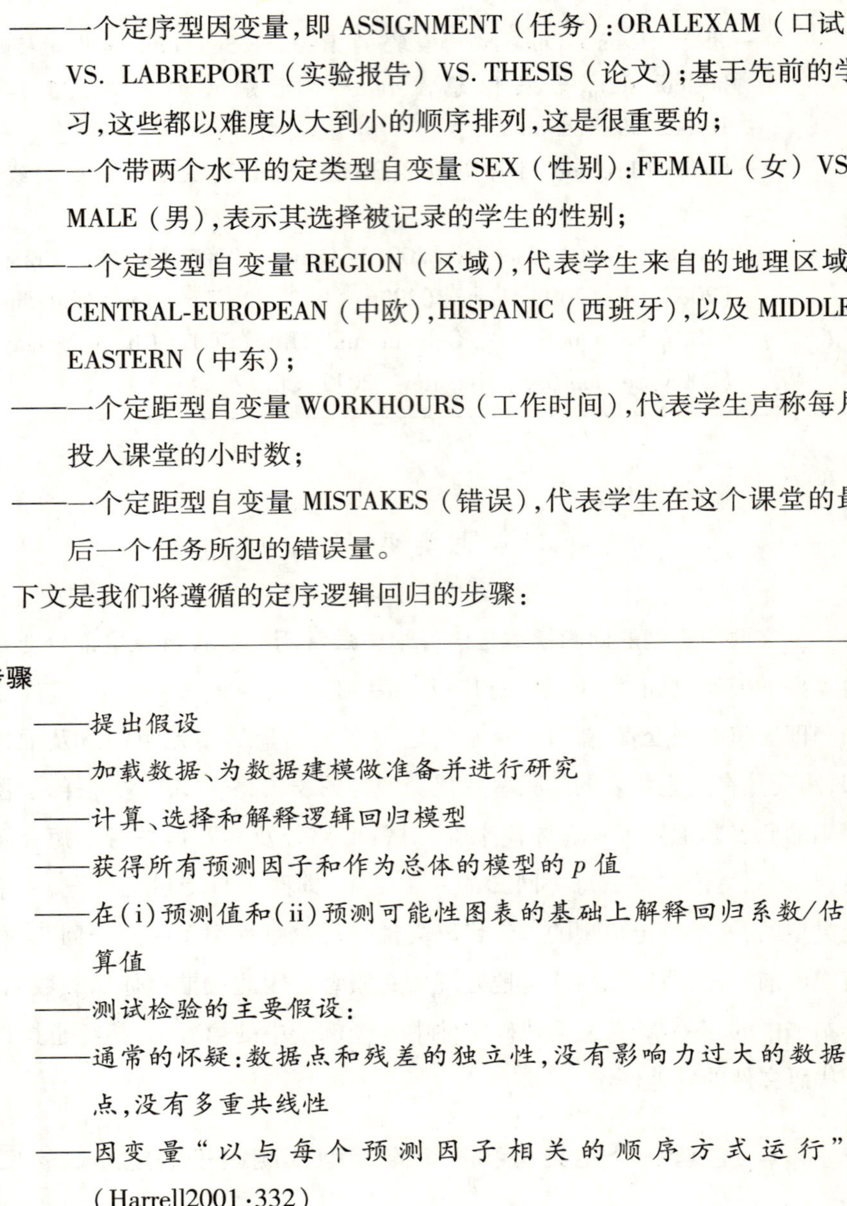

——一个定序型因变量，即 ASSIGNMENT（任务）：ORALEXAM（口试）VS. LABREPORT（实验报告）VS. THESIS（论文）；基于先前的学习，这些都以难度从大到小的顺序排列，这是很重要的；

——一个带两个水平的定类型自变量 SEX（性别）：FEMAIL（女）VS. MALE（男），表示其选择被记录的学生的性别；

——一个定类型自变量 REGION（区域），代表学生来自的地理区域：CENTRAL-EUROPEAN（中欧），HISPANIC（西班牙），以及 MIDDLE-EASTERN（中东）；

——一个定距型自变量 WORKHOURS（工作时间），代表学生声称每月投入课堂的小时数；

——一个定距型自变量 MISTAKES（错误），代表学生在这个课堂的最后一个任务所犯的错误量。

下文是我们将遵循的定序逻辑回归的步骤：

步骤

——提出假设

——加载数据、为数据建模做准备并进行研究

——计算、选择和解释逻辑回归模型

——获得所有预测因子和作为总体的模型的 p 值

——在(i)预测值和(ii)预测可能性图表的基础上解释回归系数/估算值

——测试检验的主要假设：

——通常的怀疑：数据点和残差的独立性，没有影响力过大的数据点，没有多重共线性

——因变量“以与每个预测因子相关的顺序方式运行”(Harrell2001:332)

首先，假设：

H_0：*任务*和预测因子即自变量和它们的交互性之间没有相关性：$R^2=0$。

H_1:*任务*和预测因子即自变量和它们的交互性之间有相关性:$R^2>0$。

接着,从 <_inputfiles/05-4-1_assignments. csv> 以及我们将在这里使用其函数 lrm 的 rms 库中加载数据:

```
> rm(list = ls(all = TRUE));library(rms)¶
> ASSIGNS <- read.delim(file = file.choose());str(ASSIGNS)¶
```

如果你怀疑 str 提供的总结,你将看到因子*任务*的水平排序是错误的,且那个因子甚至不是一个顺序的因子,那意味着 R 把它当作一个定类型变量,像目前本书中的所有因子,而不是当作一个预期的定序型变量。因此,我们改变这个情况,再次检验 str,接着我们可以用 attach,因为我们将再次使用函数 lrm,创建所需的 datadist 目标:

```
> ASSIGNS $ ASSIGNMENT <- factor(ASSIGNS $ ASSIGNMENT, ordered =
TRUE, levels = levels(ASSIGNS $ ASSIGNMENT)[c(2,1,3)])¶
> str(ASSIGNS);attach(ASSIGNS)¶
> ddist <- datadist(ASSIGNS);options(datadist = "ddist")¶
```

如上文所说的,我现在将跳过在代码文件中讨论的前面四个模型而直接进入第五个,在此我们探讨*任务*上的*区域*和*工作时间*的协同影响:

```
> model.01 <- lrm(ASSIGNMENT ~ REGION * WORKHOURS, data = ASSIGNS,
x = TRUE, y = TRUE, linear.predictors = TRUE, se.fit = TRUE)¶
> model.01 ¶
> anova.rms(model.01)¶
```

这个模型是高度显著的,概率比 $x^2=493.09$, $df=5$, $p<0.001$,显示强度非常大的相关性:$R^2=0.908$, $C=0.938$。anova. rms 输出有点不同。不是给每个主效应和每个交互作用如从 car 库获得的 Anova 一样提供一个 p 值,获得每个主效应独自运行以及在交互作用中运行的两个 p 值;还获得交互作用的一个 p 值。因为交互作用也几乎是显著的,我们将集中讨论这个问题。但是其本质是什么?现在的系数与我们先前看到的差异很大:多于一个截距。

我在代码文件中详细解释每个系数的意义,但最容易的方式还是通过预测概率理解这个结果,这个预测概率是我们使用同样的逻辑但又有细微差别的代码,函数 effect 与 lrm 目标不匹配,但你有时可以用从 MASS 包获得的 polr 创建。下面显示前面两行:

```
> preds. hyp <- expand. grid( REGION = levels( REGION) ,
WORKHOURS = c( 0 ,1 ,floor( min( WORKHOURS) ) :
ceiling( max( WORKHOURS) ) ) )¶
> preds. hyp <- data. frame( preds. hyp ,predict( model. 01 ,
newdata = preds. hyp ,type = " fitted. ind" ) )¶
```

在此再创建一个数据框 preds. hyp,这包括每个*区域*和*工作时间*的大量值组合的每种类型任务的预测概率。例如,当一个来自西班牙区域的学生投入 26 个小时,我们大都预测他选择的是实验报告:

```
> preds. hyp[ preds. hyp $ REGION == " hispanic" & preds. hyp $
WORKHOURS == 26 , ]¶
```

但我们希望它甚至更好:我们不只需要预测的概率,而且也需要立刻了解每一行的范畴预测是什么。可见,函数 predict 通过在两者之间插入句点的方式把因变量 Assignment(*任务*)的名称与预测的水平结合起来。这个不是我们想看到的,所以我们用下面的方法:

```
> preds. hyp <- data. frame( preds. hyp , ASSIGNMENT. pred =
sub( " ^. * ? \\. " , " " , names( preds. hyp) [ - ( 1 :2) ] [
max. col( preds. hyp[ , - ( 1 :2) ] ) ] ) )¶
> preds. hyp[ 38:42 , ]¶
```

函数 sub 包含三个参数:寻求什么,参数“. * \\. ”指的是“字符达到的总量以及包含一个句点”,用什么替换它,“”的意思是“没什么”,即“删除”,以及在哪进行操作,不是 preds. hyp 三列名称中的前面两个。接着,这些水平是来自 R 在每一行检验寻找那个最大的可能性在哪里时包含数字向量的子集,总是排除 preds. hyp 的前两行,这里包含自变量! 通过研究结果中这五行的方式验证这个操作。

我们现在首先移除 preds. hyp 的第一行,因为这些只有在解释相关系数时被包含进来,而不能代表*工作时间*的真值。我们接着检查分类的正确性:

```
> preds.hyp <- preds.hyp[ -(1:6), ]¶
> predictions.num <- predict(model.01, type = "fitted.ind")¶
> predictions.cat <- sub("^.*?[\\.=]", "", colnames(
predictions.num)[max.col(predictions.num)])¶
> table(predictions.cat, ASSIGNMENT)¶
```

可见,我们得到一个很高的正确性,几乎 85%,这与偶然性水平的 33%高出很多了,因为三个参数都是同等频率的。接着我们绘图表来预测的概率。因为这些回归类型产生的大量结果,绘图变得稍微复杂了。代表这些结果的其中一种方式如图 77 所示。每个区域有一个面板,工作时间在每个 x 轴上,预测的概率在每个 y 轴上,而三个任务用线条和它们的第一个字母表示。总的来说,工作时间有个非常强大的效应:自己报告用少点工作时间的学生通常被预测为选择如实验报告之类的中等难度考试/任务,而那些报告用最多工作时间的常被预测为写了论文。但是,几乎显著的交互作用表示这个行为在三个区域中不是完全一致的:例如,西班牙地区的学生与中东学生相比使用更少的工作时间选择了更难的考试/任务。中欧地区的学生更多坚持口试,即使他们用上好几个小时而其他学生都已经开始用这个时间做实验报告了,只有非常用功的中东学生会选择论文。可以看代码文件了解其他图。

我们最后检查这种类型回归的一些假设:前五个图代表残差,按要求通常是那些与 0 最接近的。序数性假设看起来问题似乎更多一些。即便这样,也需要更多的关注,但不在本书讨论的范围内,请看进一步学习的建议。

```
> par(mfrow = c(2,4))¶
> residuals(model.01, type = "score.binary", pl = TRUE)¶
> plot.xmean.ordinaly(ASSIGNMENT ~ REGION * WORKHOURS)¶
> par(mfrow = c(1,1))¶
```

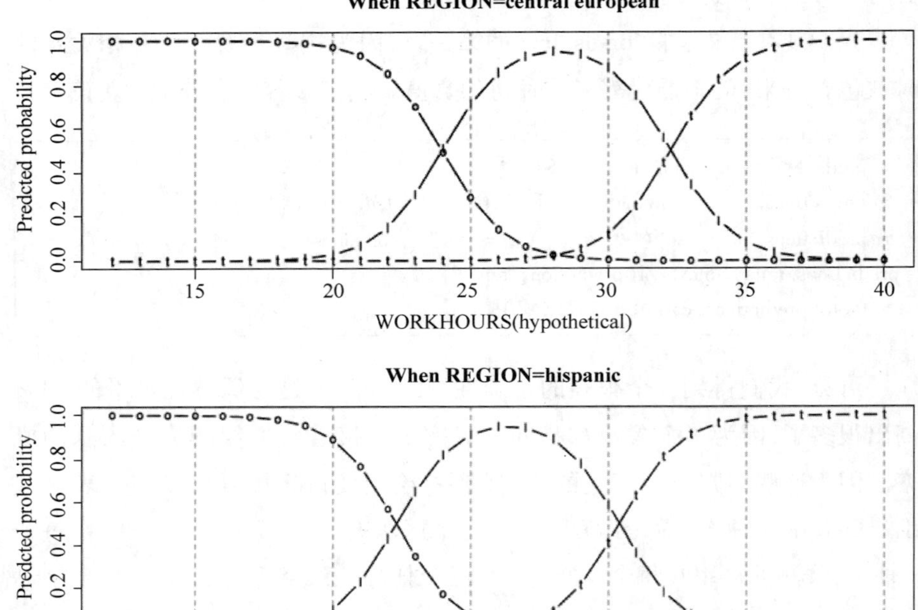

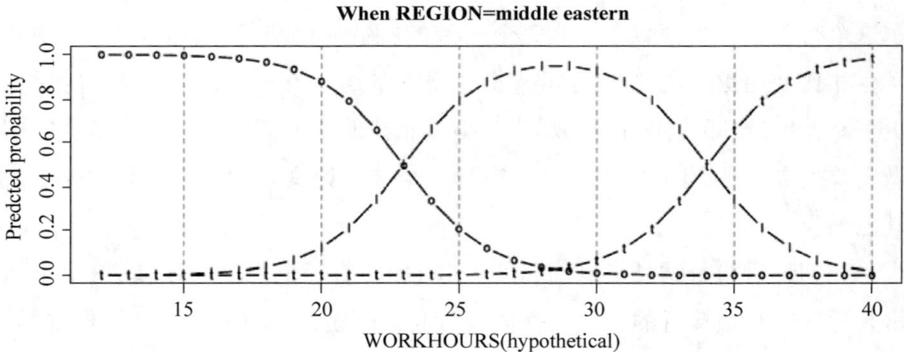

图 77 区域:工作时间在 model.01 中的交互作用

暂时把这个议题放一边,你现在可以用,诸如概率比 χ^2、df、p、R^2、C 等这样的数字总结回归结果,并顺着上文讨论的线条讨论图及其含义。

进一步学习的建议

——定序逻辑回归 MASS 库中的函数 polr

——Harrell (2001:Ch. 13-14), Baayen (2008:Section 6.3.2), Hilbe (2009:Ch. 10), Agresti (2010), Fox and Weisberg (2011:Section 5.9)

4.2　包含一个定类型和一个定距型预测因子的多元回归

在讨论定序逻辑回归后,现在转到多元回归。为方便起见,我将不仅仅考虑 Assignment(*任务*)而是使用同样的数据集,即一个定类型变量或者一个定序型因子,还要考虑定类型变量,因此是一个"常规的"非定序型因子。以下是我们将要遵循的步骤:

步骤

——提出假设

——加载数据、为数据建模做准备、研究数据

——计算、选择和解释回归模型

——获得所有预测因子和作为总体模型的 p 值

——在(i)预测值和(ii)预测可能性图表的基础上解释回归系数/估算值

——测试检验的主要假设:

——通常的怀疑:数据点和残差的独立性,没有过于有影响力的数据点,没有多重共线性

——无关选择的独立性,一个不显著的 Hasuman-McFadden 检验,在此不讨论这个内容,不过可以参看下文的参考文献。

假如我们使用同样的数据集,假设也保持不变,你也可以加载文件,像上文一样改变*任务*的水平,不过不是把它变成一个定序型因子,我们加载一系列的数据包,接着拟合一个多元回归模型如下:

```
> model.01 <- multinom(ASSIGNMENT ~ REGION * WORKHOURS,
data = ASSIGNS)¶
> summary(model.01, Wald = TRUE)¶
> mlogit.display(model.01)¶
> confint(model.01)¶
```

summary 的结果有点势不可挡,因为我们再次获得多个截距以及除了因变量第一水平之外所有的相关系数。这些以一种较复杂的方式表示因变量第一个水平与其他每个水平之间的差异;在某种方式下,多元回归是一系列的二元逻辑回归。我们也获得瓦尔德统计。这像往常一样,是用它们的系数除以标准误获得的统计值。

我们来检查一下预测因子的显著性。不幸的是,我们不能用 drop1,但我们可以进行一些与其相当等效的操作:对一个没有截距的模型进行 model.01 的方差分析比较。另外,我们可以用目前熟悉的方式来使用 Anova。两种都显示截距完全不显著:$p > 0.9$。

```
> anova(model.01, multinom(ASSIGNMENT ~ REGION + WORKHOURS))¶
> options(contrasts = c("contr.sum", "contr.poly"))¶
> Anova(model.01, type = "III")¶
> options(contrasts = c("contr.treatment", "contr.poly"))¶
```

现在,系数是什么意思呢?我几乎想要说,"你不想知道……"。对于为什么试着根据系数去理解结果通常不是最好/最直觉的策略,系数的解释甚至更清晰。你将在代码文件中找到它们的详细解释;我在这里只想说,当你取它们的幂值时,可以获得不同预测概率之间的比率。我们也许使用可以看得到的表述是上文图 77 所举例子的类型,而代码文件向你显示如何像那两个其他的图一样生成那个图。总体而言,把结果与图 77 中的结果进行比较:较少工作时间与口语考试匹配,中等的工作时间与实验报告匹配,投入较多的工作时间通常与这些相关,而这些有细微差别的倾向性是从所有区域获得的。

要确认分类的正确性,我们可以继续使用常用的办法,或者我们可以把内容带到下一个水平。我们再次使用从 AnttiArppe 获取的更好数据包 polytomous 的函数 model. statistics：

```
> model.statistics(ASSIGNMENT,predictions.cat,
predictions.num)¶
```

这个提供了相当有用的汇总统计集：对数似然统计以及我们的 model. 01（－329.5837 和 143.4688）和只包含这个截距（－71.73441 和 143.4688）的一个模型的偏差，分类正确性（0.8733）以及像以前的运行过程中的 Nagelkerke R^2（0.9233），几乎无所不包……

进一步学习的建议

——Gries（2009：Section 5.1）关于水平的构型频率分析（需要脚本 hcfa，才能被交互地计算）以及 Field，Miles，和 Field（2012：Sections 18.7-18.12）关于对数线性模型分析；也可以参考函数 loglin 和 MASS 库中的函数 loglm 来计算对数线性模型分析

——mlogit 库中计算 Hausman-McFadden 检验的函数 hmftest

——Agresti（2002：Ch. 7），Faraway（2006：Ch. 5），Fox 和 Weisberg（2011：Section 5.7），Field，Miles，and Field（2012：Section 8.9）

4.3　包含一个定类型和一个定距型预测因子的泊松回归

在这一部分，我将讨论另外一种类型的广义线性模型，即泊松回归，用来构建计数/频率。如上文所讨论的，就像二元逻辑回归一样，这个方法也要求一个连结 P.294 函数，这一次是幂函数，以确保线性模型方法类型可以应用于永远也不可能是负值的因变量。就像上面两个部分，我在本书的这部分将只讨论一个定类型和一个定距型变量的回归，希望你接着去探索代码文件中的另外五个例子。我将用于解释泊松回归的例子与导致增加/减少在双语和/或高水平的非母语者的口吃数量的因子有关，包含下列变量：

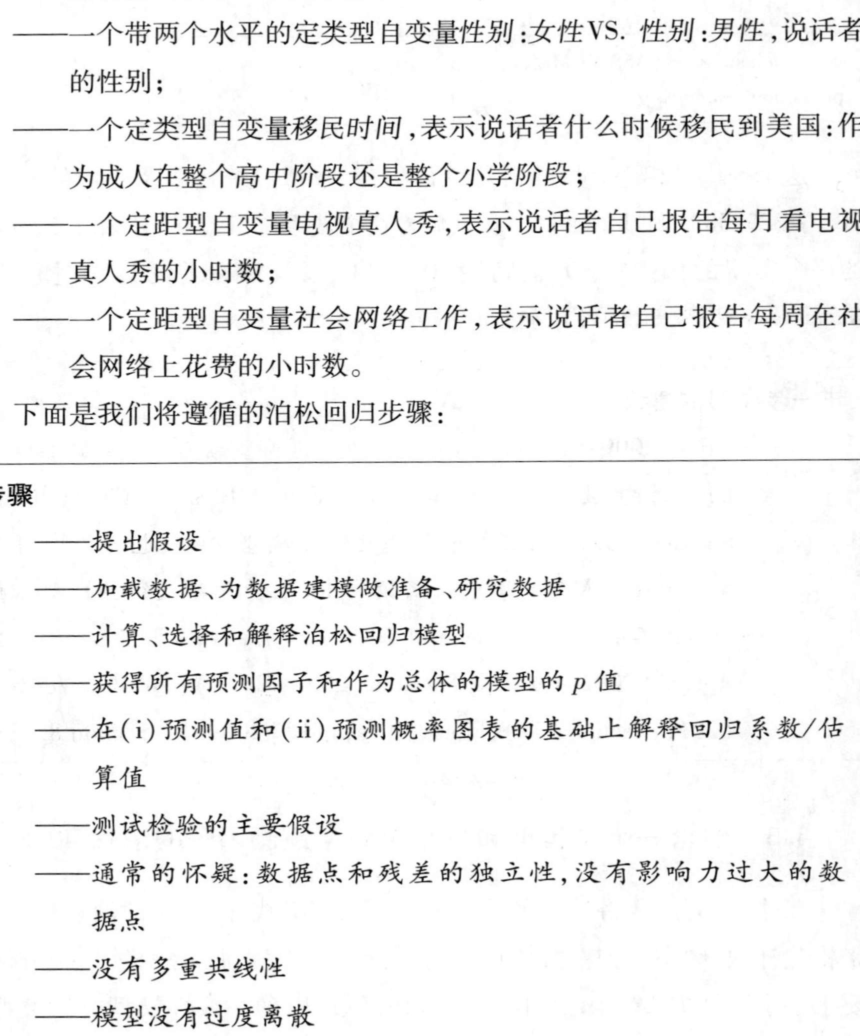

——一个因变量 DISFLUENCY（口吃），表示 300 个说话者每个人在 20 分钟的对话中口吃的次数；

——一个带两个水平的定类型自变量*性别*：*女性* VS. *性别*：*男性*，说话者的性别；

——一个定类型自变量*移民时间*，表示说话者什么时候移民到美国：作为成人在整个*高中阶段*还是整个*小学阶段*；

——一个定距型自变量*电视真人秀*，表示说话者自己报告每月看电视真人秀的小时数；

——一个定距型自变量*社会网络工作*，表示说话者自己报告每周在社会网络上花费的小时数。

下面是我们将遵循的泊松回归步骤：

步骤

——提出假设

——加载数据、为数据建模做准备、研究数据

——计算、选择和解释泊松回归模型

——获得所有预测因子和作为总体的模型的 *p* 值

——在(i)预测值和(ii)预测概率图表的基础上解释回归系数/估算值

——测试检验的主要假设

——通常的怀疑：数据点和残差的独立性，没有影响力过大的数据点

——没有多重共线性

——模型没有过度离散

首先，提出假设，接着我们加载代码文件中的一些函数库以及一些从 <_inputfiles/05-4-3_disfluencies. csv> 获得的数据。

H_0：*口吃*和预测因子即自变量和它们之间的交互作用之间没有相关性：$R^2=0$。

H_1:*口吃和预测因子即自变量和它们之间的交互作用之间有相关性*:$R^2>0$。

```
> DISFL <- read. delim( file = file. choose( ) )¶
> str( DISFL) ; attach( DISFL)¶
```

我们将在这里讨论的模型检验了一个假设,即口吃频率与说话者移民到美国的时间点以及花在社会网络工作上的时间多少有关:

```
> summary( model. 01 <- glm( FREQDISFL ~ MOVEDWHEN * SOCNETWORK,
data = DISFL, family = poisson) )¶
```

这个模型的结果已经暗示第一个问题:过度离散。残差偏差(3532.6)的比率和残差的自由度(294)要比1大得多而且是显著的(pchisq (3532.6, 294, lower. tail = FALSE) ¶),就是为什么我们再次用 family = quasipoisson 拟合这个模型,这纠正预测因子的标准误,进而改变 p 值,计算 R^2 值:

```
> summary( model. 01 <- glm( FREQDISFL ~ MOVEDWHEN * SOCNETWORK,
data = DISFL, family = quasipoisson) )¶
> 1 - ( model. 01 $ deviance/model. 01 $ null. deviance)¶
[1] 0.2558909
```

因为我们在用 glm,逻辑回归的很多编码也可以在这里应用。例如,drop1 和 Anova 为我们获得预测因子的 p 值。显然,截距一点也不显著,因此我们通常使用删除的方式更新这个模型,也很显然,*移民时间*似乎不起作用,*社会网络工作*却起作用。

```
> drop1( model. 01, test = "LR" )¶
Single term deletions
Model:
FREQDISFL ~ MOVEDWHEN * SOCNETWORK
                         Df  Deviance scaled  dev.     Pr( > Chi)
<none>                       3532.6
MOVEDWHEN:SOCNETWORK     2   3538.0           0.46628  0.792
> options( contrasts = c( "contr. sum", "contr. poly" ) )¶
```

```
> Anova(model.01,type="III",test="LR")¶
Analysis of Deviance Table (Type III tests)
Response:FREQDISFL
LR Chisq Df Pr(>Chisq)
MOVEDWHEN 2.7684 2 0.2505
SOCNETWORK 19.3469 1 1.09e-05 ***
MOVEDWHEN:SOCNETWORK 0.4663 2 0.7920
                                                  [...]
> options(contrasts=c("contr.treatment","contr.poly"))¶
```

为方便解释,我们继续讨论截距。在上文用函数 effect 获取预测概率,在这里用这个函数获取预测频率,且我们确实可以再次使用从前面的操作了解的对 effect 的应用。唯一真正的差异是上文我们把 ilogit 应用到 effect 的结果上,因为二元逻辑回归把 logit 当连结函数,而泊松回归把 log 当连结函数,我们现在应用 exp。在代码文件中,我再次解释系数的意义以及它们如何更详细地影响预测频率。因此我们继续讨论那个图。图 78 凭借*社会网络工作*绘制*口吃*,接着添加三条回归线,每个*移民时间*水平一条回归线。在此省略了置信带,除非人们能使用颜色,否则它会弄乱图。

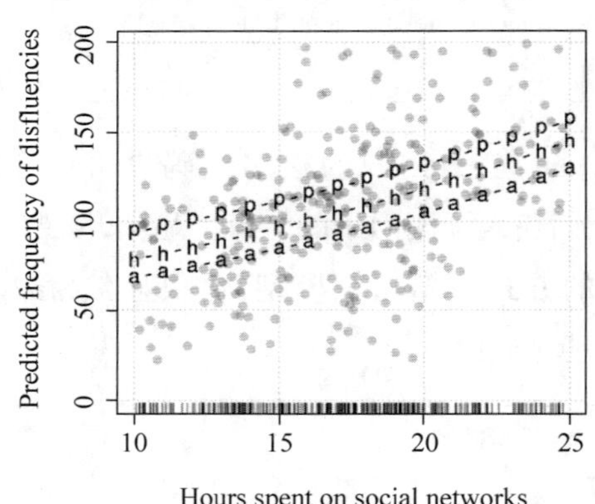

图 78 model.01 中的*移民时间*:*社会网络*交互作用

交互作用不显著的原因是显而易见的。*口吃*和*社会网络工作*之间的正相关与*移民时间*的每个水平一样。作为主效应的正相关是显著的,但移民

*时间*的不同水平之间的差异即那个截距没有达到标准的显著水平。因此，为方便解释我们在此没有移除交互作用，所以可以对结果总结如下："总体上说，有一个高度显著的(L. R.χ^2 = 1214. 8；df = 5；p < 0. 001)，但相关度不是特别强(R^2 = 0. 26)(请参看 P. 299-300 页如何计算这个值)。这个相关性是由于在社会网络工作上花费的小时数与产生的口吃的数量(L. R.χ^2 = 19. 35；df = 1；p < 0. 001)之间是高度正相关的，而移民到美国的年龄则不是相关的(p > 0. 25)，它们之间的交互作用也不是显著的(p > 0. 79)"。

进一步学习的建议

——Gries(2009：Section 5. 1)关于水平的构型频率分析和交互计算这个频率的脚本)以及 Field, Miles, 和 Field(2012：Sections 18. 7-18. 12)关于对数线性模型分析；也可以参考函数 loglin 和 MASS 库中的函数 loglm 来计算对数线性模型分析

——Agresti(2002：Ch. 4, 8-9), Faraway (2006：Ch. 3-4), Zuur, Ieno, and Smith (2007：Section 6. 1), Zuur et al. (2009：Ch. 8-9, 11), Hilbe (2009：Ch. 11), Fox and Weisberg (2011：Section 5. 5-5. 6)

5. 重复测量

关于回归建模的最后部分集中于讨论一种与前面所有模型不同的场景类型。目前已经讨论的所有模型共享一个相同的假设，即数据点及其残差是相互独立的。例如，在线性回归部分，对每个词的反应时被认为与任何其他词的平均反应时是相互独立的。这种场景虽然频繁但并不是唯一可能的，就如在上文 P. 162 页所说的，组群/样本可以是相互依赖的，这意味着数据点之间是相互联系的。数据点相互之间没有相关的最常见方式包含下列场景：

——在实验背景下，你从每个被试身上获得的不只是一个反应，即你在每个主体上做重复测量，这意味着任何一个被试的特点影响的不

只是一个数据点；

——在实验背景及一些刺激下，你在检验的每个词汇项上获得不只一个反应，这意味着任何一个词汇项的特点不只影响一个数据点；

——在语料库数据中，从每个说话者处获得的数据点不只一个，通常近似语料文件，意思是获得了可以绘制图形的数据点。

如果你的数据包含这样相关的数据点，但你在统计分析中忽视了那点，你要冒以下几个风险。首先，你冒的第一个风险是“失去权力”，这意味着你也许坚持 H_0，虽然 H_1 在总体中是正确，这叫类型 II 错误，而类型 I 错误是接受 H_1，虽然 H_0 在总体中是正确的。第二，你还冒着获得不正确结果的风险，因为你的统计分析没有把数据中所有已知的结构考虑在内，在回归建模的背景下返回的系数没有预期中那么正确。

这部分将讨论解决上面这种问题的方法。不过这个部分很简单，因为虽然用于解决这种问题的方法既重要又强大，也相当复杂，需要的空间比我们能在这里集中讨论的多得多。引起这些讨论的是下文中对后续研究大有益处的参考资料，尤其是 Girden（1992），Field，Miles 和 Field（2012）。同样，虽然重复测量的总逻辑适用于自变量和因变量的很多不同类型和构型，我将只讨论那些可以被当作重复测量 ANOVA 的情况，即因变量是定距型而不是定类型的情况以及包含的自变量被当作定类型变量对待的情况。

5.1　一个被试内自变量

以介绍的方式，在此从一个简单的例子开始讨论，即分析最可能简单的非独立样本类型数据的三种方式。在 4.3.2.2 处理了一个例子，即探讨 16 个文本的翻译的译文是否比原文长的问题。那种脚本包含非独立样本，因为人们可以把每一个原文与其译文联系起来，所以我们计算的是非独立样本的 t 检验。我们清除内存，加载 ez 函数包，重新加载那些数据，然后再次访问这个脚本。这次从 <_inputfiles/05-5-1_textlengths. csv> 里加载。为方便解释，在此作为一个双侧假设，即译文与原文平均长度不同。同样，在我们添加数据框前，把 TEXT 这一列转换成一个因子，这只是给文本编号：这个变量确实只是一个定类型变量，因为这些数字也没什么用，除了鉴定一个长度属于哪个文本，与数字的大小没有关系。

```
> Texts <- read.delim(file.choose())¶
> Texts$TEXT <- factor(Texts$TEXT)¶
> str(Texts);attach(Texts)¶
```

我们从上文已知原文与译文长度的差异是正态分布的，因此我们立刻计算因变量的 t 检验，这又是个双侧检验，获取熟悉的 t 值和 df 值以及现在只是近乎显著的 p 值。

```
> t.test(LENGTH ~ TEXTSOURCE,paired = TRUE)¶
```

我们在上文看到带一个二元预测因子的线性模型与独立变量的 t 检验是实质等价的（回顾 P. 266f.）。因此，带一个二元预测因子的重复测量 ANOVA 与因变量的 t 检验实质等价并不是什么太奇怪的问题。但两个 ANOVA 的区别在于数据中的变异性如何在分析中分配。包含一个二元或定类型预测因子的独立测量线性模型把数据中的变异性分成两种类型，即归因于自变量水平的变异性以及随机变化如随机噪音、残差变异性或误差等的变异性。自变量的效应接着通过比较变异性的两个量来评估，而自变量与残差变异性相比所占的变异性越多，自变量的效应显著的可能性就越大。

在一个重复测量 ANOVA 中，变异性分配是不同的。首先，通常不同被试或不同的文本之间有差异性。但是，这样在不同被试或这里的不同文本内部也有变异性，且那个变异性的一部分是因为那个独立变量即这里的 TEXTSOURCE（文本源）：*ORIGINAL*（原文）VS. TEXTSOURCE（文本源）：*TRANSLATION*（译文），而剩下的是随机偏差/残差的差异性。因为在重复测量 ANOVA 中，自变量的效应是隐藏在被试或在这里所指的文本里的，因此我们不是把归因于自变量的被试/文本内部差异性的量与总的剩下的差异性相比，而是与剩下的被试/文本内部的差异性相比。同样，与残差的被试内部差异性相比,被试/文本内部差异性归因于自变量越多,自变量的结果显著的可能性就越大。这也是为什么非独立样本/重复测量研究可以更精确的原因:自变量的效应与更小量的残差即主体/文本内部差异性相比。

我们在R中如何对这个进行操作呢?使用适合于方差分析函数aov并告诉它(i)我们需要一个模型,在其中LENGTH(长度)被建模成TEXTSOURCE(文本源)的函数,即长度~文本源,这没什么奇怪,以及(ii)通过陈述自变量TEXTSOURCE是隐藏在每个TEXT的元素(TEXT/TEXTSOURCE)并在元素中以重复的方式告诉我们误差/残差差异性(ERROR(...))的相关源是什么:

```
> model.01.aov <- aov(LENGTH ~ TEXTSOURCE +
Error(TEXT/TEXTSOURCE))¶
> summary(model.01.aov)¶
Error:TEXT
           Df  Sum   Sq    Mean Sq   F   value   Pr(>F)
Residuals  15  210479      14032
Error:TEXT:TEXTSOURCE
               Df   Sum Sq   Mean Sq   F value   Pr(>F)
TEXTSOURCE      1   51040     51040     3.717    0.073 .
Residuals      15   205991    13733
```

如上文所讨论的,结果把总差异性分为被试/文本间,即上部分标记Error:TEXT以及被试/文本内部的那个差异性,这个原因要么因为自变量TEXTSOURCE(均方:51,040),要么因为随机/残差噪音(均方:13733)。那么F值是两个均方值在自变量减1以及被试/文本减1个自由度的水平的比率。可见,这个结果这时与t检验一样:F值是t^2,F值的残差df是t检验df,p值是一样的,显然你将写下来的总结是:有一个双侧假设,平均数(model.表s(model.01.aov,"means")¶)之间没有很大差异。

ez库中的ezANOVA是个非常有用的函数,是进行重复测量非常吸引人的一个备选方案。第一个参数(data)是包含那些数据的数据框,第二个(dv)具体定义因变量,第三个(wid)具体定义被试/文本识别器,第四个

(within)定义隐藏在识别器内的自变量。你获得一个带有同样 F 值的 ANOVA 表格、它的两个 df、同样的 p 值以及在标记的 ges 列中的效应大小测量。另外,用 ezplot 来探究这个编码并研究? ezStats ¶ 。

```
> ezANOVA(data = Texts,dv = .(LENGTH),wid = .(TEXT),
within = .(TEXTSOURCE))¶
```

5.2　两个被试内自变量

我们如何把上述方法扩展到更复杂的数据,如何把两个变量隐藏在被试或项目内的情况呢? 考虑一个假设情况,即让五个被试在 8 种刺激下提供尽可能多的同义词,每个被试提供不同的内容,所以没有项目是重复的。这些刺激通过把有正面或负面含义的词(即 MEANING 这个变量)与四种不同词性的词(即 POS 这个变量)交叉的方式获得的。假定我们想要知道被试在 30 秒内说出的同义词数量与这些自变量作为一个函数是否有所不同。为了简便,我们把这些频率当作定距型的数据,从 <_inputfiles/05-5-2_synonyms.csv> 中加载数据:

```
> Syns <- read.delim(file.choose())¶
> str(Syns);attach(Syns)¶
```

在这种情况下,没有单因子检验可以用来比较,所以我们立刻做重复测量 ANOVA。这个逻辑实际上与上文的不同:我们想要研究两个独立变量及其交互作用的效应,但这两个变量隐藏在 SUBJECT 中。这样我们可以用 aov:

```
> model.01.aov <- aov(SYNONYMS ~ MEANING * POS +
Error(SUBJECT/(MEANING * POS)))
> summary(model.01.aov)¶
```

或者用 ezANOVA:

```
> ezANOVA(data = Syns, dv = .(SYNONYMS), wid = .(SUBJECT),
within = .(MEANING, POS))¶
```

像以前一样,两个都返回同样的结果:达到显著性水平的唯一效应是 POS,而 model. tables 的结果显示名词和动词引起大量同义词,而形容词和副词分别只产生中等和较少的同义词。ezANOVA 还返回一个球形检验结果,一个重复测量 ANOVA 非常重要的重复检验假设(请参看进一步学习建议)。在这种情况下,所有的 p 值 >0.05,因此没有违背球形假设,我们可以信赖我们的 F 检验结果。

5.3 一个被试间自变量和一个被试内自变量

最后分析一个例子,这个例子展示如何处理当你有两个自变量,而这两个自变量中只有一个隐藏在被试内,另外一个在被试之间变化的情况。想象你有 10 个非本族语被试,他们中每个人都参加四个水平的测试或任务:一次口语考试、一次课堂语法测试、一篇课堂作文以及一篇在家写的作文。这是隐藏在被试内的变量。不过你也许会怀疑是说话者的性别在起作用,并猜想那些没有隐藏在被试内的变量。我们从 <_inputfiles/05-5-3_mistakes. csv> 中加载数据。

```
> Mistakes <- read.delim(file.choose())¶
> str(Mistakes); attach(Mistakes)¶
```

应该弄清楚要做什么:对于 aov,你用所有自变量详细定义公式并告知它只有 TASK 是隐藏在 SUBJECTS 内的。

```
> model.01.aov <- aov(MISTAKES ~ SEX*TASK +
Error(SUBJECT/TASK))¶
> summary(model.01.aov)¶
```

对于 ezANOVA,使用参数 between 告诉函数自变量 SEX 在被试内没有变化但在被试间有变化:

```
> ezANOVA(data = Mistakes, dv = .(MISTAKES), wid = .(SUBJECT),
within = .(TASK), between = .(SEX))¶
```

不幸的是,虽然我们获得 TASK 主效应及其与 SEX 的交互作用显著的结果,再次用 model. tabbles 探寻方法,但是球形检验结果发出警告信号。ezANOVA 表明,TASK 主效应及其与 SEX 的交互作用显著,但球形假设没有成立,不过这已超出了本书的范围,读者可以参阅学习建议部分。

5.4　混合效应/多水平模型

上文已经显示重复测量 ANOVA 并不总是像上文一样能直接使用,这也许会让你有所期待。首先,如上文所讨论的重复测量 ANOVA 只是包含定类型自变量,但你也许经常遇到不想使定距型变量因子化的情况,因为考虑到信息丢失以及随之而来的效力(参看 Baayen,2010)。第二,你也许希望模型中包含的多个不是*固定效应*的变量,即那些在研究中其水平涵盖总体中的所有可能水平的变量,而是*随机效应*,即那些在研究中其水平没有涵盖总体中所有可能水平的变量,如 SUBJECT,ITEM 等(参看 Gelman 和 Hill 2007:P. 245f.)。第三,重复测量 ANOVA 要求一个平衡设计,因此也许在实验中的缺失数据以及非平衡的可以观察到的数据时遇到问题。最后,球形假设没有成立并不会总是那么容易解释清楚并且毫无争议。要讨论更多,请参看 Baguley,2012:Section 18.2.2。

可以用一种策略处理包含非独立/相关数据点和现今在语言学中非常流行的随机效应的数据,即使用混合效应模型或多水平模型。由于具有非常简便的特点,这些是可以处理固定和随机效应以及重复测量、不平衡数据和水平/隐藏数据的回归模型。例如,它们通过同时对不同变异性来源建模的方法去操作,而不是简单地把一条回归线与许多被试通过一个坐标系中的点云拟合的方式。他们允许分析者为每个被试或项目构建各自的回归线模型,每个被试或项目的回归模型都有自己的截距,称为随机截距,因为它们被当作一个正态分布的随机变量建模和/或斜率,称为随机斜率。由于篇幅有限和将在下文讨论其他内容的原因,我将不会在此详细讨论这些高度

复杂的模型,但我想提供一两个简单的例子。第一个例子,再次回到非独立样本 t 检验:

```
> rm(list = ls(all = TRUE));library(effects);library(nlme)¶
> Texts <- read.delim(file.choose())¶
> Texts $ TEXT <- factor(Texts $ TEXT)¶
> str(Texts);attach(Texts)¶
```

函数包 nlme 以及更新的函数包 lme4 可以拟合大量的混合效应模型,就是把这些应用到 t 检验数据的一种方法。线性混合效应的函数是 lme,这里有两个参数:首先,参数 fixed,定义了模型的固定效应结构,而我们唯一的固定效应自变量是文本源。第二,参数 random 描述模型的随机效应结构,而这个符号的意思是我们想要的截距(1)可以因为文本(|TEXT)变化而变化,这正如我们在重复测量 ANOVA 中做的获取文本——具体变异性的另外一种方式。

```
> model.01.lme <- lme(fixed = LENGTH ~ TEXTSOURCE,random = ~
1|TEXT)¶
> summary(model.01.lme)¶
```

我们获得的结果包含很多信息,但我们将只集中于随机效应和固定效应的结果。在"随机效应"部分随机效应包含 16 个文本的 16 个随机截距的变异性估计,即一个 12.23172 的标准差。在"固定效应"部分中的固定效应包含熟悉的系数表格,标准误、t 值和 p 值。t 值(1.92787),df(15),p 值(0.073)看起来应该很熟悉,因为它们与上文同样数据的结果对应。你甚至可以为这个结果创建一个熟悉类型的效应图,因为函数 effect 确实接受 lme 模型的输入:

```
> plot(effect("TEXTSOURCE",model.01.lme))¶
```

重复测量 ANOVA 的一些其他用法可以用类似的方式开发。例如,错误的上述数据可以用这个函数调用研究:

```
> summary(model.01.lme <- lme(fixed = MISTAKES ~ SEX * TASK,
random = ~ 1|SUBJECT))¶
```

可以使用上文的方式允许截距在不同被试之间变化，也可以允许斜率变化，但不在这里讨论，可以用 effect 绘制这种模型的主效应或截距，甚至可以把 Anova (model) 应用到 lme 模型，以获得固定效应预测因子的 p 值。

看起来似乎很简单，不是吗？为什么不用整个部分来讨论这个，像本章的其他模型一样详细地解释并用例子证明呢？事情远没有那么简单。实际上，混合效应建模是最有吸引力的，这也是我见过的最复杂的统计技术之一。这个建模有史以来似乎被当作最好的事情，这个方法的潜力确实是巨大且意义深远的。话虽如此，必须承认我有时认为这个方法的某些类型有些不够成熟，只是因为仍然还有不少事情不清楚。向两个或三个专家询问关于如何用多水平模型做 X，通常得到迥异的回答。选择任何两个到三个关于混合效应建模的参考文献，会看到不仅在一些看起来核心的问题上很少有一致的看法，而且一些问题类型甚至都没有多少人提及。例如，

——似乎我们还没有接近一个已经较广泛接受的关于*模型选择过程*的观点，或者说甚至只是一个*最大模型*看起来是什么样的也很少能达到共识。有些资源推荐模型选择过程，我们从没有固定效应开始，但首先探讨随机效应；其他的资源推荐从一个完备的混合效应最大模型；有些资源推荐从一个简单的随机效应结构开始，这个结构只是截距，其他的资源推荐从所有因素的随机截距和斜率的最大随机效应结构开始，模拟结果显示，虽然它们获得正确的模型结构，但并没有聚合起来；

——从一个模型中保留或删除的*预测因子应该如何选择*还没弄清楚：有些用 p 值，基于 t 或 F 值，但接着如何选择残差的 df 是有争议的；有些用 MCMC 样本，这对于某些类型的自变量来说比较难获得；有些整个过程用信息标准，如 AIC 或 BIC 或甚至 DIC；有些用概率比检验，要求关注模型是否与 ML 或 REML 拟合；

——许多文献没有讨论如何处理*随机截距*和*斜率的相互关系*；

——许多文献认为实际上没有讨论如何在一个*数据的协方差结构*上作决定;我只见过一篇文献以一种稍微可以接受的方式讨论了这个问题;

——已经可以看到把变量置中的做法在回归建模中很有用,但如何在混合效应模型中把这个做到最好通常又没有好好讨论,我们什么时候接近总平均数,什么时候接近组平均数类似问题,边界效应,如何计算那些 R^2,……

上文所说的这些都认为混合效应建模是非常强大而颇具潜力的,这一情况对我们分析数据帮助很大。一旦领域内已经形成关于如何在该领域各种各样的数据中应用这些建模的一些共同想法,它们都可以派上用场。考虑到现在还有多少公开的问题没有解决,一些期刊已经对某些特定的数据集要求混合效应建模似乎有点过于热切。不过,一旦关于很多公开问题的一些标准开始出现,或是一些函数库和函数开发如典型的 Baayen 的 pvals. fnc 函数使处理某些这样的问题更容易,那么这个学科将以无数的方式从混合效应模型中受益。这时,我想到有些非常有用的技术性程度不同的文献。这些文献可以让你在这个小小的初级指导上开始着手做研究。

进一步学习的建议

——关于重复测量 ANOVA: Girden (1992), Johnson (2008: Sections 4.3-4.4),尤其是 Miles, Field 和 Miles (2012: Ch. 13-14)

——关于混合效应/多水平模型: Twisk (2006), Gelman 和 Hill (2007: Ch. 11-15), Zurr, Ieno, and Smith (2007: Ch. 8) Baayen (2008: Ch. 7), Baayen, Davidson, and Bates (2008), Johnson (2008: Sections7.3, 7.4), Zuur et al. (2009, in particular Ch. 5), Miles, Field, and Miles (2012: Ch. 19), Baguley (2012: Ch. 18); also see Baayen (2011)

6. 分层聚类分析

我们目前只关注能将自变量和因变量清楚地加以区分的方法，也只关注到我们在收集数据前至少有个预期和假设的方法。这样的方法有时候指的是*假设——验证统计*，我们用统计量和 p 值来决定我们是否拒绝一个 H_0。我们在这部分处理的方法称为分层聚类分析方法，这是一个所谓的*解释*或*假设——生成*方法，或者更确切地说，一个方法族群。通常用这个方法来把一个元素集合分成群聚或组群，这样一个组群的成员之间非常相似同时又与其他组群的成员有很大不同。使用聚类分析来进行这个操作主要因为这个方法可以处理大量的数据，而且聚类分析比人类目测巨大表格客观得多。

想知道聚类分析的作用，可以先看一个聚类分析的虚拟例子，这个例子基于英语辅音发音的相似性判断。假如想确定英语母语者如何区分下列的辅音音素：/b//d//f//g//l//m//n//p//s//t/和/v/。叫20个被试来对所有 (11*10) /2 = 55 对辅音的相似性从0（"完全不同"）到1（"完全一样"）的水平进行评定。结果显示，针对每对辅音可以获得20个相似性水平并计算每一对的平均水平。现在似乎可以在这些平均相似性判断基础上计算一个聚类分析以确定：(i)主体在区分哪个辅音和辅音群以及(ii)如何解释这些辅音群。图79显示了这种聚类分析可能产生的结果，那又如何对其进行解释呢？

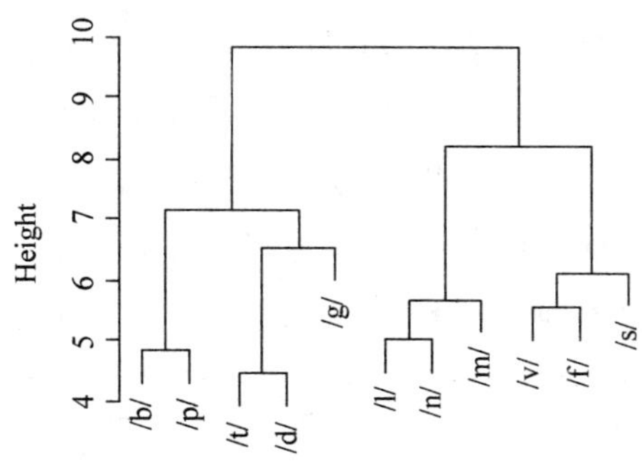

图79　英语辅音聚类分析的虚拟结果

“结果”表明被试的判断受到辅音发音方式的影响也许很大:在一个非常普通的水平上,有两个聚类:一个包含/b//p//t//d/和/g/,而另一个包含/l//n//m//v//f/和/s/。显然,第一个聚类包含且只包含所有的爆破音,即那些发音时有片刻气流完全受阻的辅音,而第二个聚类包含且只包含所有鼻音、流音和摩擦音,即那些发音时气流只有片刻部分受阻的辅音。

但是,结果还包含更多内容。第一个聚类有个值得注意的两个“子聚类”内部结构。第一个子聚类,可以说是包含且只包含所有双唇音素,第二个子聚类组群则包含齿槽音及随后的软腭音。

两个大聚类的第二个也包含一些带有两个子聚类的内部结构。第一个这样的子聚类包含且只包含所有鼻音和流音,即那些有时被归为明确元音和明确辅音的音素,以及同时先被归类的两个齿槽音具有同样发音位置的那些因子。第二个子聚类也是正确的,这包含且只包含所有摩擦音,而且先包含齿音摩擦音合并。

上文的评论只与哪个元素是哪个聚类的组成部分问题有关。想要进一步解释,也许应努力集中于图79中的聚类有多少是相互间差异很大以至于可以被当作自己本身的聚类。这样的讨论都是基于太复杂的后续检验,以至在这里不能讨论,但作为临时凑合的启发式检验,你可以看看这样一个树形图或系统结构树形图中垂直线的长度。长直线表明有更多的自主的子聚类。例如,子聚类{/b/ /p/}与留下来的爆破音差异相当大,因为从其往上延伸到与{{/t/ /d/} /g/}合并的垂直线特别长①。

不幸的是,聚类分析通常不会产生这样一个可以完美解释的结果,但这样的系统树图通常惊人地有趣且富有启迪性。聚类分析通常用于语义、认知语言学、心理语言学和计算语言学研究。要了解些例子,请参考Miller,

① 对于一个基于元音共振峰数据上类似的真实例子,参照Kornai(1998)。

1971、Sandra 和 Rice，1995、Rice，1996、Manning 和 Schutze 1999：Ch. 14 通常是检验大型的、看起来有干扰或混乱的数据集。不过，必须意识到：即使类似这样的聚类分析允许客观的组群鉴别，分析者仍然必须至少做三个潜在主观决定。前面的两个决定影响到这个系统树形图确切是怎样的；你已经见过第三个：我们必须决定这个系统树形图反应了什么。接下来，我将展示如何用 R 做这个分析。分层聚类分析通常包含下列步骤：

步骤

用表格表示数据

——在一个用户自定义相似性/相异性度量基础上计算一个相似性/相异性矩阵

——在用户自定义融合规则基础上计算一个聚类结构

——表现系统树图中的聚类结构并解释该结构

——因果关系探索，如探索平均轮廓宽度

我们将要讨论语料库/计算语言学领域中的例子。在两个学科中，两个词语义相似性通常在共享的搭配词数量和频率基础上很接近。"一个词 w 的搭配"一个很广泛的定义是在 w 环境中频繁出现的词，这里环境通常定义为"在同一个句子中"或在 w 周围四或五个词的距离。例如，如果在一个文本中发现 car 这个单词，那么通常诸如 driver、motor、gas 和/或 accident 等词比较靠近而诸如 flour、peace treaty、dictatorial 和 cactus collection 等词也许不会特别频繁出现。换句话说，词 x 和 y 所共享的搭配词越多，两者之间存在语义关系的可能性就越大。欲了解如何首先获得搭配词，参考 Oakes，1998：Ch. 3；Manning 和 Schutze，2000：Section 14.1 and 15.2 以及 Gries，2009a。

在目前这个例子中，我们来看七个英语词 bronze、gold、silver、bar、café、menu 和 restaurant。当然，我们没有随机选择，而是凭直觉把它们归入两类包含 bar 的聚类，因此构成一个很好的检验观察。一个聚类构成金属(metal)这个词的三个并列下义词，另外一个构成美食学建构(*gastronomical establishment*)这个词组的三个并列下义词以及在自同一语义场中的一个词。假定从英国国家语料库(BNC)抽取这些词和它们实义词如名词、动词、形容词和副词等搭配的所有实例,对于每一个与至少这七个词中的一个共现的搭配,确定它与这七个词中的每个词发生搭配的频率。表47就是这种图形中前六行的示意图。第一个搭配,这里指的是X只与bar共现,而且只有3次共现;第二个搭配,Y与gold共现11次,与restaurant共现一次,等等。

表47 在BNC中七个英语词共现率示意图

搭配	bronze	gold	silver	bar	cafe	menu	restaurant
X	0	0	0	3	0	0	0
Y	0	11	0	0	0	0	1
Z	0	1	1	0	0	0	1
A	0	0	0	1	0	2	0
B	1	0	0	1	0	0	0
C	0	0	0	1	0	0	1
…	…	…	…	…	…	…	…

现在出现一个问题,哪些词相互之间更相似。正如上文的例子,想要把元素在属性基础上分组,上文是音素,这里是词,上文是平均相似的判断,这里是共现率,得按以下步骤操作:首先,需要一个如表47的数据集,这可以从文件<_inputfiles/05-6_collocates. RData>中加载,包含一个大型共现数据的表格,7列31,000行左右。

```
> load(file.choose()) # load the data frame ¶
> ls() # check what was loaded ¶
[1] "collocates"
> str(collocates)¶
'data.frame':30936 obs. of 7 variables:
 $ bronze:num 0 0 0 0 1 0 0 0 0 0 ...
 $ gold:num 0 11 1 0 0 0 0 1 0 0 ...
 $ silver:num 0 0 1 0 0 0 0 0 0 0 ...
 $ bar:num 3 0 0 1 1 1 1 0 1 0 ...
 $ cafe:num 0 0 0 0 0 0 0 0 0 1 ...
 $ menu:num 0 0 0 2 0 0 0 0 0 0 ...
> attach(collocates)¶
 $ restaurant:num 0 1 0 0 0 0 0 0 0 0 ...
```

或者，你可以用 read. table（…）从 < _inputfiles/05-6_collocates. csv > 中加载这些数据。如果你的数据包含缺失数据，应该忽视那些。没有缺失数据，说明这些函数仍然有用（参考第 2 章结尾的建议）：

```
> collocates <- na. omit(collocates)¶
```

接下来，必须为这七个词创建一个相似性/相异性矩阵。在这里必须做第一个也许比较主观的决定，决定一个相似性/相异性测量标准。需要考虑两个方面：相关的变量测量水平和将要使用的相似定义。关于前者，我们将只区分定类型和定距型变量。下面将讨论两种类型变量的相似性/相异性测量，接着将集中讨论定距型变量。

在定类型变量的情况下，两个元素相互间如何相似或相异有四种可能性，如表 48 所示。在表 48 的基础上，两个元素的相似性通常用公式（66）量化，这里，w_1 和 w_2 被分析人员定义：

$$\text{(66)}\quad \frac{a + w_1 \cdot d}{(a + w_1 \cdot d) + (w_2 \cdot (b + c))}$$

表 48　两个二元元素的特征组合

	元素 2 显示 x 特征	元素 2 不显示 x 特征
元素 1 显示 x 特征	a	b
元素 2 显示 x 特征	c	d

必须在这里提一下三个相似性测量值：

——杰卡德系数：$w_1 = 0$ 和 $w_2 = 1$；

——简单匹配系数：$w_1 = 1$ 和 $w_2 = 1$；

——Dice 系数：$w_1 = 0$ 和 $w_2 = 0.5$。

这三个向量系数间相似性是什么？

```
> aa <- c(1,1,1,1,0,0,1,0,0,0)¶
> bb <- c(1,1,0,1,0,1,0,1,0,1)¶
> cc <- c(1,0,1,1,1,1,1,1,1,0)¶
```

——杰卡德系数:aa 和 cc:0.375,aa 和 cc0.444,bb 和 cc0.4;

——简单匹配系数:aa 和 bb:0.5,aa 和 cc0.5,bb 和 cc0.4;

——Dice 系数:aa 和 bb:0.545,aa 和 cc0.615,bb 和 cc0.571。要了解计算这些系数的函数,请参看代码文件。

但什么时候使用这三个中的哪一个? 经验是当一个特征的出现与其不出现的信息量一样大时,应该用简单匹配系数,否则应该选择杰卡德系数或 Dice 系数。因为如在公式(66)和上文的测量定义中可以看到的一样,只有*简单匹配系数*能完全包含两个元素显示或者不显示讨论中的特征的情况。

对于定距型变量,有许多其他类型的测量,我不能在此讨论所有的测量。我将集中讨论以下两种情况:(i)一集合的距离或相异性测量,即大的值表示相异度更大的测量;(ii)一集合的相似度测量,即大的值表示相似度更大的测量。我们再次发现,许多距离测量基于一个公式但在参数背景上有差异。这个基本公式是所谓的闵可夫斯基度规如公式(67)所示。

$$(67)\quad \left(\sum_{i-1}^{n} |x_{qi} - x_{ri}|^{y}\right)^{1/y}$$

把 y 设为 2 时,获得所谓的欧几里得距离[①]。如果把 y = 2 放到(67)计算向量 aa 和 bb 的欧几里得距离,可以获得:

```
> sqrt(sum((aa - bb)^2))¶
[1] 2.236068
```

把 y 设为 1 时,可以获得上述向量所谓的曼哈顿距离或城市街区距离。aa 和 bb 的值可以这样获得:

---

① 长度 n 两个向量的欧几里得距离是一个 n 维空间内两个点之间的直接空间距离。这似乎有点复杂,但对于二维坐标系,指的是只需用一把尺子就能测量的距离。

```
> sum(abs(aa - bb))¶
[1] 5
```

相似性测量是相关性测量。你已经了解其中一个这样的测量,即皮尔森积差相关分析系数 r。常用于计算语言学的类似测量是余弦(参照 Manning and Schutze,1999:299-303)。余弦和定距型的所有其他测量可以从 amap 库的函数 Dist 获得①。这个函数要求:(i)数据以一种矩阵形式或数据框形式获得以及(ii)你想要其相似性的元素在行里,而不像平常一样在列里。如果后者不是这种情况,你通常可以用 *t* 仅调换一个数据结构顺序即可获得:

```
> library(amap)¶
> collocates.t <- t(collocates)¶
```

接着你可以把函数 Dist 用在调整顺序的数据结构中。这个函数带下列参数:

——x:你想要测量值的矩阵或数据框;

——欧几里得距离的 method = "Euclidean";城市街区量度的 method = "manhattan";积距相关性 r 的 method = "correlation";余弦的 method = "pearson",但看下文吧!在这里就不讨论更多的测量了;

——Diag = FALSE(默认)或 diag = TRUE,取决于距离矩阵是否应该只包含更低些的左半部分还是两部分都包含在内。

因此,如果想基于我们的搭配数据的欧几里得距离生成一个距离矩阵,只需要输入下面这些:

```
> Dist(collocates.t,method = "euclidean",diag = TRUE,
upper = TRUE)¶
```

可见,获得一个对称的距离矩阵,其中每个词与自己的距离当然是 0。

① R 的标准安装中的函数 dist 也允许你计算几个相似性/相异性测量,但比 amap 库中的 Dist 更少些。

这个矩阵现在可以指明哪个词与另外一个词最相似。例如,silver 这个词与 café 这个词最接近,因为 silver 到 café 的距离(2385.566)是 silver 除了与自己之外与其他词距离是最短的。

下面这个用城市街区量度计算一个距离矩阵:

```
> Dist(collocates.t,method = "manhattan",diag = TRUE,
    upper = TRUE)¶
```

要用积距相关系数或余弦或一个相似性矩阵,必须计算 1 减去矩阵中对应值的差异。要用相关系数获得相似性矩阵,你得输入这些:

```
> 1 - Dist(collocates.t,method = "correlation",diag = TRUE,
        upper = TRUE)¶
```

	bronze	gold	silver	bar	cafe	menu	restaurant
bronze	0.0000	0.1342	0.1706	0.0537	0.0570	0.0462	0.0531
gold	0.1342	0.0000	0.3103	0.0565	0.0542	0.0458	0.0522
silver	0.1706	0.3103	0.0000	0.0642	0.0599	0.0511	0.0578
bar	0.0537	0.0565	0.0642	0.0000	0.1474	0.1197	0.2254
cafe	0.0570	0.0542	0.0599	0.1474	0.0000	0.0811	0.1751
menu	0.0462	0.0458	0.0511	0.1197	0.0811	0.0000	0.1733
restaurant	0.0531	0.0522	0.0578	0.2254	0.1751	0.1733	0.0000

可以把这个结果与从 cor (collocates) ¶ 获得的结果进行比较。要用余弦获取一个相似性矩阵,可以输入:

```
> 1 - Dist(collocates.t,method = "pearson",diag = TRUE,
        upper = TRUE)¶
```

也有用 1 - r 作为距离测量的统计项目。这些项目把相似性测量 r 改为一种距离测量,对于前者,接近零的值表示低相似度,而对于后者,接近零的值表示高相似度。

如果把用欧几里得距离获得的矩阵与用 r 获得的矩阵相比较,会发现一些让人感到奇怪的内容。

在距离矩阵中，小的值表明高相似度而 bronze 列中的最小值是在 café 的那行中（1734.509）。在相似矩阵中，大的值表示高相似度而 bronze 列中的最大值却在 silver 的那行中（0.1706）。这是什么回事？这个差别表示即使聚类算法也受主观决定的影响，虽然希望是受动机性决定的影响。对一个特定量度的选择影响到结果，因为向量可以通过不同方式相互间具有相似度。把下面数据集当个例子考虑，这也在图 80 中以表格形式表示出来。

```
> y1 <- 1:10;y2 <- 11:20;y3 <- c(6,6,6,5,5,5,4,4,4,3)¶
> y <- t(data.frame(y1,y2,y3))¶
```

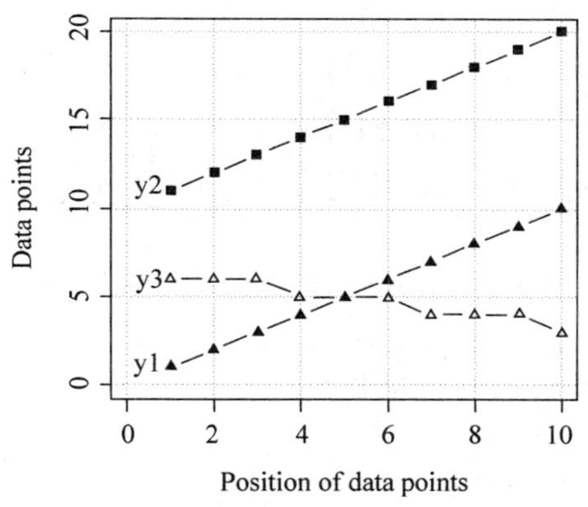

图 80　三个虚拟向量

问题是，y1 与 y2 和与 y3 有多大相似度？考虑相似度有两个不同的方式。一方面，y1 和 y2 是绝对平行的，但它们相互间相差甚远，我们几乎可以说这是关于一个维度还没有定义的图。另一方面，y1 和 y3 之间也不平行，但它们离得很近。我在上文中讨论的两个方法是基于这些不同的方面。我提到的距离测量如欧几里得距离是在向量间的空间距离基础上获得的，y1 和 y3 间的这个距离要比 y1 和 y2 间的距离大。我讨论的相似度测量如余弦是基于向量曲率基础上获得的,y1 与 y3 间的这个距离比 y1 和 y2 之间的大。可以从实际数值中很快看到这个现象:

```
> Dist(y,method = "euclidean",diag = TRUE,upper = TRUE)¶
y1          y2          y3
y1   0.00000     31.62278   12.28821
y2   31.62278     0.00000   35.93049
y3   12.28821    35.93049    0.00000
> 1 - Dist(y,method = "pearson",diag = TRUE,upper = TRUE)¶
y1                 y2                 y3
y1       0.0000000          0.9559123      0.7796728
y2       0.9559123          0.0000000      0.9284325
y3       0.7796728          0.9284325      0.0000000
```

根据欧几里得距离,y1 与 y3 比 y1 与 y2 之间更相似, - 12.288 < 31.623,但对于余弦却是相反的情况:y1 与 y2 更相似, - 0.956 > 0.78。两个测量是基于不同的相似度概念基础上的。分析人员必须决定是小的空间距离还是相似曲率更相关。目前,我们相信你想采取一个基于曲率的方法并用 1 - r 作为一个测量工具;在你自己的研究中,你当然也必须说明自己使用了哪个相似度/距离测量①。

```
> dist.matrix <- Dist(collocates.t,method = "correlation",
           diag = TRUE,upper = TRUE)¶
> round(dist.matrix,4)¶
                bronze   gold     silver   bar      cafe     menu     restaurant
bronze          0.0000   0.8658   0.8294   0.9463   0.9430   0.9538   0.9469
gold            0.8658   0.0000   0.6897   0.9435   0.9458   0.9542   0.9478
silver          0.8294   0.6897   0.0000   0.9358   0.9401   0.9489   0.9422
bar             0.9463   0.9435   0.9358   0.0000   0.8526   0.8803   0.7746
cafe            0.9430   0.9458   0.9401   0.8526   0.0000   0.9189   0.8249
menu            0.9538   0.9542   0.9489   0.8803   0.9189   0.0000   0.8267
restaurant      0.9469   0.9478   0.9422   0.7746   0.8249   0.8267   0.0000
```

① 我在此简化了很多:频率既没有正态化也没有停滞/减幅等。参考上文,Manning 和 Schutze1999:Section15.2.2,或者 Jurafsky 和 Martin 2008:Ch.20。

下一步是从这个相似矩阵中计算一个聚类结构。用函数 hclust 计算这个值,可以包含多达三个参数,我将讨论其中两个。第一个是一个相似/距离矩阵,第二个选择定义那个矩阵中元素如何合并成聚类的融合规则。这个选择是第二个具有一定主观性的决定,也同样有几种可能性。

method =“single”这个选择使用所谓的*单一连结*或*最近相邻*方法。在这个方法中,元素 x 和 y 的相似性被定义为 x 的任何元素和 y 的任何元素之间的最小距离,在此 x 和 y 也许是如单个辅音或图 79 中的如{/b/,/p/}子聚类的元素。这个例子意味着在第一个融合步骤,gold 和 silver 会被合并,因为它们的距离是整个矩阵中最小的(1 - r = 0.6897)。接着,bar 与 restaurant 融合(1 - r = 0.7746)。我们接着讨论有趣的部分了,{bar restaurant}与 café 结合因为留下来的最小距离是 restaurant 显示其与 café 的距离:1 - r = 0.8249,等等。整个融合方法擅长辨别数据中的离群值,但倾向于产生长串的聚类,因此通常不是特别有辨别性。

method =“complete”这个选择是用所谓的*完整连结*或*最远邻近*方法。与单一连结方法相反的是,x 和 y 的相似性在这里被定义为 x 的任何元素和 y 的任何元素之间的最大距离。首先,gold 和 silver 像前面一样结合,然后是 bar 和 restaurant 结合。第三个步骤是,{bar restaurant}与 café 结合,但与单一连结方法不同的是两者之间现在的距离是 0.8526,而不是 0.8249,因为这次算法考虑最远距离,其中最小的距离是为结合选择的。这个方法倾向于构成更小的同类组,因此在你怀疑数据中还有很多更小组群的时候这是个好办法。

最后,method =“ward”这个选择使用一个其逻辑与 ANOVA 的逻辑相似的方法,因为它把那些元素结合,而这些元素的结合会增加最少的平方总数。对于每一个可能的融合,这个方法从潜在的聚类中计算平方误差/离差的总数,接着选择与包含最小平方离差聚类。这个方法通常擅长于构建大小相似的更小聚类,并被证实在很多应用上是非常有用的。我们也将在此使用这种融合方法,而在你自己的研究中,同样必须陈述清楚你使用了哪个融合规则。现在可以计算聚类结构并把它绘制出来了。

```
> clust. ana <- hclust( dist. matrix, method = " ward" ) ¶
> plot( clust. ana) ¶
> rect. hclust( clust. ana, 2) # red boxes around clusters ¶
```

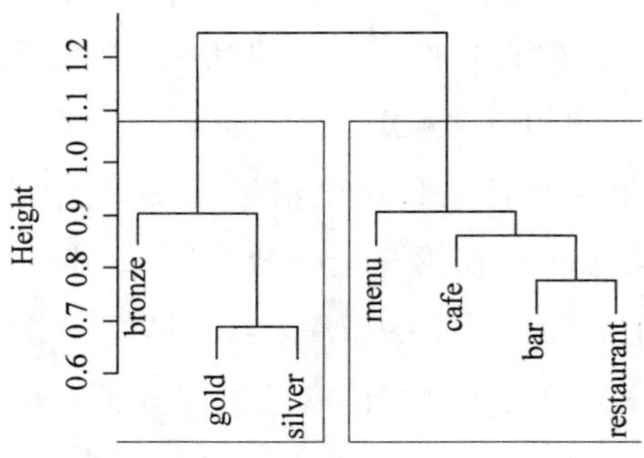

图 81　七个英语词的系统树图

这个结果非常清晰且易于解释。有人可能希望七个词正好分为两个主要预期的聚类:一个包含“metals（金属）”和一个包含美食学相关的词。前者有个子结构,其中 bronze 似乎与另外两种金属的相似度没那么高,而后者有个非常小的子集,但在添加 menu（菜单）前把三个共同下义词组合起来。用下面这行命令,你就可以让 R 显示存在两个聚类时每个元素属于哪个聚类。

```
> cutree( clust. ana, 2) ¶
bronze    gold    silver    bar    cafe    menu    restaurant
  1        1        1        2       2       2          2
```

不过我不能详细讨论这个方法,只是想要让你至少稍微了解如何探讨更复杂的聚类结构。你可能还记得,图 79 在该区分多少聚类的情况不是太清晰:2 和 5 之间的任何数字似乎都是正当的。从 fpc 库进行的函数聚类统计提供许多类型的验证统计,这个有助于缩小区分最清楚的聚类数量。其中一个包含平均轮廓宽度的概念,这量化元素与和它们有关的聚类有多相似以及与其他聚类又有多相似。接着,有可能为所有可能的聚类方案计算平均轮廓宽度,并选择平均轮廓宽度最高的那个聚类。如果把这个逻辑应用到图 79,就可以得到图 82。该图显示为什么每个聚类的任何数字的决定这么困难,许多方案的进展几乎都一样好,但为什么要区分四种聚类:四个聚类中,平均轮廓宽度是最高的:0.14。

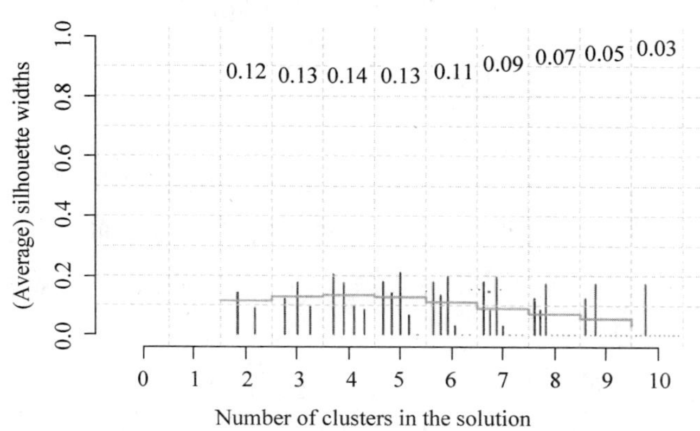

图 82　图 79 中所有聚类方案的平均轮廓宽度

现在应该做第 5 章的练习……

进一步学习的建议

——用来计算包含从不同测量水平变量数据集的距离矩阵获得的 cluster 库中的函数 daisy

——做你先前提供的聚类数量的聚类分析的函数 kmeans

——获取基于重新样本方法 *p* 值在 pvclust 库中的函数 pvclust;也参照同样的库中的 pvrect 和 pvpick

——做变量聚类的在 hmisc 库中的函数 varclus

——执行临近聚类和系统聚类分析在 ape 库中的函数 nj

——Crawley(2007:Ch. 23),Baayen (2008:Ch. 5),Johnson (2008:Ch. 6)

第 6 章　结语

既然你已经读完全书，为了更深入地思考学习过程中一些额外的想法，再给你补充一点吧。有点讽刺的是，这些想法可能会与你目前已经学到的内容混合在一起，但我希望它们可以激发你的好奇心，让你去思考、发现、探讨一些其他的内容。

我先说一下，随着对回归建模更加熟悉，你应该开始探讨一些领域。我在代码文件中只是顺便提了一下交叉验证这个问题。回归通常要冒所谓过*度拟合*的风险：它们能对一个特定的数据集进行相当好的拟合，但应用到其他的数据集就比较糟糕了，这当然影响这些发现对整个总体的概括性。通常，结果可以通过把现有样本分成 10 部分，然后做 10 个分析的方式验证，在每个分析中你从 90% 的数据中获得回归方程并把它应用到没有看到的 10%。这些方法能揭示很多关于一个数据集的内部结构的内容，且 R 中还有几个用于这些方法的函数。此外，鉴于计算机不断强大，再取样和排列方法变得越来越流行；例子包括 bootstrap、jackknife 步骤，*详尽的置换过程*。这些步骤是你可以用来估计平均数、总体方差的非参数方法，但也是没有主要分布假设的相关或回归参数。这样的方法不是所有统计问题的解决方案，但仍然可以是很有趣和强大的工具，可以参照 boot 和 bootstrap 库。

进一步学习的建议

Good(2005)，Rizzo(2008：Ch. 7，8)

同时，考虑到*离群值*和*高杠杆效率点*可能对数据的影响，样本中的特别数据点的分析是非常重要的。另外，学习更多关于缺失数据的作用应该是你要做的比较重要的事情。一方面，它有可能是有用的，比如，在缺失数据上运行一个回归，可以看看在数据中是否存在某些内容允许你在主体确实对刺激做出反应时做出很好的预测。另一方面，缺失数据的小部分也许是*估算*的，也就是说这是从别的数据点预测来的，可参看 Torgo：Section2.5。

接着，我想探讨的一系列附加技术。这本书集中于假设——检验方法，尤其是回归，但也有许多有趣的解释工具，但限于篇幅，不能一一讨论：*主成分分析*和*响应分析*是两个著名的典型例子，*关联规则*和*单纯贝叶斯分类*也是典型的例子。

同样有必要指出的是，R 软件具有比我能在这里讨论的多得多的图示可能性。我仅使用了传统的图示系统，R 还有其他更强大的工具，这在 lattice 和 ggplot2 库里都有。你可以尝试使用 <http://www.yeroon.net/ggplot2/>。<http://gallery.renthusiasts.com/> 给 R 的图示提供很多非常有趣和令人印象深刻的例子。还有几本好书用图示解释了很多令人兴奋的探讨可能性（参照 Unwin，Theus& Hofmann，2006；Cook&Swayne，2007；Sarkar，2008；Keen，2010；Murrell，2011）。

最后，请注意，也许你会认为这里讨论的作为大多数方法基础的*零假设显著性检验*（NHST）范例并没有像这本书或其他更多的书籍一样具有争议性。虽然 p 值的计算当然仍是标准的方法，有些研究者仍会考虑其他不同的视角。这些学者中有人认为 p 值是有问题的，因为它们实际上确实不能代表让我们真正感兴趣的条件概率。回顾一下，上文 p 值回答了“当 H_0 正确时，获得观察数据的可能性有多大”的问题，但我们真正想知道的是“鉴于我拥有的数据，H_1 的可能性有多大”。改进的办法包括：

——我们不应该专注于 p 值，而是应该专注于效应大小和/或置信区间，这是为什么我在上文不止一次提这些的原因；

——我们应该报告所谓 p_{rep} 值，这个值根据 Killeen（2005）提供了复制一个观察效应的可能性，但它们本身也不是没有争议的；

——我们应该检验合理的 H_0，而不是首先检验永远都不正确的假设，总是存在一些效应或差异的可能性。

还有个有趣的方法是所谓统计学*贝叶斯方法*。这个方法允许包含研究者个人数据的主观先知或先前结果。所有这些内容都值得研究。

进一步学习的建议

——Cohen（1994），Loftus（1996），Denis（2003）关于 NHST 的讨论

——Killeen（2005）关于 p 值

——Iversen（1984）关于贝叶斯统计

我希望你可以使用这本书里讨论的方法解决各种不同的问题，同时，也能让你尝试和扩展自己的知识，让你熟悉更多的工具和方法，例如，有很多强大的网络资源，其中我最喜欢的是http://www.statmethods.net/index.html和http://www.r-bloggers.com/。这样一来，这本书已经实现了它最主要的目标之一。

参考书目

Agresti, Alan 2002 *Categorical Data Analysis*. 2nd ed. Hoboken, NJ: John Wiley and Sons.

Agresti, Alan 2010 *Analysis of Ordinal Categorical Data*. 2nd ed. Hoboken, NJ: John Wiley and Sons.

Anscombe, Francis J. 1973 Graphs in statistical analysis. *American Statistician* 27:17-21.

Baayen, R. Harald 2008 *Analyzing Linguistic Data: A Practical Introduction to Statistics Using R*. Cambridge: Cambridge University Press.

Baayen, R. Harald, D. J. Davidson, and Douglas M. Bates. 2008 Mixed-effects modeling with crossed random effects for subjects and items. *Journal of Memory and Language* 59(4):390412.

Baayen, R. Harald 2010 A real experiment is a factorial experiment? *The Mental Lexicon* 5(1):149-157.

Baayen, R. Harald 2011 Corpus linguistics and naïve discriminative learning. *Brazilian Journal of Applied Linguistics* 11(2):295-328.

Backhaus, Klaus, Bernd Erichson, Wulff Plinke, and Rolf Weiber 2003. *Multivariate Analysemethoden: eine anwendungsorientierte Einführung*. 10th ed. Berlin: Springer.

Baguley, Thom 2012 *Serious Stats: A Guide to Advanced Statistics for the Behavioral Sciences*. Houndmills, Basingstoke, Hampshire: Palgrave MacMillan.

Bencini, Giulia, and Adele E. Goldberg 2000 The contribution of argument structure constructions to sentence meaning. *Journal of Memory and Language* 43(3):640-651.

Berez, Andrea L., and Stefan Th. Gries 2010 Correlates to middle marking in Dena'ina iterative verbs. *International Journal of American Linguistics*.

Bortz, Jürgen 2005 *Statistik for Human-und Sozialwissenschaftler*. 6th ed. Heidelberg: Springer Medizin Verlag.

Bortz, Jürgen, and Nicola Döring 1995 *Forschungsmethoden und Evaluation*. 2nd ed. Berlin, Heidelberg, New York: Springer.

Bortz, Jürgen, Gustav A. Lienert, and Klaus Boehnke 1990 *Verteilungsfreie Methoden in der Biostatistik*. Berlin, Heidelberg, New York: Springer.

Braun, W. John, and Duncan J. Murdoch 2008 *A First Course in Statistical Programming with R*. Cambridge: Cambridge University Press.

Brew, Chris, and David McKelvie 1996 Word-pair extraction for lexicography. In *Proceedings of the 2nd International Conference on New Methods in Language Processing*, Kemal O. Oflazer and Harold Somers (eds.), 45-55. Ankara: Bilkent University.

Bretz, Frank, Torsten Hothorn, and Peter Westfal 2011 *Multiple Comparisons Using R*. Boca Raton, FL: Chapman and Hall/CRC.

Chambers, John M. 2008 *Software for Data Analysis: Programmming with R*. New York: Springer.

Chen, Ping 1986 Discourse and Particle Movement in English. *Studies in Language*10(1): 79-95.

Clauβ, Günter, Falk Rüdiger Finze, and Lothar Partzsch 1995 *Statistik for Soziologen, Pädagogen, Psychologen und Mediziner*. Vol. 1. 2nd ed. Thun: Verlag Harri Deutsch.

Cohen, Jacob 1994 The earth is round ($p < 0.05$). *American Psychologist* 49(12): 997-1003.

Cook, Dianne, and Deborah F. Swayne 2007 *Interactive and Dynamic Graphics for Data Analysis*. New York: Springer.

Cowart, Wayne 1997 *Experimental Syntax: Applying Objective Methods to Sentence Judgments*. Thousand Oaks, CA: Sage.

Crawley, Michael J. 2002 *Statistical Computing: An Introduction to Data Analysis using S-Plus*. -Chichester: John Wiley.

Crawley, Michael J. 2005 *Statistics: An Introduction Using R*. Chichester: John Wiley.

Crawley, Michael J. 2007 *The R Book*. Chichester: John Wiley.

Dalgaard, Peter 2002 *Introductory Statistics with R*. New York: Springer.

Denis, Daniel J. 2003 Alternatives to Null Hypothesis Significance Testing. *Theory and Science* 4. 1. URL < http://theoryandscience. icaap. org/content/vol4. 1/ 02_denis. html >.

Divjak, Dagmar S., and Stefan Th. Gries 2006 Ways of trying in Russian: Clustering behavioral profiles. *Corpus Linguistics and Linguistic Theory* 2(1): 23-60.

Divjak, Dagmar S., and Stefan Th. Gries 2008 Clusters in the mind? Converging evidence from near synonymy in Russian. *The Mental Lexicon* 3(2): 188-213.

Everitt, Brian S., and Torsten Hothorn 2006 *A Handbook of Statistical Analyses Using. R*. Boca Raton, FL: Chapman and Hall/CRC.

von Eye, Alexander 2002 *Configural Frequency Analysis: Methods, Models, and Applications*. Mahwah, NJ: Lawrence Erlbaum.

Faraway, Julian J. 2005 *Linear models with R*. Boca Raton: Chapman and Hall/CRC.

Faraway, Julian J. 2006 *Extending the Linear Model with R: Generalized Linear, Mixed Effects and Nonparametric Regression models*. Boca Raton: Chapman and Hall/CRC.

Field, Andy, Jeremy Miles, and Zoë Field 2012 *Discovering Statistics Using R*. Los Angeles and London: Sage Publications.

Frankenberg-Garcia, Ana 2004 Are translations longer than source texts? A corpus-based study of explicitation. Paper presented at Third International CULT (Corpus Use and Learning to Translate) Conference, Barcelona, 22-24. Januar 2004.

Fraser, Bruce 1966 Some remarks on the VPC in English. In *Problems in Semantics, History of Linguistics, Linguistics and English*, Francis P. Dinneen (ed.), p. 45-61. Washington, DC: Georgetown University Press.

Gaudio, Rudolf P. 1994 Sounding gay: Pitch properties in the speech of gay and straight men. *American Speech* 69(1): 30-57.

Gelman, Andrew, and Jennifer Hill 2007 *Data Analysis Using Regression and Multilevel/Hierarchical Models*. Cambridge: Cambridge University Press.

Gentleman, Robert 2009 *R Programming for Bioinformatics*. Boca Raton, FL: Chapman and Hall/CRC.

Good, Philip I. 2005 *Introduction to Statistics through Resampling Methods and R/S-Plus*. Hoboken, NJ: John Wiley and Sons.

Good, Philip I., and James W. Hardin 2012 *Common Errors in Statistics (and How to Avoid Them)*. 4th ed. Hoboken, NJ: John Wiley and Sons.

Gorard, Stephen 2004 Revisiting a 90-year-old debate: the advantages of the mean deviation. Paper presented at the British Educational Research Association Annual Conference, University of Manchester. http://www.leeds.ac.uk/educol/documents/00003759.htm.

Gries, Stefan Th. 2003a *Multifactorial Analysis in Corpus Linguistics: A Study of Particle Placement*. London, New York: Continuum.

Gries, Stefan Th. 2003b Towards a corpus-based identification of prototypical instances of constructions. *Annual Review of Cognitive Linguistics* 1: 181-200.

Gries, Stefan Th. 2006 Cognitive determinants of subtractive word-formation processes: a corpus-based perspective. *Cognitive Linguistics* 17(4): 535-558.

Gries, Stefan Th. 2009a *Quantitative Corpus Linguistics with R: A Practical Introduction*. London, New York: Taylor and Francis.

Gries, Stefan Th. 2009b *Statistics for Linguistics with R: A Practical Introduction*. Berlin, New York: Mouton de Gruyter.

Gries, Stefan Th. forthc. Frequency tables: tests, effect sizes, and explorations.

Gries, Stefan Th., and Stefanie Wulff 2005 Do foreign language learners also have constructions? Evidence from priming, sorting, and corpora. *Annual Review of Cognitive Linguistics* 3: 182-200.

Harrell, Frank E. Jr. 2001 *Regression Modeling Strategies. With Applications to Linear Models, Logistic Regression, and Survival Analysis*. New York: Springer.

Hawkins, John A. 1994 *A Performance Theory of Order and Constituency*. Cambridge: Cambridge University Press.

Hilbe, Joseph M. 2009 *Logistic Regression Models*. Boca Raton, FL: Chapman and Hall/CRC.

Iversen, Gudmund R. 1984 *Bayesian Statistical Inference*. Beverly Hills, CA: Sage.

Jaeger, T. Florian 2008 Categorical data analysis: away from ANOVAs (transformation or not) and towards logit mixed models. *Journal of Memory and Language* 59(4): 434-446

Jaccard, James 2001 *Interaction Effects in Logistic Regression.* Thousand Oaks, CA: Sage.

Johnson, Keith 2008 *Quantitative Methods in Linguistics.* Malden, MA: Blackwell.

Jurafsky, Daniel, and James H. Martin 2008 *Speech and Language Processing.* 2nd ed. Upper Saddle River, NJ: Pearson Prentice Hall.

Keen, Kevin J. 2010 *Graphics for Statistics and Data Analysis with R.* Boca Raton, FL: Chapman and Hall/CRC.

Killeen, Peter R. 2005 An alternative to null-hypothesis significance tests. *Psychological Science* 16(5): 345-353.

Kornai, Andras 1998 Analytic models in phonology. In *The Organization of Phonology: Constraints, Levels and Representations*, Jaques Durand and Bernard Laks (eds.), 395-418. Oxford: Oxford University Press.

Krauth, Joachim 1993 *Einführung in die Konfigurationsfrequenzanalyse.* Weinheim: Beltz.

Kučera, Henry, and W. Nelson Francis 1967 *Computational analysis of Present-Day American English.* Providence, RI: Brown University Press.

Larson-Hall, Jennifer 2010 *A guide to doing statistics in second language research using SPSS.* London and New York: Routledge.

Lautsch, Erwin, and Stefan von Weber 1995 *Methoden und Anwendungen der Konfigurationsfrequenzanalyse.* Weinheim: Beltz.

Ligges, Uwe 2005 *Programmieren mit R.* Berlin, Heidelberg, New York: Springer.

Loftus, Geoffrey R. 1996 Psychology will be a much better science when we change the way we analyze data. *Current Directions in Psychological Science* 5(6): 161-171.

Maindonald, W. John, and John Braun 2003 *Data Analysis and Graphics Using R: An Example-based Approach.* Cambridge: Cambridge University Press.

Manning, Christopher D., and Hinrich K. Schütze 2000 *Foundations of Statistical Natural Language Processing.* Cambridge, MA: The MIT Press.

Marascuilo, Leonard A., and Maryellen McSweeney 1977 *Nonparametric and Distribution-free Methods for the Social Sciences.* Monterey, CA: Brooks/Cole.

Matt, Georg E., and Thomas D. Cook 1994 Threats to the validity of research synthesis. In *The Handbook of Research Synthesis*, H. Cooper and L. V. Hedges (eds.), 503-520. New York: Russell Sage Foundation.

Miller, George A. 1971 Empirical methods in the study of semantics. In *Semantics: An Interdisciplinary Reader*, Danny D. Steinberg and Leon A. Jakobovits (eds.), 569-585. London, New York: Cambridge University Press.

Murrell, Paul 2011 *R graphics.* 2nd ed. Boca Raton, FL: Chapman and Hall/CRC.

Nagata, Hiroshi 1987 Long-term effect of repetition on judgments of grammaticality. *Perceptual and Motor Skills* 65(5): 295-299.

Nagata, Hiroshi 1989 Effect of repetition on grammaticality judgments under objective and subjective self-awareness conditions. *Journal of Psycholinguistic Research* 18(3): 255-269.

Oakes, Michael P. 1998 *Statistics for Corpus Linguistics*. Edinburgh: Edinburgh University Press.

Pampel, Fred C. 2000 *Logistic Regression: A Primer*. Thousand Oaks, CA: Sage.

Peters, Julia 2001 Given vs. new information influencing constituent ordering in the VPC. In *LACUS Forum XXVII: Speaking and Comprehending*, Ruth Brend, Alan K. Melby, and Arle Lommel (eds.), 133-140. Fullerton, CA: LACUS.

Rice, Sally 1996 Prepositional prototypes. In *The Construal of Space in Language and Thought*, Martin Pütz and René Dirven (eds.), 35-65, Berlin, New York: Mouton de Gruyter.

Rietverld, Toni, and Roeland van Hout. 2005 *Statistics in Language Research: Analysis of Variance*. Berlin & New York: Springer.

Rizzo, Maria L. 2008 *Statistical Computing with R*. Boca Raton, FL: Chapman and Hall/CRC.

Sandra, Dominiek, and Sally Rice 1995 Network analyses of prepositional meaning: Mirroring whose mind-the linguist's or the language user's? *Cognitive Linguistics* 6(1): 89-130.

Sarkar, Deepayan 2008 *Lattice: Multivariate Data Visualization with R*. New York: Springer.

Sheskin, David J. 2011 *Handbook of Parametric and Nonparametric Statistical Procedures*. Boca Raton, FL: Chapman and Hall/CRC.

Shirai, Yasuhiro, and Roger W. Andersen 1995 The acquisition of tense-aspect morphology: A prototype account. *Language* 71(4): 743-762.

Spector, Phil 2008 *Data Manipulation with R*. New York: Springer.

Spencer, Nancy J. 1973 Differences between linguists and nonlinguists in intuitions of grammaticality-acceptability. *Journal of Psycholinguistic Research* 2(2): 83-98.

Steinberg, Danny D. 1993 *An Introduction to Psycholinguistics*. London: Longman.

Stoll, Sabine, and Stefan Th. Gries 2009 How to characterize development in corpora: an association strength approach. *Journal of Child Language* 36(5): 1075-1090.

Torgo, Luís 2011 *Data Mining with R: Learning with Case Studies*. Boca Raton, FL: Chapman and Hall/CRC.

Twisk, Jos W. R. 2006 *Applied Multilevel Analysis*. Cambridge: Cambridge University Press.

Unwin, Anthony, Martin Theus, and Heike Hofmann 2006 Graphics of Large Datasets: Visualizing a Million. New York: Springer.

Van Dongen. W. A. Sr. 1919 He Puts on His Hat & He Puts His Hat on. *Neophilologus* 4: 322-353.

Wright, Daniel B., and Kamala London 2009 *Modern Regression Techniques Using R*. Los Angeles, London: Sage.

Zar, Jerrold H. 1999 *Biostatistical Analysis*. 4th ed. Upper Saddle River, NJ: Prentice Hall.

Zuur, Alain F. Elena N. Ieno, and Graham. M. Smith. 2007 *Analysing Ecological Data*. Berlin & New York: Springer

Zuur, Alain F., Elena N. Ieno, Neil Walker and Anatoly A. Saveliev 2009 *Mixed Effects Models and Extensions in Ecology with R*. Berlin & New York: Springer.

图书在版编目(CIP)数据

语言研究中的统计学:R软件应用入门/(德)斯蒂芬·托马斯·格莱斯著;韦爱云译.—北京:商务印书馆,2018
(应用语言学译丛)
ISBN 978-7-100-16178-7

Ⅰ.①语…　Ⅱ.①斯…②韦…　Ⅲ.①语言统计—统计分析—应用软件　Ⅳ.①H0-05

中国版本图书馆CIP数据核字(2018)第111763号

应用语言学译丛
语言研究中的统计学
——R软件应用入门
〔德〕斯蒂芬·托马斯·格莱斯　著
韦爱云　译
李德高　审校

商务印书馆出版
(北京王府井大街36号　邮政编码100710)
商务印书馆发行
北京市艺辉印刷有限公司印刷
ISBN 978-7-100-16178-7

2018年9月第1版　　开本787×960　1/16
2018年9月北京第1次印刷　　印张23½
定价:62.00元